U0632952

北京
口述 历史

宣武区消失之前

——黄宗汉口述

定宜庄 阮丹青 杨 原 著

北京出版集团公司

北 京 出 版 社

图书在版编目（CIP）数据

宣武区消失之前：黄宗汉口述／定宜庄，阮丹青，
杨原著. — 北京：北京出版社，2014.10
（北京口述历史）
ISBN 978－7－200－10931－3

Ⅰ. ①宣… Ⅱ. ①定… ②阮… ③杨… Ⅲ. ①宣武区
—地方史—史料 Ⅳ. ①K291.3

中国版本图书馆 CIP 数据核字（2014）第 201792 号

北京口述历史
宣武区消失之前——黄宗汉口述
XUANWU QU XIAOSHI ZHI QIAN——HUANG ZONGHAN KOUSHU
定宜庄 阮丹青 杨 原 著
*
北 京 出 版 集 团 公 司 出版
北 京 出 版 社
（北京北三环中路 6 号）
邮政编码：100120
网　　　址：www. bph. com. cn
北 京 出 版 集 团 公 司 总 发 行
新 华 书 店 经 销
鸿博昊天科技有限公司印刷
*
787 毫米×1092 毫米　　16 开本　　21.25 印张　　340 千字
2014 年 10 月第 1 版　　2014 年 10 月第 1 次印刷
ISBN 978－7－200－10931－3
定价：58.00 元
质量监督电话：010－58572393

黄宗汉先生

2004 年黄宗汉获得博士学位

拍摄《大栅栏》时黄家四兄妹的合影。左起黄宗汉、黄宗洛、黄宗英、黄宗江

2010 年春节在黄江静（黄宗汉女儿）家的合影。

左起：黄宗江、阮丹青、黄宗汉、定宜庄、黄江静

主编的话

定宜庄

　　这套《北京口述历史》是由北京出版集团与我，以及几位年轻同人共同策划的。我们的宗旨，是希望用口述历史的方式，为北京这个城市独一无二的历史文化，以及它所经历的这百余年的变迁，尽我们所能地，留下一些记录，哪怕只是些断片和残影。

　　北京作为一个数百年的"京城"，一个大国的首都，研究和介绍它的各种学术著作和其他出版物，乃至描述它的故事的文学作品和民间传说，早已经是汗牛充栋。而我们这个口述系列与其他诸多作品的不同，就在于这是以北京人自己的口，来讲述的他们在这座城市所亲历的生活、感受，以及对祖先记忆的一套丛书。我们试图以这样一种具有学术规范的访谈方式，让北京人自己说话，自己来展现他们的性格与待人处事的特点，反之也通过他们，来深入具体地观察北京这个城市和它的历史。

　　之所以选择这样一个角度，是因为北京的文化，与其他任何"文化"一样，它的载体都是"人"。无论这种文化的历史多么悠久、多么辉煌灿烂，一旦承载着这种文化的"人"逝去，那些名胜古迹、琼楼玉宇、风味美食、时尚服饰，便都成为徒具形式的空壳而再无灵魂。而"人"的变化和消失，又远远比"物"更为迅速，尤其是在如今这个因"城市化"而使旧的一切都急剧消失的时刻。

　　如今是个"大家来做口述史"的时代，口述史的重要性已经被越来越多的人们认知，以口述的方式记录各种事件、各种人物的做法正在遍地开花。但即便如此，像我们这套系列所提出的主题之厚重和想要完成的规模之宏大，在以往国内口述史中还不多见，这对我们来说也是一场挑战，正是出于对北京城的感情和对抢救它的文化的急切，我们这套丛书的所有作者和编辑才会走到一起，才情愿以我们艰苦的努力和探索，来完成我们共同的心愿。至于这个尝试能否达到预期效果，还需读者的检验。

这套丛书既然做的是北京人的口述历史，就有必要先将何为"北京人"交代一下。

首先是时间的断限。如今北京居民中的大多数都是在清朝覆亡之后陆陆续续从全国各地涌入的，据1937年的人口统计，民国之初北京人口不足百万。民国四年（1915年）将京城四郊划入，人口增至120万。迄至1937年，北京人口为150万人左右。到1949年，常住人口达到420万。此后一直持续增长，到1990年就已经突破千万。到2009年，则已经突破了3000万。尽管这3000万人口毫无疑问地都是今天的北京人，但如果我们将这么庞大的人群都划在我们的口述访谈之内，范围就未免太大了。

本来，我们拟将寻访的"北京人"限定在1949年以前来京的420万人口之内。但在实际操作过程中，却发现在20世纪50年代初期那个新旧政权交替、新的政治制度和社会生活开始创立并生长的时代，有着更为生动丰富的内容，并对北京的今天仍然产生着重大的、持续的影响，将这一切记录下来，也许比此前的某些内容更有意义。而亲身经历过这个时期并且能够述说的人，如果以当时18岁计算，到如今六十余年，也都已经80岁有余，也就是说，如果再不抓紧记录，不出几年，对这段历史的所有记忆也都会迅速消逝。所以，我们不得不将寻访的北京人的时间断限再延后五年左右，也就是将20世纪50年代初期进入北京的人也包括在内，并将这一特定时期的历史，也与老北京一样，作为我们进行访谈的重要目标之一。

其次，是北京所辖区域的界限。民国以来，北京的行政区划变动频繁复杂，总的趋势是城市不断扩大，四周的区县被不断划入城市之中。简要地说，民国十九年（1930 年）北京被降为北平特别市，管辖区域包括内城六区、外城五区和东西南北四个郊区；1945 年以后作出调整，为内城七区、外城五区和八个郊区。直到 1949 年，这种"内七、外五、郊八"的区级区划仍然保持着。1949 年以后，北京的行政区划又经历了多次的大调整，其中变动最大的一次在 1958 年，当年 3 月将河北省通县专区所属通县、顺义、大兴、良乡、房山等五县及通州市划入北京市。撤销通县和通州市，合并设立通州区；撤销良乡、房山二区，合并设立周口店区；撤销大兴县，改为大兴区；撤销南苑区，划归朝阳区、丰台区和大兴区；撤销顺义县，改为顺义区。同年 10 月又将河北省所属怀柔、密云、平谷、延庆四县划入北京市。到 1958 年底，北京市下辖 13 个市辖区、4 个县。以后又经过撤区设县、撤县设区等反复调整，到 2010 年为止，北京共有 14 区 2 县，① 我们相信，北京市辖区的范围还在继续拓展中而远未停止。

我们决定将访谈的"北京人"范围扩展到郊区包括远郊区县，是出于这样几个考虑：

第一，清朝时的北京，是皇室与八旗官兵居住的重地，不仅驻扎在京郊与京师周边的八旗营房的官兵与京城内的旗人属于同一整体，是京师八旗中不可分割的组成部分，而且为皇室供应粮草和各种生活必需品的八旗庄园，也都主要分布在京郊各地，他们被纳入专为皇室而设的机构——内务府的名册之内，其生活方式乃至心态，都与皇室、与京城有着千丝万缕的联系而不同于一般以务农为生的农民。所以，当我们将清代京师旗人的生活形态纳入我们的访谈重点时，也不得不将这些人包括

---

① 北京具体的行政区划为：①首都功能核心区：东城区、西城区（相当于过去的城区）；②城市功能拓展区：海淀区、朝阳区、丰台区、石景山区（相当于过去的近郊区）；③城市发展新区：通州区、顺义区、房山区、大兴区、昌平区；④生态涵养发展区：怀柔、平谷、门头沟区、密云县、延庆县。（③与④相当于过去的远郊区。）

在内。

再者，如今城市改建拆迁规模空前，人口流动异常活跃，大量世代居住于城内的老北京人已经迁居在郊区甚至远郊区的居民小区之中，城市与郊区的区别已经越来越不明显。事实上，这种变化早在 1949 年之后即已开始，尤其是城墙被拆除、大量郊区县被划入北京市之后。老北京胡同的生活既然已经成为越来越久远的记忆，我们对北京人生活的寻访，也无法仅仅局限于胡同之间。

当然，即使我们将口述访谈的时间和地域范围都予以扩大，还是尽量以 1949 年以前生活在四九城之内的北京人为重点。从时间上说，我们希望被访者年龄越大、记忆的年代越久远越好；而从地域上说，即使访谈的范围扩展到京郊，我们寻访的，主要也还是那些依赖京城为生、而非以务农为主的人们，我们想要展示的，主要还是城郊与城市之间存在的相互依存、难以割舍的关系，因为这也是北京城的一个显著特征。

正如人们都知道的那样，虽然口述史目前正处于方兴未艾的阶段，但作为一个学科，至少在中国还尚不成熟，有关它的理论、实践与整理等各方面的探索都还在进行之中，口述史究竟应该如何来做，也就没有一定之规。正因为如此，我们这套口述史系列强调的，是无论从题材和风格上都能够不拘一格，能够根据参与者的学科所长和特定条件，来进行多学科、多角度的尝试。譬如将口述史的访谈与人类学的田野作业结合，或者以口述与史家所擅长的考证与检索文献相参照，等等。从题材上，可以是一个人的传记，也可以是一个人群、一个家族的记忆，还可以是一个店铺、一所学校的历史。总之，能够通过我们的工作，为北京这个城市的历史和文化开拓更多的研究视角与领域，是我们努力的方向。

目　录

图片目录

1

前　言

　　这部口述史，主要是围绕着黄宗汉的个人经历展开的，但却不是一部完全意义上的个人传记。首先，我们截取的，只是黄宗汉人生经历中的一部分，即1949年迄今，他在北京市宣武区任职的内容。其间若干年他也曾离开宣武到其他地方任职，1979年到1982年在北京东风电视机厂任厂长的经历尤其有声有色，精彩纷呈，被他自诩为他人生中的"精彩篇章"，但由于离我们本书的主题太远，并且已经另撰专著，这里就略而不记了。其次，我们也希望通过黄宗汉的这部口述，从一个个人的角度，一窥宣武区几十年来发展变化的过程。当然，即使讲述宣武这个地区，我们的重点仍在"我"，即黄宗汉。

　　这是一个为宣武区付出了大半生心血和精力，也为宣武区的发展抹上了鲜明的、难以磨灭的个人印记的老干部。以"老干部"为他定位，似乎并不准确，一则他与我们心目中的老干部形象并不相符，一则在他的一生中，也曾扮演过多重角色，他当过厂长，演过话剧，在七十多岁时又连获历史学硕士与博士学位，但无论他的一生有多么多面多彩，但他的正式身份，或者说他在社会上的职务，仍然是宣武区的一名政府官员。

　　在2010年以前，宣武区曾是北京的四个中心城区之一（这四个城区，即东城、西城、崇文、宣武），之所以称为宣武，是以宣武门得名的。在城墙还存在的时候，宣武门是"内九外七皇城四"的京城内九城城门之一，在京城的地位举足轻重。作为区名，则是在1952年9月，北京市进行第二次城区区划调整的时候确立的。这个区名存在时间虽然仅有短短的六十年，但宣武门以南、前门以西的这一带地域被称为"宣

1

南"，却历时悠久，早在明清时期就已被广泛使用。这也是黄宗汉先生倾其后半生大半精力所致力于弘扬的"宣南文化"的由来，尽管宣扬"宣南文化"并非本书的宗旨。而我们这本书名为"宣武区消失之前"，则有其特定的原因，那就是正当在本书结稿之时，也就是 2010 年 7 月，宣武区正式与西城区合并，统称为西城区。宣武作为北京市最著名、也是京城百姓最熟悉的区名，从此不再。取这样一个书名，一则准确反映了本书所述故事的具体时间，一则也是对宣武这个地名承载的文化的一个纪念。

我们对黄宗汉先生的访谈，始于 2008 年 5 月 22 日，此后的访谈反反复复，多达数十次，时间延续将近四年。黄先生是名人，但他的哥哥姐姐还有嫂子姐夫等等，似乎都比他还要有名。他的大哥黄宗江是著名的戏剧家、散文家，大嫂阮若珊曾经是南京军区前线话剧团团长、中央戏剧学院副院长；三哥黄宗洛是北京人民艺术剧院的著名演员；姐姐黄宗英是著名作家兼著名演员，她的丈夫赵丹从 20 世纪 30 年代起就是电影明星。让我倍感惊讶的是，现在有不少年轻人不知道谁是蒋介石，谁是胡适，却竟然就知道谁是赵丹！

黄宗汉是黄家声名赫赫的这一代人中年龄最小的一个。他的哥哥姐姐们合写过一部书，书名叫《卖艺人家》，[①] 他却明确表示："我不加入他们那卖艺人家……我不是看不起这卖艺啊，但是我没有卖艺。他们是真正靠当演员的收入维持生计，我没有，我偶一为之是玩票。"虽然不卖艺更不靠卖艺出名，他照样活得风生水起而且远近知名，以至于自我们开始为他做口述之始，就引起那么多方方面面之人的兴趣。

然而，尽管为名人做口述最易吸引人们的关注也更有卖点，但这却绝非我们这部口述史的宗旨。我们并不因为黄宗汉是名人才为他做

---

① 黄宗汉的兄姊合著的、写他们自己人生故事的著作有两部，一部是《卖艺人家》，是黄宗江、黄宗英和黄宗洛三人各自撰写的自传，由中信出版社 2005 年出版。另一部是《卖艺黄家》，三联出版社 2000 年出版，收有他们各自写自己的文章，也有写别人或别人写他们的。黄宗汉这里提到的是前者，即《卖艺人家》，黄宗汉的确未入其书内。

这部口述，而且即使把他当作名人，这部口述的角度，也不是一般人想象中的名人传记。我们的着眼点，正如标题所言，是想通过黄宗汉口述的个人经历，从一个在这里任职数十年的政府官员的角度，来了解宣武这样一个特定地区，在 1949 年中华人民共和国成立以来的六十余年，曾发生过什么样的故事。还不仅仅这些，我们更想知道：以他特定的身份和所处的特定位置，他能够为这个地区做些什么，又曾做过些什么；他对这些往事有着什么样的记忆和表达。还有，就是对他和他们的这个干部群体，他有着什么样的正面或负面的评价，又有着什么样的反思。

这是一个看似简单实则艰难的尝试，因为敢于面对并且反思自己一生的人，实在并不太多，在经历过 1949 年以后反反复复的政治运动的干部群体之中，能把这种面对和反思清晰地表达出来的人就更少，而黄宗汉恰恰是这样的一个人，能够与他相遇相识并为他做这样一个深入访谈，是我们的幸运。这里要强调的是，虽然这个访谈不可能对他一生的所有大事小情尤其是隐私都毫不隐讳，但双方的态度都是坦诚严肃的，对于很多事涉"敏感"的话题，并没有回避。读者从这篇口述中可以看到，他的眼光、他讲述的角度、他的表达方式，既没有脱离这个干部群体的普遍行为习惯和框架，又带有他个人的鲜明色彩，与人们通常想象和记忆中这六十年的北京未必一样，读来既生动有趣，也很令人深思。

口述史有着与传统史学不同的特性，其中最根本的一个，即如人类学家常常提到的，口述史是"合作的历史"，也就是由作为访谈者的历史学家与被访者在互动的基础上共同书写的历史。在这里，不同身份的访谈者与被访者之间产生的互动，其结果也不相同。具体到我们这部口述，作为最初、也最主要的访谈者的我，是以史学家的身份进入的，黄宗汉先生很清楚这一点，他也是以对待一个学者的态度来进行这场叙述的。有意思的是，尽管他一生接触学者无数，他自己也在七十多岁的高龄获得了历史学硕士和博士学位，但当他面对我这样一个晚辈学者的时候，他主要是以一个久经历练的干部，而不是以一个同行、亦即一个史学家的身份来与我对话的，尤其在我们讨论到某些学术问题，更尤其是在学术观点发生碰撞的时候，他更会以身份的转换来巧妙地避开争论，或者从另一个角度来阐述自己的观点，这不仅出于他思维的敏捷，更体现出他久经官场的历练。而我却恰恰相反，对于他在学术上的一些提法、做法有不同意见的时候往往坦率直言，这是因为我并不仅仅把自己当成被动的"记录者"，一旦涉及学术问题，当观点不同的时候，我会明确亮出自己的身份，阐述自己的见解，表明自己的态度；而我能够做到这一点，则要感谢他的包涵和宽容，他对待不同意见的心平气和，给了我可以充分表达自己意见的机会而不致导致这场对话的流产。不是所有的被访者都有这样的雅量，尤其当访谈者的批评比较尖锐，而且批评的又是他最感得意的成绩之时。这在我们二人关于"宣南文化"的争论中表现得尤为突出。

再有，做口述史、尤其是为名人做传记式的口述史，最容易也最经常出现的弊端，就是听任被访者的自我粉饰、自我夸大而无法辨明真假，更有甚者，是使口述沦为吹嘘自己、攻击他人的工具，这在目前国内外出版的各种口述作品中比比皆是，在某种程度上已经成为危及这一学科的隐患。对于我们来说，完全杜绝这样的弊端固不可能，但尽量减少问题出现的方法还是存在。我以往采用最多的，是将被访者的陈述与文献进行互证，这也是口述史的前辈学者如唐德刚为胡适、李宗仁等人物做口述时曾经大量使用的方法，他为此所做的考证和注释，甚至比被访者自己的叙述更多。这里所说的文献或文字资料，包括口述中涉及的大背景、大事件，也包括被访者自己在某些场合、某个时间段曾经说过的话和表现的态度。这种做法当然只是对名人才有可能，因为普通人过去曾说过什么、曾有什么表现，是很难从公开出版的文字中求证的。

但是，文献毕竟有够不到的方面，不仅是名不见经传的普通人，即使是名人，生活中也存在很多个人化的角落，对口述中涉及的这些内容是否有必要去求证、又是否有办法像做传统史学那样去求证，是口述史学面临的一个值得认真对待并深入探讨的问题。本书在这个方面，也尽其可能做了一些尝试。具体地说，就是除了查找必要的文献材料之外（与黄宗汉相关的各种报道多年来一直不乏其例），在黄宗汉本人的积极协助下，我们又走访了若干位曾与他一同在宣武区工作过的同事。具体做法，是先请他们阅读黄宗汉口述的文字稿，然后再与他们进行个别访谈或集体座谈。对于其中的一些访谈，我们在经过本人允许之后还反馈给了黄宗汉，并倾听了他对这些访谈的意见。

对这些老干部的访谈，收获大致有三，第一，我们的初衷，是了解他们自己（有可能与黄宗汉完全无关）在宣武区工作和生活的经历，以及他们对过去的一些思考。我们期待的是通过这样的访谈，了解黄宗汉曾工作和生活的宣武区区干部群体。既然这些人都与黄宗汉一样，从 1949 年就进入宣武区，见证了这个地区几十年变迁，所以我们还进而希望能够做成一个宣武区干部群体的访谈录，也就是说，除了黄宗汉的口述之外，还能有另外一个或几个人的独立口述与他的口述并列，而不是像现在这样以他一人为中心。但是尽管我们努力了，却没能成功，原因当然是各种各样的，结果是访谈最终仍然围绕黄宗汉个人口述展开。尽管这样，这个过程还是使我们对这个干部群体有了远比以往更具体深入的了解，这本身就是一个不小的收获。即使没能做成更多的个人口述来与黄宗汉的口述相参照，但这些老干部大多不顾年事已高且交通不便等各种困难，倾其全力给予我们帮助，这是我们在这里要特别感谢的。

第二，老干部们围绕黄宗汉口述展开的各种议论和评价，不仅仅是对黄宗汉口述中某些事件的纠正和补充，他们所表达的与黄宗汉不同的态度和意见，以及黄宗汉对他们的答复，都使同一问题的呈现变得更多元、更立体，更能够引起人们的思考，至少，也是增加了本书的可读性。

第三，老干部们对黄宗汉个人的印象和看法，在一部以个人传记为主的作品中，也是很有意义的。

凡此种种，构成了这部访谈中最有意义也最生动可读的部分，是这部口述史不同于一般个人传记的最鲜明的特征。这种做法究竟利多弊多，还有待于方家与读者指正。

本书是几位作者共同努力的结果。其大致分工如下：

本书系由定宜庄、阮丹青共同主持和策划。

2008 年为黄宗汉所做首批的几十小时访谈，由定宜庄完成。阮丹青参与了多次讨论和协调安排事宜。

2011 年以后对黄宗汉以及其他诸位先生的访谈，均由杨原安排协调，具体访谈由定宜庄、杨原两人完成，阮丹青也直接参与了部分访谈和寻访照片的工作。

2014 年对黄宗汉访谈的最后修订，由苏柏玉协助完成。柏玉对本书的第三部分尤有贡献，她不仅提出了很多好的修改建议，还为黄宗汉先生做了部分回访。我们也感谢北京社会科学院的袁熹教授、北京大学社会学系杨善华教授、中国人民大学历史系牛润珍教授、中国社会科学院历史所邱源媛副研究员以及张笑颜女士对我们这个项目提供的各种支持和帮助。

定宜庄

2014 年 3 月

黄宗汉简历

1931 年出生于北京。

1946 年就读于北京通县潞河中学，其间加入中国共产党。

1949 年北平解放时参加接管工作，在北京市宣武区委宣传部和市委组织部工作。

1956 年任宣武区宣传部副部长。

1957 年反右运动中定为严重右倾，受党内严重警告处分，下放宣武钢铁厂劳动。

1958 年"大跃进"中调回宣武区政府机关，任钢铁办公室主任、街道办公室主任、区政府办公室副主任。

1963 年在市委组织部工作。

1966 "文革"中在市委党校接受审查，定为旧市委彭真集团骨干分子，受留党察看一年处分。

1969—1973 年遣往密云县深山区的番字牌公社下放劳动 4 年。

1976 年返城后在北京市电子仪表行业的二级公司任政工组长、办公室主任、党委副书记。

1979 年任北京东风电视机厂厂长。

1982 年被匿名信诬告，中纪委立为大案而受审查。后任北京电视工业公司副总经理，并接受广电部外聘，兼任中国电视剧制作中心顾问及中国电视剧国际合作公司总经理。

1983 年，中国电视剧制作中心拟投拍《红楼梦》，与宣武区合作建设大观园，该园于 1985 年 7 月 1 日《红楼梦》剧组入园拍戏之前建成。

1986 年任北京市宣武区政协副主席。

1990 年受聘为宣武区政府顾问，北京市政府文化顾问，北京市对外文化交流协会副会长。

1992 年提出改建天桥总体规划的设想。

1995 年被国务院授予全国先进工作者称号。

1997 年在中国人民大学获历史学硕士学位。

1999 年考取中国人民大学的博士生。

2004 年获历史学博士学位。患癌症。

2014 年 10 月 12 日逝世，享年 83 岁。

其他受访者名录：

李瀛

张宝泉

邱清晏（化名）

迟明梅（化名）

廖女士（化名）及其丈夫

第一部分　宣武区的政权初建
（1949—1969）

地点：北京市第一福利院颐养区 527 室

访谈者：定宜庄

访谈时间：对黄宗汉的访谈主要集中在 2008 年的 5 月至 8 月，共 13 次，约 20 个小时。具体时间如下：

第一次：2008 年 5 月 22 日　上午

第二次：2008 年 5 月 23 日　上午

第三次：2008 年 6 月 3 日　下午

第四次：2008 年 6 月 4 日　下午

第五次：2008 年 6 月 21 日　下午

第六次：2008 年 6 月 25 日　下午

第七次：2008 年 7 月 10 日　下午

第八次：2008 年 7 月 12 日　上午

第九次：2008 年 7 月 14 日　上午

第十次：2008 年 7 月 18 日　上午

第十一次：2008 年 7 月 25 日　上午

第十二次：2008 年 7 月 31 日　上午

第十三次：2008 年 8 月 18 日　上午

为使本书的讲述更清晰流畅、更像一个完整的故事，我们将这 20 个小时的口述按照时间和事件的发展顺序进行了排比整理，所以对于哪段叙述是在哪天、哪次访谈时做的，已经无法准确分清，文中也不再一一标明。

[访谈者按] 这部口述是以黄宗汉在宣武区的经历为主的，所以对于他进入宣武区之前的童年、少年往事，只能约略言之，以作为本书叙述的开始。

黄宗汉为浙江瑞安人，他的祖上曾出过五位学问大家，道德文章为世人钦敬，人称"五黄先生"，他们是黄体正、黄体立、黄体芳三兄弟，及黄体芳之子黄绍箕、黄体立之子黄绍第。这五人中，黄体芳和他的儿子黄绍箕、侄儿黄绍第均属翰林出身的"清流"。黄家兄妹常称他们出身于"书香世家"，喜谈他们家族与清代"清流派"的关系，媒体更是动辄以"三代翰林"来点染黄家的出身名门，来源均出于此。

黄宗汉的父亲黄述西，字曾铭，是黄体立之子。黄体立不是翰林，他于光绪十六年（1890年）中进士，选庶吉士，散馆后授编修。曾任江南乡试福建乡试正考官。辛亥革命后隐退故里。至于黄曾铭，系清末留日的"洋翰林"，归国后任北京电话局工程师。他的第一个妻子出身于瑞安孙家，即被称为"末代大儒"的孙诒让①家族，生有瑞华、燕玉两女。其妻去世以后，黄曾铭再娶妻陈聪，永嘉人，生四子，即宗江、宗淮、宗洛与宗汉，一女，宗英。

黄宗汉1931年出生于北京，三岁丧父，母亲携子女先到天津，太平洋战争爆发后，又率宗淮、宗洛和宗汉三人返回浙江瑞安祖居，靠十五亩地租与黄宗淮在中学教书的工资维生。抗日战争结束后，重回北京。我们为黄宗汉做的口述，就从这里开始。

---

① 孙诒让（1848—1908），字仲容，号籀廎，浙江温州瑞安人，清代语言学家，近代新教育的开创者之一，人称"末代大儒"。

一、"北平和平解放"之前

1. 参加话剧《大团圆》演出

黄宗汉（以下简称黄）：（抗战结束以后）我们家人好像就一个一个那么（从瑞安老家）出来了。我最先出来，那会儿交通不太通畅，津浦铁路还不通，我乘轮船先到天津，然后再乘车到的北京。这时宗英已经在北京了。我到北京就投奔宗英，宗英这时候已经结婚了。我就住在他们家。

定宜庄（以下简称定）：您回北京的时候，您俩哥哥和您母亲呢？

黄：他们陆续地也回到北京，黄宗洛、黄宗淮都住在燕京（大学）的宿舍里，接着念书了，我母亲是最后出来的。宗江先进了燕京（大学），拿了奖学金，还结了婚。开始跟宗英过，后来自己又单过，就在现在复兴门外租了洋人的一个小别墅，得了结核病在那儿养病……这些事跟我有什么关系呢？也有关系。那时候啊孙道临①他们都在一起，组织了一个由进步学生发起的剧社，就叫南北剧社②。你们如果研究我们

---

① 孙道临（1921—2007），原名孙以亮。中国著名电影表演艺术家、导演、朗诵艺术家。多次获国内外电影艺术大奖。被誉为"一个承载着中国电影荣耀的名字"。代表作有《渡江侦察记》《永不消逝的电波》《雷雨》《日出》《家》等。黄宗汉的大哥黄宗江曾撰文提到，孙道临是他最好的朋友之一，二人曾是燕京大学同学，他还是孙道临的婚姻介绍人。参见黄宗江：《孙道临是一首诗》，载于力、倩娜著《孙道临传》的序言（上海人民出版社2008年版），后收入黄宗江的杂文集《读人笔记》（中国青年出版社2004年版）。

② 南北剧社，是1944年3月由热心于话剧活动的人士在北平组建的一个话剧演出团体。1945年5月北平南北剧社改组，加强阵容，社长为燕京大学学生程述尧，基本成员有丁力、孙道临、黄宗江、黄宗英、卫禹平、端木兰心等。先后推出《梅花梦》《甜姐儿》等剧目，在平、津公演受到欢迎。

黄家的家族史，读一读解放前夕宗江写的《大团圆》剧本①，是以我们家族的兴衰当作一个典型，里面的人物，基本上就把我们家庭生活整个儿搬到舞台上了，里面我妈妈和我们的老保姆写得最真实。我们的老保姆是三河县的老妈子，寡妇。我们都叫她额妈，就是把我们几个都带大的，一直（到）我们把她养老送终。然后四兄弟里边，老四是最激进的，就像是我，但是我可能比他写的那个更激进一些。就是在这么一个家庭背景下，我参加了革命了，最后去（了）解放区。演大哥的是于是之②，二哥是唐远之③，后来当了电影学院教授，演三哥的是孙道临，我演的是这四弟，在舞台上这些人重现我们家庭的历史，那基本上是一部家史。这出戏当时影响挺大的。按当时的说法，就是一个没落的小资产阶级家庭在国民党统治下已经混不下去了，结局不是大团圆，而是它的反面，各奔东西了。那会儿宗江大概也没看什么（毛泽东的）《中国社会各阶级的分析》，他就是客观上反映了那个阶层的状况，那个家。

定： 演出了吗？

黄： 演出啦，轰动极了。当时在灯市口建国东堂，现在已经没有

---

① 《大团圆》是由黄宗江编剧、丁力导演的一部话剧。参加演出的有石羽、朱嘉琛、孙道临等，描写北平城胡同里的一户张姓人家，在张老先生故世以后，张老太太带着四个儿子和三个女儿过着安乐幸福的日子。但不久卢沟桥事变爆发，一家人各奔东西。抗战胜利后儿女们从各地赶回家乡，一家人总算团圆。但社会越来越乱，日子越过越穷。儿女们各自追求自己的理想，张家不知何时才能团圆。据黄宗江称，1946年他与孙道临等人"同在北平参加了焦菊隐办的'艺术馆'，演出了我编剧，另一燕京老同学、亡友丁力导演的《大团圆》。这时剧影界另一地下党员金山来看戏，便把我们几乎全班人马带到上海，在他开办的清华影片公司作为开门戏拍摄，仍由丁力导演，上映不久遭禁"。见黄宗江：《孙道临是一首诗》。该剧被誉为"诗化现实主义的力作"。

② 于是之（1927—2013），北京人艺演剧学派在表演艺术上最杰出的代表之一。原名于淼，原籍天津，生于河北唐山，1945年曾考入北京大学（后失学），1952年加入中国共产党。曾任祖国剧团、北平艺术馆、华北人民文工团演员；后任北京人民艺术剧院演员、艺委会副主任、副院长，在《龙须沟》《骆驼祥子》《茶馆》《洋麻将》等剧中成功地塑造了一系列经典的舞台艺术形象；其文学作品有《于是之论表演艺术》《演员于是之》等。

③ 唐远之（1919—1999），生于河南，早年从事话剧舞台演出，积累了大量表演经验。抗日战争胜利后在中电二厂参加拍摄《遥远的爱》《幸福狂想曲》等影片。1949年任东北电影制片厂演员，1956年之后在北京电影学院任教。曾先后在影片《中华儿女》《原野》《弧光》《烟雨情》，电视连续剧《四世同堂》《那五》中饰演角色。

了，当年是北京最著名的话剧演出场所。是谁的演出场所呢？是国民党的演剧二队。

定：是北京人艺①的前身吗？

黄：就是前身。整个就是国民党花钱养着的、地下党组织的反它的一个演剧队，这挺有意思的啊。等于是演剧二队再加上南北剧社，这两个剧社合在一起演了这么一出戏。

[**访谈者按**] 在 2008 年定宜庄为黄宗汉的访谈中，对于由黄宗江编剧的这场当年曾轰动一时的《大团圆》只是一语带过，所以在几年之后，杨原就相关问题再访黄宗汉，便有了如下的这场谈话，可视为对 2008 年访谈的一个补充。

时间：2012 年 3 月 7 日

地点：北京第一福利院

访谈者：杨原

杨原（以下简称杨）：定老师在网上查您们演的《大团圆》那话剧，可是只查到那个电影。

黄：话剧没有舞台照，那年头照个相挺难的。就在那个建国东堂那儿（演的），就在灯市口，现在的人艺。原来叫建国东堂。南北剧社是大学里，大学生们组织的一个进步演出团体，还有一个演剧二队，就是蓝天野他们这些人都是，合在一起，在那儿演出的。那是正儿八百儿的

---

① 北京人艺，全称为北京人民艺术剧院。1938 年 1 月日军侵占华北、上海、南京等地，同年 8 月在武昌宣布成立 10 个抗敌演剧队、4 个抗敌宣传队和 1 个孩子剧团。10 个队都是共产党的地下党，由周恩来、田汉一脉领导。到 1949 年，10 个演剧队只留下三个。其中演剧二队驻北京，是后来人艺的主体，有蓝天野、苏民这些进步学生，主要领导都来自于延安，院长是长征干部李伯钊，即杨尚昆之妻，副院长是金紫光和欧阳予倩。1952 年 6 月 12 日北京人民艺术剧院正式成立，是中国著名的话剧团体。自成立之初便受到郭沫若、老舍、曹禺、焦菊隐的精心培育，并拥有舒绣文、于是之、英若诚等一批艺术家。剧院始终坚持现实主义创作道路，形成具有民族特色的演出风格。几十年来创作并上演了数百部剧目，被誉为"中国话剧的典范"。

商业性演出啊，卖票的。

杨：演了几场啊？

黄：演多了，那是非常轰动，解放前，那是最轰动的一场演出。

杨：那回我们采访李瀛①同志的时候，他说他也去看了。

黄：那会儿的进步学生都要看那个戏，一看这个啊，国民党统治下民不聊生了，这个小资产阶级家庭已经面临破产，大家就各找出路吧，大团圆是大散伙，你明白吧？我演的老四，我和黄宗英，我们就离开家了，我们就看着我们家门楼上这对联："忠厚传家久，诗书继世长"，久久沉思，就奔向光明了（大笑）。不能公开说我们上解放区去了（笑），但是这个一看就明白说的是什么了。但是啊，国民党想禁也禁不了，因为国民党的演剧二队也在那儿演呢。

杨：那你们这个演出的过程呢？包括后台啊什么的。

黄：哎哟，那会儿那太简单了，就是个现实主义作品么，都是那个时代的服装，舞台条件也很简陋。自己溜达着就到剧场了，连自行车还没有呢，早早儿走，溜达到剧场，一化装就上演吧，白天该念书念书，该工作工作。演完戏就快过节了，于是之家里还没什么正经吃的，宗英给买了块五花儿肉，买了说回家炖白菜去。你不能按现在演出的……

杨：那挣钱吗？

黄：够维持。另外国民党演剧二队是官办的演剧队，国民党给它发经费呢，有些开销就在演剧二队那儿解决了，这些人也不要钱，他有工资啊，有饭吃，不需要给他什么钱。进步学生呢，也无所谓，他是为了革命，那会儿已经讲革命了，也不是为了拿它挣钱。大伙儿往一块儿凑凑，就跑这儿演出来了，就这么回事儿，卖票卖得还挺好，天天满座儿。

杨：那后来怎么拍成电影了？

――――――――――

① 对李瀛的采访参见本书第一部分第三节等处。

黄：后来，这不轰动了嘛，轰动了以后啊，金山①说干脆拍成电影吧，这就拿到上海去拍去了，拍的那会儿我是中学生，我还得上课呢，我没去，电影儿我没参加拍。舞台演出，那会儿正好放假，放寒假，我是场场都盯着。他们有的是大学生，大学生就比我自由，因为那会儿正好学生都抱着一个强烈的革命情绪。

后来解放了，成立人艺了，就是以他们为基础的。我们这一家子，故事大致如此，你要写我们家史，你看那个（剧）差不多。

2. 在潞河中学入党

我到北京最初上六中，六中管制挺严的，我觉得挺不自由，反正我不想在六中上。当时有个同学讲，要不你去上那个潞河②，那地方可好，而且那地方自由，教会学校，不像国立中学，整天训育主任老盯着你，这个那个的。那时候我还想参加点这个那个的进步活动，六中没有，南开有，潞河也有，我就跟着他们一块儿去潞河看了看。没去过潞河吧？

定：去过，特漂亮。

黄：那比当年差远了，我们当年在的时候，里面没这么乱七八糟的，后来的建筑都跟原来的很不协调。潞河的前身就是燕京的前身，叫协和大学，都是基督教公理会办的，后来燕京把协和大学合到一块儿了，把协和大学的校址来办中学，那当然就……

定：怪不得那么像后来的燕京大学。

黄：对对，像协和湖什么的，就是个大花园。特别是老师宿舍，一

---

① 金山（1911—1982），原名赵默，字缄可，祖籍湖南沅陵，出生于江苏苏州，话剧与电影演员、导演，被称为"话剧皇帝"。早年闯荡上海滩，后秘密加入中国共产党。1949 年中华人民共和国成立后，调往中国青年艺术剧院任副院长兼总导演。1978 年出任中央戏剧学院院长。1982年兼任中国电视剧艺术委员会主任。同年 7 月逝世。

② 潞河，系指北京通州区潞河中学。该校 1867 年由美国基督教公理会创建，始称潞河男塾，后改称潞河书院，1901 年更名为协和书院，设有大学和中斋二部。1917 年大学部与汇文大学合并，后组成燕京大学。中斋部仍留在通州原址，为私立潞河中学。1951 年由人民政府接管。孔祥熙、黄昆、侯仁之、王洛宾等都是潞河中学的著名校友。

潞河中学今景（定宜庄摄）

栋一栋的小白楼，没看到吧？旁边是富育女中①，那一大片连成一片，紧挨着的，后来都没了。

这潞河一下子就把我迷住了。我说行，一考考了个第二，考个第二呢当了班长。潞河是美国公理会②办的，每年要派一位英语教员在那儿轮值，我的英语老师一句中国话也不会，但是不知道怎么她就特别喜欢我。

定：是不是您英语特别好？

黄：也不见得特别好。可她是牧师啊，她得传教。她订了一条，谁下课以后到她小白楼里去给她背一段英文《圣经》，就奖一颗冰激凌，我就为冰激凌我也得背啊，所以我就经常去背一段英文圣经，吃冰激凌。后来我就跟那老师关系特别好了，这老师非要把我带到美国去，到美国读书去。

这时候啊，我已经不只是班长了。我不是想活动么？我就组织读书会，成了潞河中学运动的一个领袖人物。那会儿潞河没有学生自治会，

---

① 富育女中，是1904年由美国基督教会公理会在通州创办的专为妇女讲学的安士学道院，1914年改名女蒙馆，开始招收女童入学。1926年，改称富育女学校，是京东最早的女子专门学校。1960年改称北京通县第二中学。

② 美国公理会，即美国公理会差会（American Board of Commissioners for Foreign Missions, ABCFM），全称是美国公理宗海外传道部，简称美部会，是第一个美国基督教海外传教机构。美部会是紧随伦敦会和荷兰传教会（Netherlands Missionary Society）之后，第三个进入中国的更正教差会，也是第一个进入中国的美国差会。到1890年，公理会已经在中国的直隶、福建、山西、山东、广东5省建立了14个传教士驻扎总堂，有近1000名领圣餐信徒。

不允许成立学生自治会，校长提出来"党派退出学校"，国民党、共产党你们都别在这儿活动。但可以成立团契，就是基督教团契①，教会学校里都有这玩意儿，学生想组织什么活动都得纳入团契里边。后来我就成了团契的头儿了。

我客观地讲讲那时候的思想发展脉络：自从美国大兵强奸了沈崇②以后，在中学里的影响也很大，从那时起咱们地下党就以这事为导火线，提出这么个口号："反对美国扶植日本"，就叫"反美扶日"。本来我对美国人印象还不错，美国帮助咱们抗战嘛，可你怎么扶植起日本来了？真是这样，有这事，美国人当时对日本是扶植政策，日本战后的复兴既有日本自身的努力，跟美国人的扶植也是分不开的。那会儿的宣传就是这个，美国从军事上怎么扶植日本，搞防卫队，经济上又怎么扶植它，成为控制亚洲的桥头堡吧，这在我们学生当中影响挺大。

我当时不是恨日本人么，美国扶植日本军国主义复活，就得反对它，反对它得从我们这儿的实际情况出发吧，我们怎么反美呢？我们校长原来是中国人，换了美国人，中国学校让美国人当校长？废了他！就轰开了，轰美国校长，是我领的头，真把这美国校长给轰跑了。再一个是我们每礼拜有一次布道，牧师们在传教，传教就讲圣经，耶稣说谁打你左脸你把右脸让他打。我说：这宣传什么这是？这不是宣传逆来顺受么。正好我轰美国校长轰到兴头上呢，瞧着这牧师也不顺眼了。我就站起来了，我说：张牧师，你要说别人打你左脸你就应该把右脸给他，那你过来我先打你一巴掌，这样我们整个礼堂里就哄起来了，把牧师给轰下台

---

① 团契（英语：fellowship 或 communion；希腊语：κοινωνία），即伙伴关系，源自《圣经》中的"相交"一词，意思为相互交往和建立关系，是基督教指上帝与人之间的相交和基督徒之间相交的亲密关系。团契现在常用作基督教（新教）特定聚会的名称，其旨在增进基督徒和慕道友共同追求信仰的信心和相互分享、帮助的集体情谊。因而广义的团契也可指教会和其他形式的基督徒聚会。团契生活是基督徒最基本的和非常重要的教会生活，所以团契也被称为基督徒团契。

② 沈崇是北京大学先修班女生，1946 年 12 月 24 日夜，途经东单时，被美国海军陆战队伍长皮尔逊等二人架至东单操场施行强奸。北大女生被强奸消息在全国激起强烈反响。北京、天津、上海乃至全国各地爆发了共有 50 万学生相继参加的抗暴活动，并得到社会舆论的广泛支持。

了，当时就是怎么弄得热闹怎么好啊，就是想把学校弄乱了校长滚蛋吧。

定：那时候的学生真能闹。

黄：能闹！闹到最后美国人也没办法，走了，走了，中国校长来了，陈昌佑，是国民党中央委员。①

定：中央委员就做一个中学校长？

黄：这也说明他们对这学校挺重视。他就要追究这事儿，就开除了一大批学生，当然其中也有我。他们的口号不是"党派退出学校"么，学校是念书的地方，你们要闹事，爱上哪儿闹上哪儿闹去。这一手挺厉害，所以你要提出来说反对校长开除学生这不好办，因为他把所谓进步学生，还有在学校里活动的军统啊中统的，国民党特务，三青团什么的，一块儿都给开了（笑）。这是学生运动一个小插曲儿吧，后来有人把当年的报纸给我找着了，其中有开除名单，开除了七八十人呢，连我那数学老师也一块儿给开除了。他是我们学校地下党的领导人之一，当时我们地下党有城工部、② 敌工部③好几条线呢，把他这一开除啊，连老师带学生，所谓的进步学生都给铲没了，这共产党在潞河中学让人给

---

① 陈昌佑（1892—1981），字仲良，通州人，我国著名的教育家。1915年毕业于通州协和大学（今潞河中学前身），1923年赴美国哈德福特大学留学。1927年以第一位中国人身份任美国教会学校——潞河中学校长。1941年12月，日军侵占潞河中学。次年陈昌佑怀愤辗转至西安，再办潞河中学。1946年，他返回通州，复任潞河中学校长。1951年，人民政府接管潞河中学，陈昌佑离校任夜校教员。1981年6月12日病逝，终年89岁。

② 城工部，即中共中央华北局城市工作部，它的前身是1941年1月成立的中共晋察冀分局城市工作委员会；1944年秋改为城市工作部；1945年抗日战争胜利后为晋察冀中央局城工部，1948年5月，晋冀鲁豫中央局与晋察冀中央局合并，成立中共中央华北局，原晋察冀中央局城工部改为华北局城工部。城工部是领导敌占城市地下斗争的首脑机关。工作主要包括三部分：一是收集平津等敌占城市政治、军事、经济、社会生活等各方面的情报；二是为党培养在敌占城市开展各项工作的专门人才；三是将在敌占区受国民党反动派迫害的进步人士通过地下交通站输送到解放区。1948年12月，根据华北局决定，城工部机关分成去北平和天津两部分。一路由刘仁带队奔赴长辛店，准备接管北平的工作；一路由杨英带队到达胜芳，准备接管天津的工作。随着两市市委和军管会的成立，城工部全体工作人员分配到新的工作岗位，中共中央华北局城工部就此完成历史使命。

③ 1941年9月，中央情报部成立，作为中共中央和中央军委统一领导的军政战略情报机关。北平地下情报网由城工部系统、社会部系统、敌工部系统组成。社会部的工作对象是社会名流与敌上层人员；城工部则面对普通市民、学生、工人等发展党的地下组织；敌工部的主要任务是策反日伪军以及获取军事情报。敌工部后来改为联络部，城工部后来改为统战部。

断了根了。

就是这个老师把我发展入党的。我那时候特积极，领头轰美国校长，我也看了好多书，什么《共产党宣言》啊，《新民主主义论》啊，《论联合政府》啊，看懂没看懂吧，反正都看了，我也自认为挺进步的。共产党让我入党，我当然愿意加入了。既然把我开除了，我夹着铺盖走人吧。可我们这老师说别，说吸收你入了党，你就还得想办法回去！我说我怎么回去啊？他说想办法啊！想办法？这办法太难了。我当然不能说我已经入党了，我怎么回去啊，得有人替我说合说合对吧？

后来我妈不知道怎么就想出个主意来。我一个外甥女婿是杜聿明①的贴身副官，我妈说：我跟他说说，让他跟你们校长说说情。我妈就把我那个外甥女婿找过来了。

定：您的外甥女婿？

黄：比我小一辈呢，我堂兄的女儿的丈夫。我堂兄岁数挺大的。我妈为什么讲话那么有底气啊？我爸爸当电话局工程师那会儿收入挺高的，当年我的堂兄弟们都受过我爸爸的接济，而且不是一般的接济，有供上大学的，有给找工作的。像我这个堂兄，我妈一叫他就来了，（我妈）说你去那儿跟他们说说去，不就是在学校里头调皮捣蛋，以后好好管管不就完了么。他就去找校长去了，校长一看这杜聿明的贴身副官来了，也不知道他怎么说的，一说校长就答应了，回来就回来吧。

定：别人都走了，您倒回来了。

黄：跟我联系的那些人，后来都被我这老师给安排到解放区了。唯独我这头儿，他不让我走。他告诉我，现在的形势是长期潜伏，等待时机，你回学校就老老实实念书，什么活动都不要参加了。可是这时候，

① 杜聿明（1904—1981），字光亭，汉族。陕西省米脂县人，著名抗日将领，国民革命军陆军中将，黄埔系骨干将领。出身于黄埔军校，后在国民革命军机械化部队任职，历任第二百师师长、第五军军长，率部参加桂南会战，取得昆仑关大捷。1949 年 1 月 9 日在淮海战役中全军覆没，于河南省商丘市永城为中国人民解放军所俘。1959 年 12 月 4 日，获得特赦释放。1981 年病逝于北京。

我那位美国老师要回国了，她非要把我带到美国去，把她家里的照片，她的黑人女仆都介绍给我，说你去吧，你就在那儿上大学，我全管了。我这奉命长期潜伏等待时机呢，我去美国算怎么回事儿！我说不行。哎哟，这老太太真有点死乞白赖了，非要把我带走。她又去找我妈，我妈说，孩子的事儿由他们自己做主，他愿意跟你走就跟你走，他不愿意跟你走我也不会去说服他。

定：挺开明的。

黄：我妈属于那个时代的女性里边思想比较开明的。我为什么说这段啊，因为跟"文革"时把我当特嫌审查有关，都知道我是那老太太的宠儿，老去她那儿吃冰激凌，还要把我带到美国去。

定：都知道？

黄：都知道。

定：您入党的时候还不到十八岁吧？

黄：不到！那会儿党章有规定，有特殊需要不到年龄的也可以吸收入党，但是得等到十八岁转正。我 1948 年 7 月 17 日入的党，到 1949 年 1 月 17 日转正。1949 年 2 月北京解放，解放前夕我转正的。小党员（笑）。反右以后我挨整，就是地下党的大哥大姐们，把我看作小弟弟，千方百计保护我，要不然我也是右派了。

定：潞河中学党员多么？

黄：当年挺多的，学生里也有，有的后来毕业了，毕业了也就不开除了，走了就算了。到我再回去的时候扫得差不多干净了，我就等于是地下党留下的根儿啊。后来又发展了些民联，是党的外围，全名是民主青年联盟，就等于青年团，后来这帮人就都转（成）团（员）了。我这算党员，别的系统也还有党员。最后甭管哪个系统的，都归我领导了，有二三十人吧。

二、我在宣武区宣传部的日子
（1949—1957）

[**访谈者按**]：本书从这里进入正题。黄宗汉 1946 年到北京通县的潞河中学就读，1948 年不满 18 岁时加入中国共产党，1949 年 1 月转正，这正是解放军入北京城（2 月）前夕。下面的讲述，就从解放军入城后，他被分配到宣武区工作开始。

1. 初进宣武区

黄：我还没毕业，（北京）就解放了。

那会儿地下学委①在中学有个三人小组。他们三个人，一个叫王大明，后来是中宣部的常务副部长。商量事就在我们家里头，因为我姐姐他们上班以后家里是空的，大四合院里头挺背的，我是给他们望风的。他们开完会以后，就给我布置这么个任务，什么任务啊？就说如果解放军打进城来，就给你们发枪，你领着这 20 来人去接收德国饭店，就是同仁医院对过那儿的德国饭店。② 还给了我几十块大洋作经费，让我弄点红布做标志，过把瘾啦（大笑）。当然没有成为事实啊，后来和平谈

---

　　① 地下学委，即中共地下党的学生工作委员会。抗日战争胜利后，1945 年 9 月，中共晋察冀中央局批准成立中共北平市委员会，任命刘仁为市委书记，武光为市委副书记。市委按行业进行划分，相继设立了相应的学生工作委员会（即学委）、工人工作委员会、铁路工作委员会、平民工作委员会、文化工作委员会（1947 年 7 月文委并入学生工作委员会）、警察工作委员会（1947年 11 月警委撤销）。这个结构基本构成了解放战争时期北平地下党的领导体系。

　　② 这里说的德国饭店，位于崇文门内大街东侧、船板胡同以南，为一座六层楼的建筑。新中国成立后改称解放饭店，归华北军区使用，即今同仁医院东楼的原址。

判比较顺利，就没这事儿了。发了枪也瞎掰呢，发了枪我也不会打，那帮人谁会打枪？

定：那几十块大洋呢？

黄：就还给他们了。

到了解放，几号我记不清了，就通知我分配工作。彭真同志把地下党员全都召集到一块儿，在国会街礼堂①，开会，讲形势讲任务怎么怎么的，最重要的是大家参加工作，接管这个城市，明天大家都到日本大使馆报到去，分配工作。一人一张表，就登记，登记完了以后一分堆儿，就点名："张三李四王二麻子，这些同志跟着贺翼张同志到外四区去"，"立正、向右看齐、齐步走"，我也不知道这"外四区"在哪儿。

定：就走啦？

黄：工作啦！外四区就是现在的宣武区。我从那儿起就跟宣南文化干上了。②

定：您也没想想以后干什么，考大学什么的吗？

黄：你想想看这是战争环境，哪儿想那么多啊。就想着完成接管任务啊，接管哪儿也不知道。谁把我们领走的？贺翼张，是个老红军，挺好的一个人。活到九十多岁，现在去世了。③

---

① 国会街礼堂，位于宣武门西大街57号今新华社大院，曾是著名的民国国会礼堂，建筑面积2000平方米，礼堂内约500个座席和老式暖气基本保持原状并有更新。二层两侧六个包厢式围栏两两相对，反映了清末我国工科留学生的设计成就。民国礼堂北面是国会椭圆形办公室。东面两栋两层小楼是当时的国会图书馆，二楼屋檐走廊的几排圆形木制旋工花杆护栏，古香、雅致，很具美感。

② 1949年2月7日，第九区、第十一区、第十二区工作委员会（简称区工委）派出干部159人分赴三个区开始进行接管，黄宗汉这里的回忆以及下文中李瀛的回忆均系指此。接管任务完成于13日，宣告区人民政府及区公安分局成立。

③ 黄宗汉先生对贺翼张这位初入京城的老红军形象记述得十分具体生动，是在其他相关资料中迄未发现的。有关贺翼张的档案资料大多记载十分简单，仅仅有如下官职而已：贺翼张（1908—2003），江西永新人。1929年参加乡苏维埃政府工作。同年加入中国共产主义青年团。1932年转入中国共产党。同年参加中国工农红军，1935年10月参加长征，1936年到达陕北。1949年2月任中共北平（京）市第十一区工委书记、区委书记。1950年5月任中共北京市第八区区委书记、1952年9月任中共北京市宣武区区委书记，后历任北京市建材局局长、北京市市政工程局局长。1979年12月至1983年3月任北京市区第五届政协副主席。1982年11月至1986年8月任中共北京市顾问委员会常委。

贺翼张是区委书记，带着一个警卫员，（也是）一个马夫①，是他的跟班的。设了一个办公室，办公室就一个秘书，叫雷公，后来不知道有什么历史问题就调到文化馆去了。区委下属还有组织部、宣传部。组织部部长叫金雅如，回民，这地方紧挨着牛街②，是回族聚居区，所以有意识地培养回族干部么，他后来就当区长了。底下还有两个干事，一男一女。我这学生干部就调到宣传部，宣传部就我这么一位，"干事黄宗汉"。我是宣武区自有宣传部的元老，第一人。然后还有个妇委，叫妇女委员会，两位。还有青委。然后有俩通讯员。这就是最早的区委，加在一块儿大概也就20人吧。

那会儿呢，一开始按照国民党的区划，有外一区外二区，我们去的那儿是外四区，最初是中共外四区工委。后来外四区和外五区的一部分合起来，这叫十一区，十一区后来又调整来调整去，又叫八区了，这外四区、十一区、八区时间都比较短暂，这八区没多少日子又变成宣武、崇文，这就比较稳定了。③ 机构就越来越大了，人员也就越来越多了。过去我们就那么几个人。简单得很。

我们区委书记啊，是骑着大洋马进城的，那个大洋马是贺龙送给他的，他是贺龙老乡，也是部下。进城以后呢，除了他以外没人骑这大洋马，怎么办呢？就用它搞机关生产吧，他也不知道怎么做生意，就让他的警卫员，也就是他的马夫，把这马套上车，拉了一车煤，到乡下卖煤

---

①　贺翼张带马和马夫，是因当时有这样的规定。解放战争时期，中共干部凡营以上均配有马匹，有专职马夫，马匹均登记在册，由部队和地方的供给部门准备饲料，且洋马的饲料标准更高。

②　牛街，是北京市西城区（原属宣武区）的一条南北走向的街道，在菜市口和白广路中间，北起广安门内大街、南至南横街。这里是历史悠久的回族聚居区，在这条街上有始建于北宋时期的、北京规模最大的清真寺。

③　北京外城的行政区划沿革，参见本书附1。中共宣武区区委工作机构变迁，详见附2。1949年1月初，中共北平市委任命李锐为第九区区委书记兼区长；贺翼张为第十一区区委书记，马玉槐为区长；崔映国为第十二区区委书记，吴思行为区长。2月6日，第九、十一、十二区的接管干部分别进入该区所在地。同时三个区分别成立中共区工作委员会，李锐、贺翼张、崔映国分别任第九区、第十一区、第十二区工委书记。13日，三个区的人民政府正式宣告成立。7月经中共北平市委批准，三个区在中共区工委的基础上正式建立中共区委。见《北京市宣武区志·大事记》，47—48页。

去了，把煤卖完了以后再从乡下买些百货拉进城来。这马夫也没见识，就买了一大堆女人穿的藕荷色儿的袜子，哎哟，到北京也没人买这玩意儿哈，就发给我们，可是这玩意儿让我们怎么穿呢？那会儿管这叫城乡交流，就交流出这堆玩意儿来。

生意做赔了，贺翼张一生气就卖马，马卖了，他这马夫就没事干了，机关好孬也有 20 多人吧，得有食堂啊，就说别喂马了喂人吧，管食堂。他就把剩下的那些马料，挴了的高粱啊，还有乱七八糟的什么都磨成面给我们吃了（大笑）。要多难吃有多难吃，大伙儿意见大了。干了一年说不行，又调来一位食堂管理员，然后把这马夫送到工农速成中学学文化去了。

定： 咱们从宣武区讲起吧。

黄： 从宣武区讲起。我参加工作以后呢，我挺积极的。不光我，那会儿啊，在革命高潮之下，谁都积极。我到了宣武区，一开始是粉碎反动的基层政权，取缔保甲制①，建立街政府，把从根据地召来的一批干部，基本上是工农干部啊，个别的也有知识分子，还有我们这些城里头的地下党员和地下关系编在一起，组成工作组，就是外四区街道工作组，基本上就是现在街道办事处的轮廓。

定： 原来的保甲制是什么样的？

黄： 有点近似现在的居委会，主要是为了巩固社会治安的，就是把老百姓都编到保甲里边了，然后如果谁这地方出了共产党，要保甲连坐什么等等这些，但是在北京弄得没有那么厉害，反正保甲长是他们的最基层政权，平常也就是查查卫生啊，有个苛捐杂税需要他们收啊什么，也就这点事，还没现在的物业管理这么严密呢，后来粉碎保甲制的时候把保甲长都拉出去斗啊，最后也没说出他们有多大罪恶来。

---

① 1935 年 5 月，根据中华民国行政院关于《各县编查保甲户口条例》的规定，北平实行保甲制，以户为单位，户立户长，10 户为甲，甲设甲长，10 甲为保，保设保长，承区公所管辖。至 1948 年，区域共有 57 保，其中外二区 16 保，外四区 20 保，外五区境部分 21 保。1949 年 4 月，根据北平市人民政府颁布的《关于废除保甲制度，建立街乡政府的意见》，区境废除保甲制度，三个区（系指当时的九、十一和十二区）建立 26 个街政府。见《北京市宣武区志·建置》，84 页。

我去了以后，有个原来在广安门外淘粪的工人，他是我们的工作组组长，文盲，大字不认得。为什么要用这粪行工人当组长呢？他当年可能在城里混不下去了，也不知道怎么就到了解放区……

当年广安门外是晾粪干的地方，这现在好像没人知道了。各行各业里边，有一行叫粪行，粪行干吗？就是到各家去淘粪，过去北京外城包括广安门这一带，都没有抽水马桶，都得淘粪去啊，这粪厂主，也就是后来说的粪霸，就雇一帮人，到各家各户去淘粪，还得给你钱，因为那是高级肥料。淘完了以后就在广安门外这一带晾这粪干子。①

定：那得多臭啊。

黄：就是臭啊。国民党时期的有钱人家为什么不在外城居住，不在那一带住啊？一个是晾粪干子，一个是烧骨头，猪骨头牛骨头羊骨头，熬胶，鳔胶，那臭极了，比粪还臭呢，那一片整个臭气熏天啊。保甲长就是大粪厂的厂主，粪厂的工人是受压迫受剥削者，所以这个淘粪工人从解放区回来以后，就当了工作组组长。就斗那个保甲长呗，怎么怎么剥削工人了，其实一个粪厂的厂主，好像也挣不了多少钱，反正比淘粪工人的日子好过得多。把他斗倒了，就建立街政权了，同时我们就成立了区工委，就是后来区委的前身。

定：那你们那个淘粪工人呢？

黄：斗完粪霸别的事他也干不了啊，后来就回老家了。

定：那个劳模时传祥，背粪的那个，他是真正的淘粪工人，不是粪霸是吧？

① 从明清到民国时期，北京城的粪便清运是由私人经营的，有固定的门院和路线，称为粪道。粪道以股计算，每股门户、产量不定，价值随地域、户数、行情而定。占有粪道的人同时也占有晒粪场。粪便和粪道可以买卖，有的自道自工，有的雇工淘粪、晒粪，有的欺行霸市，强买强占粪道、粪场，成为粪霸。1935年北平市市长袁良欲将粪道收归政府管理，遭到粪霸的强烈反对，袁良被迫辞职。粪业的混乱情况一直延续到1949年前夕，可知新政权建立伊始就斗争粪霸，也是势在必行。又，关于袁良的离职，袁良系南京政府派遣，1933年追随黄郛北上担任北平市长，和以宋哲元为首的北方军方势力有矛盾。1935年黄郛离开北平，袁良也于11月离职。袁良离职后粪夫们群起反对他制定的粪业改革措施。

黄："文革"时说他是粪霸，后来给平反了不是？他要是领头的，你给他拔高成粪霸也未尝不可。反正我斗了那么多粪霸也没斗出什么罪恶来，现在回想起来，他们有什么罪恶？

定：斗了哪么多？

黄：这一片好多粪厂子呢。挨个儿斗吧对不对？就是让工人起来，抠出他们家挣钱的时候他吃什么我们吃什么，也就是黑灯瞎火地就把人轰起来干活去了，回来就窝头咸菜对付对付就完了，也就这个。那粪霸也没住什么大四合院，小四合院也不是，就三合院呗。

定：靠那个发财大概也发不起来。

黄：没有发了大财的。斗了半天，最后也就没事，别的这霸那霸尽是被枪毙的，粪霸一个也没被关起来一个也没枪毙。①

定：那粪厂子都哪儿去了？

黄：城市要建设，还允许城里边有粪厂子吗？后来北京市政府就成立粪便管理所了，属于公共卫生局下边的。粪便管理所的工人后来就不再给家主钱了，也不跟家主要钱，就好像是管公共卫生的，就把粪便拉到郊区，也还是晾干了，晾干了以后就卖大粪了，公家卖大粪了。这淘粪的什么就集中到城外去了。②

定：那些淘粪的都是外边来的？

黄：过去是一大帮子，都不是地道的北京人。就跟现在民工一样。

街政权一建立就把我调到区委了，区委设在十四保，现在叫下

---

① 关于斗争粪霸，参见《当代北京大事记》44 页，1951 年 11 月 3 日记载：北京市公安局与市卫生局联合发布改革粪道制度的布告。市公安局依法逮捕了一批罪大恶极的粪霸。又据《北京市宣武区志·大事记》50 页，其中第九区逮捕粪霸刘春江、孙绪岭，刘春江于 12 月 5 日被依法处决。可见黄宗汉这里所说可能不完全准确，但也有可能是他所处的第十一区没有粪霸被处决，因为刘春江是第九区的。

② 据《北京市宣武区志·大事记》48 页、574 页，1949 年 8 月，市政府颁布城区存晒粪便处理办法，限期将城区的粪便运往城外并在城外存晒。1949 年 8 月，三个区共迁走大粪场 15 个，粪箱 16 个，填平粪坑 128 个（50 页）。1951 年在斗争粪霸的同时取消晒粪场，仅广安门外天宁寺、白菜湾一带就取消了 272 个，统一迁至广安门外岳各庄等指定地点。1957 年成立 130 人的粪便清除专业队，对粪业实行统一管理，环境卫生状况大为改善。

斜街①，在宣武医院那一带。宣武医院那会儿是土地庙，一个小庙，但是庙会很有名，周围有一片营房，是清代的营房，那时候已经没有营房，根本没有见到人哪，国民党时候就仅剩了地名了，就是贫民窟了。

定： 那个营房住的什么兵啊？

黄： 应该也是八旗兵在那儿住吧。因为清朝时候内城全是八旗兵，外城估计啊也应该是八旗兵。满族进了北京以后，根本不相信汉人那会儿，所谓宣南文化就是把知识分子都轰到城（指内城）外扎了堆儿了才出现的一种特殊的文化现象。

定： 那八旗兵呢？

黄： 兵早没了。兵在城里维持生活可能就更困难了，就像小说写的，他们就奔昌平啊南口，往北边点去了，住在这营房，不是自己房子也得交房租呢。这事没做过专门社会调查，但也挺有意思，现在找不着任何痕迹了，一点儿痕迹都没有了。要具体说，最集中的地方就在宣武医院西侧，这个地方叫乐培园②，培养快乐情绪的地方，乐培园，然后就画着大"民宅"，暗娼的记号么。那会儿营房就主要是暗娼住的地方了。暗娼的标志是什么呢？她把白灰和成稀汤，蘸上白灰，在墙上写个"民宅"，再画个大圆圈，这就是妓院。要说此地民宅不得擅入对不对？这是民宅欢迎你，欢迎大家。大栅栏八大胡同啊，那是有执照的，悬灯挂彩，标明人家就是妓院。

定： 那是高级妓院了。

黄： 也分三六九等的。但是那是国民党时候正式收捐的，就是官方认可的。这个实际上官方也认可，不认可它那么写不是成心让人抓么，底下撸俩钱那么着，那是暗娼所在，就叫营房，下斜街再往西。

---

① 下斜街，位于原宣武区西北部。北起上斜街，南至长椿街。呈东北向西南倾斜走向，故称斜街。因其北端有上斜街，故称其下斜街。此街北端西侧曾有山西会馆，街南东侧有畿辅先哲祠。

② 乐培园，位于宣武区西北部。北起宣武医院南墙，南至广安门内大街，西到报国寺东夹道。清代称南北胳膊园。民国时期这里多有下等娼寮。《顺天时报丛谈》："报国寺迤东曰南北胳膊园，多土妓下处，牛鬼蛇神，妖红怪紫，是为最下等之娼寮。"直至 1949 年之前，这里仍有妓院。1949 年 12 月 21 日，北京市人民政府取缔了妓院，后在此兴建居民区，建起楼房。1965 年后改为今名。

今日乐培园胡同（杨原摄）

定：那清代的老住户都不在了？

黄：清代留下的老住户，几乎是没了。原来在下斜街那一带住了很多名人哪。

2. 从宣传干事到宣传部长

定：您讲讲您当宣传部长都干了些什么？不是当宣传部长，是从当宣传干部……

黄：那会儿啊，那会儿我也不知道这宣传部该怎么干啊。后来就学习苏联经验吧，苏联的宣传部做宣传鼓动工作，到工厂里去出墙报，宣传好人好事，搞斯达汉诺夫运动①，大家积极生产支援前线，就要下工厂，我就到工厂去了。

定：宣武区那会儿有工厂吗？

黄：有工厂，北京的近代工业，那会儿就集中在宣武区这儿，而且所谓北京的现代工业，它的前身，很多都是在宣武区那地方起的家，由近代转现代。

————————

① 斯达汉诺夫运动，是苏联早期以斯达汉诺夫命名的社会主义竞赛的群众运动。顿涅茨矿区采煤工人斯达汉诺夫在1935年8月30日创造了一班工作时间内用风镐采煤102吨的纪录，超过定额十三倍。这一事迹，在苏联第二个五年计划时期得到广泛传播，形成了斯达汉诺夫运动。

定：主要是什么工业？

黄：就是办香山慈幼院的熊希龄①，他办了不止一个工厂，但是其中最大的一个，就是慈型铁工厂②，是当年北京城最大的私人铁工厂。它有 12 台皮带车床，那不得了啊。知道什么叫皮带车床吗？

定：知道，我还开过车床呢。

黄：开过车床，你开过皮带车床吗？

定：开过。我上中学的时候我们学校就有皮带车床。

黄：好好。这个厂子呢，有车铣刨磨钳，挺全的，是可以做点什么东西的。当时最需要什么东西呢？是需要下水管道，排水管，它原来也有小规模的铸造，后来就支持他建大的铸造车间，铸这管子。现在都用钢筋水泥做的大管子，那会儿还得靠铸铁啊，就越做越大，这厂子就改名，不是慈型铁工厂了，就发展成为北京管件厂，专门做管子，水管，不同尺寸的下水管。管件厂要加工大管子啊，大型设备慢慢就进来了，就不是皮带床子了哈，这城里就容不下它了，它就又升格了。就在管件厂的基础上，出了城，变成第二通用机械厂，是大厂了，北京市骨干企业。本身也是现代机械装备的企业，够不够现代企业咱另说，这是机械的。

定：这些东西现在好像很少有人提到。

黄：现在编的那些北京工业史料上面，没有那些细节，所以就不知道早期的北京工业是个什么样的状况。

我这宣传干事就到这儿去，深入工农兵，跟工人住到一块儿去吧，

---

① 熊希龄（1870—1937），字秉三，是我国近代著名的慈善家、平民教育家，曾任民国总理。1917 年 9 月，河北、北京地区发生大水灾，水灾后有 200 余孩子无人认领，于是熊希龄商借香山静宜园建立了一个大规模的慈幼院，把城内外贫苦的孩子一同招进来教育。1920 年 10 月建成，定名为香山慈幼院。香山慈幼院从婴儿、幼儿、小学、中学、师范、职业到附属工厂，形成了一系列完整的教育体系。慈幼院设有总院及五校、六厂，还设有大学部。慈幼院不同于一般慈善机构，实行的是济贫与教育相结合的模式，推行的是学校、家庭、社会三合一的教育体系。它教育学生要走向社会、自立社会、回报社会。1949 年 3 月迁入城内，后改名为北京市立新中学。

② 慈型铁工厂：1928 年教育家熊希龄主办的香山慈幼院在原宣武区西北部荒地上（此地后称感化胡同）设立慈型铁工厂，学生参与半工半读。初期工厂生产制造简易车床，因成本高昂利润微薄转而生产一些机器配件、木螺丝、铁钉等。新中国成立后由政府接管。

后来才把这叫蹲点啊，那会儿谁也没有给我交代过宣传工作都干什么，到那儿你自己瞧着办吧，找事干吧，做宣传鼓动工作，组织职工出墙报啊，学习社会发展史啊，发展共青团员、发展共产党员啊，干得还挺不错。这是我第一次真正深入到工人中间，跟几十个工人睡大炕睡在一起。

后来我又去大华陶瓷厂①，也在宣武区。这算是私人工业里比较像样的厂子，但也是手工操作啊，有电力，不是脚踩的轮，是电动的轮，然后成型，烧窑什么，那可能是唐山的技术吧。烧的什么呢？烧的主要是粗饭碗，也做茶壶什么的。挺大的厂子了，有一百多人，那会儿一百多人就是挺大的厂子了。所以李立三都去那儿考察去了，考察以后就发表讲话，说"生产长一寸，福利长一分"，意思就是随着生产发展得改善工人生活啊，这个后来挨批了知道吧？②

定：这大华是谁开的？

---

① 大华陶瓷厂，由陈荫棠在白广路附近投资兴办的大华窑业公司，1944年建成投产，主要生产中、低档大、小碗盘等日用陶瓷制品。1949年改称大华陶瓷厂。1954年春，大华陶瓷厂被批准公私合营。

② 李立三（1899—1967），原名李隆郅，曾用名李能至、李成、柏山、李明、李敏然等，湖南醴陵人。1919年9月赴法勤工俭学，1921年回国加入中国共产党。先后在地方和中央担任工人运动领袖，1930年实际主持中共中央时期推行攻打中心城市，夺取全国胜利的冒险主义路线，使中共付出惨痛代价，被作为"立三路线"受到批判。新中国成立初期，李立三主持总工会工作。"文革"中遭受残酷迫害，1967年6月22日在北京蒙冤逝世。1980年3月20日，中共中央为李立三平反昭雪，恢复名誉。

李立三在中共历史上多次挨批，其中20世纪30年代实行"左倾冒险主义路线"一事广为人知，但20世纪50年代被作为"工团主义"而受批判一事，却很少被提起和关注，也较少作为中华人民共和国成立后的一段重要历史被研究和评价。此事的大致经过是：1950年前后，在李立三主持全国总工会工作期间，曾主持制定了《关于劳资关系暂行处理办法》《关于私营企业劳资双方订立集体合同的暂行处理办法》和《关于劳动争议解决程序暂行规定》等有关文件。要求各级工会都要办工人之家，替工人说话，抓好工人的劳动保护和工资福利工作。并亲自抓了马恒昌小组、毛泽东号机车组、郝建秀工作法、施玉海煤矿安全生产运动等典型。1950年，李立三组织了一百多人的调查团到中南地区的工矿企业实地考察工人的安全卫生和企业管理等方面的情况。2月，他在《人民日报》发表了《学会企业管理》的文章，受到党中央的重视，被誉为"企业管理、提高生产的指导方针"。1951年12月，在全总党组第一次扩大会议上，陈伯达给李立三定了调子，说他是代表落后工人的"工会工作中的错误路线"，犯了"工团主义"和"经验主义"错误，要在党内和全国工会系统中进行批判和纠正。此后，李立三离开了全国总工会的领导岗位。1954年9月被免去了劳动部部长的职务，罢官还乡休假。黄宗汉在宣武区的工作，是离不开这个大背景的。

又按，所谓工团主义，也称"工会主义"（英语Syndicalism），其含义相当混杂，是19世纪末开始出现于西欧一些国家工人运动中的一种小资产阶级半无政府主义思潮。它的最大特点是强调工会在资本主义改造为理想社会的事业中的作用。

黄：陈荫棠，是个挺有名的资本家。北京市民族资产阶级的代表人物，后来就安排入政协什么的。① 批李立三没批陈荫棠不是？不能批啊，因为"生产长一寸，福利长一分"，工人福利好，具体表现就是食堂吃的比过去好了。工资是不是长了点儿了，我现在已记不大清楚了，反正在北京城里头，他们厂的工资也还说得过去，工人也没有理解成就得长 10% 的工资。而且就做粗瓷碗，产品销路也还不错。

定：那是公私合营以后吗？

黄：还没合营呢。

定：那资本家不会愿意长福利啊。

黄：那个资本家算比较开明的，他对工人比一般的私人企业主要开明一些。

定：比咱们现在一些包工头强。

黄：强多了，那就是强多了（笑）。

定：那工人都是老北京人还是外边的？

黄：外地。唐山来的不少。那骨干，得是懂这门手艺的，装窑出窑这个都是外地来的。而且烧窑的活儿也是很辛苦的。车钳刨铣呢，也都不是地道的北京人，也都住在那大通铺的宿舍里边。都睡大炕啊，一炕好几十。

定：那有咱老北京本地的吗？

黄：有，有些年轻女工，她们是上下班过来。

定：北京的旗人多不多？

黄：没有。反正我接触的，谁也没自报过他是旗人啊，好像也没有。你想八旗子弟太苦的活他受得了吗？那装窑出窑都是很笨重的体力劳动，进去以后浑身都得湿透啦，后来改成电炉子还好些。待遇当时还

---

① 陈荫棠，近代著名实业家，辽宁人。1918 年获官费入东京高等工业学校学习染织专业，1923 年毕业回国后，坚持实业救国。兴办的企业涉及银行、窑业、煤矿、纺织、染织、化工等行业，在经营中发挥自己的技术专长，又采用了外商办厂的管理经验，使企业蒸蒸日上。新中国成立后曾任北京市工商联第六届会员代表大会执行委员，北京市宣武区政协委员。1992 年病逝。

算可以，听着也还比较好。我去这些工厂，都要负责建立工会组织，发展团组织，也深入工人宿舍，我和工人们一块儿吃啊，没一块儿干活去（笑）。

定：您也不会。

黄：那肯定学不会。我蹲了一个点儿、两个点儿，然后呢又增加一个点儿，叫华兴染织厂①，是当时北京最大的私人纺织企业。快二百多工人，小三百人了，主要是织布，生产发展是不错。后来一镇反②，深挖反革命，这厂子的老板曾经当过汉奸，他闻风而跑，最后给抓住啦，就下了大狱了。老板跑了啊，这厂子等于逆产哪，就交给民政局了……这人在狱里表现不错，最后又变成监狱工厂采购员了。我后来见着他，还以为他是越狱逃跑了呢，先跟他说两句话试探是怎么回事，他说我已经被释放了哈。

定：这是哪年啊？

黄：我印象啊，这是 1952 年吧，这时正好又赶上封闭妓院。③ 封闭妓院把妓女都抓起来以后往哪儿搁呢？得了，这不正好吗，华兴染织厂归了民政局了，妓女就该交给民政局去改造，就把妓女集中搁到华兴染织厂进行教育改造，反正那时候生产任务也挺大。就组织她们控诉妓院的老鸨啊王八什么的啊，开控诉大会，然后教给她们生产技术。

---

① 华兴染织厂，1930 年成立，最初资本 8000 元，原址在汪大乙胡同，新中国成立后被定性为汉奸财产没收，建立了解放织布厂，用作妓女教育改造安置点。见《北京工业史料》，321 页。

② 镇反是 1950 年 12 月至 1951 年 10 月在全国范围内进行的清查和镇压反革命分子的政治运动，简称"镇反"。这场历时两年多的运动，范围涉及全国几乎所有地区，其目的是为了肃清社会上国民党残余、特工、土匪势力，从而巩固新生的政权，并稳定社会秩序。1996 年中共中央党史研究室等四个部门合编的《建国以来历史政治运动事实》的报告中称：从 1949 年初到 1952 年 2 月进行的"镇反"中，镇压了反革命分子 157.61 万多人，其中 87.36 万余人被判死刑。这是新中国成立初期同抗美援朝、土地改革并称的三大运动之一。

③ 北京封闭妓院实际上自 1949 年即已开始，当年 11 月 21 日，北京市政府执行第二届各界人民代表会议决议，在 12 小时内封闭妓院 224 家，收容妓女 1288 名，集中妓院老板和领家 424 名，没收了妓院的财产。该决议提到："妓院乃旧统治者和剥削者摧残妇女精神与肉体，侮辱妇女人格的兽性的野蛮制度的残余，传染梅毒淋病，危害国民健康极大。"见《当代北京大事记》，21 页。这次行动结束后，妓女被分别安置在 8 个教养院里。

定：那妓女有多少人？

黄：上百吧，好家伙。厂子挺大的。

定：那一片的妓女一共有多少？不是所有的都到华兴了吧？

黄：不是所有的，可能就是外四区这一片的吧，就集中到那儿去了。这妓女有的是觉悟了，经过教育就成了工人了，最后也嫁人了。还有的不能忍受这种劳动生活，还跑，到外头还去勾搭，所以那个地方就变成一个警卫森严的地方了。她们老跑啊，而且在城里老这么圈着一伙妓女也不是事儿啊，这样的话呢就把这厂给弄到东郊的纺织工业区，现在已经都变成居民住宅区了。

定：是后来的国棉一厂、二厂么？

黄：哎哎就弄到那儿去了。当时负责的人叫耿晓，妇联的，一个女同志，成立纺织技术研究所，她当了所长，然后就带着这帮子妓女就到那儿，建设纺织工业区去了。哎哎可不能这么去描述这个纺织工业区啊（大笑）。整个的纺织工业区的规划还是学习苏联的啊。然后华兴染织厂这地方给了谁呢？就给了印刷一厂做厂址了，因为那会儿要给毛主席印大字本儿的书，毛主席看书得看印大字的，那是这个厂的一项主要任务。北京市印刷一厂。华兴染织厂这么着就消失啦。

定：您参加教育妓女的工作了吗？

黄：没有，那不是我的事，那是妇联的事儿。我们不是有妇委吗，弄一大帮妇女干部啊。

定：那时候不是人艺有个剧……

黄：《姐姐妹妹站起来》①，就是写的那儿。

定：那谁写的？

黄：忘了。后来拍成电影了。有关妓女的资料，宣武区档案馆里头很全的，人大专门做过调查。还有一个作家叫李金龙，现在在宣武区图

---

① 《姐姐妹妹站起来》，文华影业公司 1951 年摄制，由陈西禾编导的一部电影。影片讲述新中国成立前被骗卖到妓院的大香受尽苦难的遭遇，新中国成立后人民政府封闭了妓院，妓女脱离苦海，获得新生。

书馆当馆长，他对八大胡同什么的做过很多调查，写了一本小说。妓女这事我没沾边，因为不归宣传部管哈。

我待的厂挺多的。福兴面粉厂①，孙孚凌他们家那厂子——孙孚凌是工商联主席啊。② 这厂子当时是北京最大的面粉厂。我就到面粉厂去，干得挺起劲的，反正天天都有事干，黑夜白日地在工厂里滚。我就成宣武区的宣传部副部长了，升官了。

定：您说的这时候还都没有公私合营呢？

黄：后来就有公私合营了。公私合营我也赶上了，公私合营就不归我们宣传部去做工作了，就是报上怎么宣传咱也怎么宣传就完了，讲不出有点特色的东西了。反正就是上边讲什么就传达，宣传部就干这事。

"五反"③ 我是参加了，而且是个组长，油盐粮归成一个组啊，有没有粮我不太清楚。我管的是当时的油盐店，就是副食店吧，还有现在所谓的餐饮业，就是小饭馆，早晨起来卖早点的，炸油饼的，烙馅饼的什么，我管的是这一个行业。所有的大小老板都得交代，有什么偷税漏税啦，偷工减料啦，哎，最后定个"基本守法户"，就不追究你了。当时"五反"时候是打出"大老虎"的，面粉二厂的老板叫什么——这报纸都能查出来，就打成"大老虎"了，判刑了，判了几

① 福兴面粉厂，位于广安门大街，创建于1937年，由孙英坡（孙孚凌父亲）独资经营。初创时仅有3部制粉机，2部石磨，主要磨玉米粉，到1948年扩展到8部制粉机，职工87人。由于当时北平的工业十分落后，福兴已算是规模最大、设备最好的面粉厂。1953年第一批申请公私合营。1954年实行公私合营，由孙孚凌任厂长。见《当代北京大事记》，75页。

② 孙孚凌（1921—　），浙江省绍兴人。1938年至1940年在北平燕京大学物理系、西南联合大学数学系学习。孙孚凌1948年至1958年在北京福兴面粉厂任经理、厂长。1949年初着手筹备北京市工商联，北京市工商联于1951年成立；1952年又参与筹备全国工商联，1953年全国工商联成立。当年，孙孚凌和他的福兴面粉厂第一批申请公私合营。孙孚凌是第二至五届全国政协委员，第六届、七届全国政协常委。

③ 1952年1月在私营工商业中开展"五反"（反行贿、反偷税漏税、反盗骗国家财产、反偷工减料、反盗窃国家经济情报）运动，7月结束，与6月结束的"三反"在时间上基本是同时的。据第六区（即原来的第八、九两区）、第八区（即原来的第十一区也就是黄宗汉所在区）统计，在13862个工商户中，经核实定为一类户（守法户）的有1276户，二类户（基本守法户）10559户，三类户（半守法、半违法户）1708户，四类户（严重违法户）218户，五类户（完全违法户）101户，后两类共计319户，占参加运动1.38万户的2.3%。应退赔罚款总数为687亿元（旧币）。

上海某处的"五反"动员大会（引自《华东画报》1952年4月号）

年刑不知道，罪名就是囤积居奇。这是震动全北京市的"大老虎"啊，"粮老虎"。面粉二厂就在现在南线阁把口那儿，比孙孚凌那个福兴面粉厂要小一点儿，这个非常好查，查那个时候的报纸，因为当时突出宣传的。今天看这老虎可能是没打错，"三反"①"五反"不能说个个都抓错了，不是，当时也还是抓出一些贪污盗窃分子、投机倒把分子，是吧，如果个个都抓错了，那问题就更大了。

定：您那时候是宣传部的干事还是已经升了部长了？

黄：还是干事，但已经是大干事了，那会儿就叫大干事。我在市委组织部也是大干事，与处长是处于同等地位的。

3. 我的初恋

黄：和我老伴结婚以前我还有一段初恋，就是我的第一个恋人吧，她是北大物理系的。这是当年"五反"的时候，各大学派工作队来协助区县搞"五反"运动，他们北京大学都派一些学生参加，社会实践

---

①　"三反"：指反对贪污、反对浪费、反对官僚主义运动，时间自1951年12月中旬到1952年6月。据核实定案后统计，北京市第六区、第八区共查出贪污分子和有贪污行为1277人（第六区878人，第八区399人），贪污总额23亿元（旧币），受刑事处分37人、行政处分305人，免予处分935人。

吧，现在说，参加"五反打虎队"。

杨：哦？那她，大学生怎么会参加"打虎队"呢？

黄：解放初期就这么干啊，就像咱们现在的社会实践吧，都组织起来，到基层去参加运动啊，地方干部里面得加点儿大学生啊，不光一个大学生，一大帮子呢。那会儿大学生热情还挺高，认为参加土改、参加"三反"，那是对他们培养教育，提高他们的阶级觉悟。北大就来了一伙人，其中有一个物理系的女学生。我那个组里头基本上是北大的，还有石油学院的，我是组长，她等于是个秘书似的吧。我们彼此就相爱了。这是真的相爱了。

那时候两人要正式谈恋爱得经过组织同意，不是说你想跟谁谈就跟谁谈。开始两人关系一般的时候，到不了组织审查，对吧？等两人儿快成了，一审查，吹了。

那时候我们区委到北大去了，她本人有什么好调查的，就是大学生么。调查她的家庭情况，一调查她爸爸是国民党。这在当时是挺大的忌讳，那会儿我一进城的时候是宣传部的干事，调我到组织部去①，那可是要害部门，找这么一个女朋友，她爸爸是国民党，这不行。后来呢，到北大 100 周年纪念（1998 年）时候，她就问我，你当年为什么把我甩了，我说：你爸国民党啊，那年头儿咱们阶级斗争尖锐的年代，我怎么能跟你结婚呢？嗨，她说，我爸爸那国民党啊，是大革命以前的国民党！（众大笑）就这么回事儿。

杨：那还是联共时候（的国民党）呢。那会儿调查也够不负责任的……

黄：可能啊，她填表的时候没有写年头，就写的是直系亲属，她爸爸，叫什么名字，党派：国民党，对不对？她也没详细去写哪年入党什么等等的，一查表，国民党，国民党就吹了吧。这是一个原因。组织上不能同意的啊。后来调查的时候，那地方的团委书记说：没想到她还能

① 黄宗汉调到市委组织部是 1963 年。

看上一个区干部。这也如实给我传达了。我说：这大学生瞧不起我们区干部啊，我不能受歧视啊。说实在就这么两个原因，我们就分手了。

定：那么简单？

黄：慢慢地说啊，想分手也不那么容易。她一辈子没跟我分手，是我跟她分手了，是我主动的。我没跟她说你爸爸是国民党，这属于组织秘密啊。但后来到了晚年我们俩说起这事，她说：嗨，我爸爸这国民党是老国民党，是辛亥革命时代的，他是革命的，那叫什么问题啊！

定：那你们还一直藕断丝连的？

黄：现在还……连着。这不背着我夫人。她跟别人结婚了，然后就调到中山大学去了，现在是中山大学物理系一个挺有名气的教授，她始终跟我藕断丝连，都不能忘却。后来她爱人也去世了，她也得了癌症了，跟她九十多岁的老妈住在一块儿。我怎么后来说起这事啊？北大百年纪念的时候她回北大来了，我们俩又见面了。我觉得啊，我有点对不起她，我太欠她的情了，对不对？

定：您对她没有陌生感么？

黄：没有，没有。我得再想想，我说不大清楚啊。北大百周年纪念她来了，她叫我到北大去，我俩就说起来了，她说你那会儿为什么不跟我好啊？现在一说这个，我不背我那口子。我们那口子说，她来了，请她到家来吧，咱们一起吃个饭。我们老伴。

定：您老伴真有承受力。

黄：（笑）她觉得这是完全可以理解的哈，因为我们来往的信件我老伴都看过了，就在我抽屉里。

定：赶明儿您也像您哥哥似的都给公布出来，《两地书》。①

黄：（笑）后来就说起这事儿啊，我跟她说，我说我老伴请你到家去呢。"不，我不去。"她说，"那个原来应该是我的家。"她说那家本

---

① 指黄宗江和阮若珊合著的、将二人各自写给对方的情书（主要是黄宗江写给阮若珊的）公开出版的集子，名为《老伴集》，东方出版社 1999 年出版。

黄宗汉与妻子：早年
（黄宗汉提供）

来应该是她的（大笑）。她原来是北大物理系的研究生，研究核物理的。

定：哟，那她一定是个挺有名的专家了。

黄：挺有名的。从分配给她的房子来讲那就（能看出来），四室两厅。

定：您去过中山大学啊？

黄：我没有，她告诉我的。她说你来吧，有你住的地方。我说你能住什么样的房子？我看北大住得都挺挤。她说挺好的条件，四室两厅两层，她说她有三处房子呢。另外我看中山大学的学刊什么的，有她发表论文的目录。后来就是啊，她并不忘情。她得了癌症，后来治得也还不错。每每借着问病，就跟我聊吧。聊来聊去等我拿了博士学位以后她说，你现在拿了博士学位了，你跟我还有距离感么？我说距离可能还有，你是研究院的力学教授，我连牛顿的力学还搞不懂。她说干吗一天到晚老谈力学啊。不过我说我现在呢，也许还能和你一起对对话，啊，物理学家也不能够不研究哲学，我看霍金的《时间简史》里头，霍金就讲宇宙是无边的，时间是无限的，这个咱们俩可能都能在一起讨论（笑）。我说我看过《时间简史》了，我看得饶有兴趣，好像我现在文化程度比过去高了一点（笑）。我说这个出了圈了是吧？

黄宗汉与妻子：晚年
（黄宗汉提供）

定：不，好玩儿（笑）。

黄：好玩儿？挺好玩儿吧？

杨：那您跟您爱人是？

黄：我爱人啊，是解放初，五几年啊，我生病了，得了这肠梗阻，肠细胞淋巴结核，这是种机械变化，据大夫讲啊，就是大肠套紧小肠，然后发炎了，然后喝牛奶还是怎么的，就感染结核菌了，就切除了。切除以后就在友谊医院住院，那会儿不叫友谊医院，叫红十字医院，就是苏联红十字会和中国红十字会合作，建了红十字医院，那算大医院了。当时呢，就从上海调来一批医生和护士，她是从上海护士学校调过来的，就在传染科当护士长。我这不是肠结核嘛，就搁到传染科，我们俩就这么认识的。后来这苏联专家觉得我们俩在一块儿挺合适，苏联专家做媒，我们俩就行了。那时候别人结婚都很简单，我们俩结婚，还把苏联专家请来了，正经把礼堂布置了。这么着，我一生病，找着媳妇儿了。

4. 从最年轻的副部长到"右倾机会主义分子"

黄：到1956年的时候，因为我挺积极是吧，就被提拔为宣传部副部长了。当时的北京城，25岁就当宣传部副部长，是最年轻的了。

到"反右"的时候，我是宣传文化系统反右领导小组组长，我领导"反右"不力，我抓不出右派来。而我自己呢，差点当了右派。我在我们自己那个宣传部门学习的时候，我注意毛主席后来发表的文章，就是讲夏季形势的那个，和宣传会议最初的讲稿，差距怎么这么大啊。我说：刚说过大规模的疾风暴雨式的群众性阶级斗争已经基本结束，怎么又说阶级斗争有时候还是很激烈的呢？我就有点不理解，完全书呆子啊，我就是提出我的疑问，会上立刻就上纲上线的，一下给我升到"怀疑毛主席"了。我真没怀疑毛主席，其实我对毛主席挺崇拜的。这是一。第二呢，我这组长领导"反右"不力，瞧谁都不像右派，抓不出来，我们宣传部一个我都没抓出来。都有任务的，你怎么老抓不出来呢？

定：让你抓几个？

黄：指标没下来，但大家都很清楚，都得有，哪儿能一个没有呢？后来就把我给撤换下来，教育部的一个副部长就当了组长了。教育部原来是宣传部的一部分后来分出去的，这个副部长叫许××，反正也不是坏人（笑）。他来以后非常得力，一下子就从我们宣传部抓出好几个右派来，其中当然也包括我。不光是我们部门这几个人的事，连宣传部带教育部反正打了不少人，超过百分比了。那整得挺惨的啊，也有自杀的。

最后主管我的区委副书记何力平，这人挺好啊，当时她对我挺严厉的，没想到到关键时候她保我，她说小黄是在革命队伍里长大的，我瞧着他长大的，他怎么反党？他不会反党，有错误就是了，这样就给我定个"严重右倾"，党内严重警告处分，撤职劳动改造。

我"右倾"了以后，被调到市委组织部管干部去了，明白这其中的奥妙么？市委组织部基本上是我们地下学委——学校委员会的那帮人，这帮人一看我在下边捅了娄子了，说快把小黄调回来吧，他在下边尽瞎说，弄不好哪天就把"党票"丢了。

定：您那时候觉得受打击大吗？

黄：打击当然挺大的。我原来 25 岁当宣传部副部长，是区委的宠儿，怎么一下子成了右倾机会主义分子了呢？一落千丈。但没当上右派，总算是很庆幸的。

定：你们家兄弟四个就您一个人这样吧？

黄：他们"反右"时没遭这份难。我虽然是个七品芝麻官，九品吧，但终究是卷入到政治斗争的旋涡了哈。

[**访谈者按**] 关于黄宗汉被划为右倾一事，李瀛先生有如下叙述，看来被黄宗汉自己视为很严重的事，在旁人眼中却算不上什么大问题。

李瀛：他这段儿不是说是右倾嘛，当时没给他定什么分子什么的，都没有，就是说他有点儿右倾。后来那时候贺翼张，是老长征的干部，比较直爽："小黄，你说的那什么话，不对，啊，你认识就行了。"没给他定什么，当时要不是老贺那么说啊，可能就给他定右派了。当时我们是这么看的，认为这孩子不错，他呢比较聪明，当时也是知识面比较广，知道的也多，看书也多，大家都议论说知识面比较广，所以看问题也比较尖锐，爱讲点儿什么意见吧，有点儿所谓高才生的看法，比较敢说，思想又超前。但是大家对他啊，都认为是个人才。我是组织部管干部的，也认为他不是什么严重问题，所以给他定右倾，大家当时对他也没有什么，他自己可能看得特别重。当时都说小黄是年轻一点，话说错了就错了。

三、与李瀛、张宝泉等人的座谈记之一
（1949—1957）

第一次　时间：2011 年 12 月 2 日　星期五
　　　　　　地点：中国社会科学院历史所社会史研究室
　　　　　　访谈者：定宜庄、杨原、邱源媛
第二次　时间：2011 年 12 月 9 日　星期五
　　　　　　地点同上
　　　　　　访谈者：定宜庄、杨原

[**访谈者按**] 以下的内容，读者可将其作为正文的附录，如果担心影响正文一气呵成的效果，也可暂时略去不读，如有兴趣，亦可在将正文读完之后回过头来，用以作为参照。因为对于同样地域的同一时间段的历史，又是基本相同的身份和人生经历，不同的人，却会有不同的记忆，不同的讲述重心，而且，由于是个人口述，也各有其不同的叙事风格，将其互相参照，是饶有意义和兴味的，当然在这里，我们绝对没有任何褒贬之意，只是想借此展示口述史比起传统的文献证史，所具有的这种特别的优长之处而已。

　　对黄宗汉先生进行访谈的过程中，我们对他在北京解放前夕参加地下党并以这一身份在 1949 年后进入宣武区委的经历，产生了浓厚兴趣，并由此产生了进一步探究这些人——也就是从青年学生加入共产党，新中国成立后成为党的干部的这样一群人——的兴趣，正是这群人，构成了 1949 年以来北京市各级领导层的主体，我们想更进一步地了解他们生

李瀛、张宝泉接受采访，
上为张宝泉，下为李瀛
（杨原摄）

活、工作的经历以及对往事的总结和感悟。按照我们最初的设想，是将宣武区委有着大体相同经历的几个人，做成一个集体的口述，黄宗汉先生也帮助我们找到了当年曾与他共事的几位老干部，拜赐于他的热心联系，他们也都同意与我们见面。但是他们却一致表示，并不愿意谈自己个人的经历，而只肯提供与黄宗汉有关的一些情况，以帮助我们为黄宗汉写传而已。我们只得遵从他们的意愿，将我们原订的访谈计划放弃，并以黄宗汉口述为纲，将他们的部分谈话作为对黄宗汉的补充材料加入进去。当然这样也很有趣，因为就具体事实来说，几人讲述各有详略，可以互为补充，而他们从各人角度出发的不同看法，也颇有引发人思考寻味之处。

李瀛先生与黄宗汉是1949年同时进入宣武区（当时的十一区）区委工作的，张宝泉先生则于1952年原来八区、九区合并之后才与二人成为同事。由于职务不同，工作性质不同，各人的经历、思想观念乃至记忆都有差异。通过这些人的讲述片段，或可了解新中国成立初期构成宣武区委干部队伍的都是一些什么样的人，他们从哪里来，有着什么样的经历，以及他们的思想和精神风貌，同时，作为黄宗汉口述的补充内容，也可一窥黄宗汉当时所处的工作环境和生活圈子。本书主旨既然是做生命史，那么，对于宣武区这个干部群体，除了了解他们做了什么以外，还了解他们的"人"，这样的尝试未必是赘笔。

不过，在1957年以前的这个时间段里，几人在思想观点等方面并未显出太多不同，不同的，只是讲述的具体事实而已。而李、张二人提到的有关新中国成立初期党、团在区一级单位的组织建设，以及他们所在单位干部的工作，尤其涉及到所谓"一化三改"的具体事件，都是黄宗汉口述中较少提到的内容，很值得一阅。至于将廖女士夫妇的访谈也加在这里，一是由于他们的叙述尽管简略，但也是他们自己在宣武区这个时间段的经历，二是对于宣武区为什么工业多、手工业多的见解，与李瀛、张宝泉略同，可参照来看。

（一）1949 年以前

1. 李瀛的经历

定：我们一直有这么一个想法，就是现在这些年轻人已经不知道老一代的这些干部，当年怎么工作的，他们面临的是一种什么环境，所以我们也想通过这个口述项目的开展，让年轻人受一些教育，希望你们讲讲你们的经历，不是空空洞洞的，而是非常具体的，不光是围绕黄宗汉。

黄宗汉说李瀛先生您一直和他在一起，从在地下党的时候，今天我们想听您说说您自己。您是哪年出生的？

李瀛（以下简称李）：1929 年。

定：1929，那您比黄宗汉还大一点儿。

李：比他大两岁，他今年80，我82。

定：您一直就是在北京吗？

李：一直在北京。哦不是，我是1945年来北京，上学。我老家秦皇岛，在秦皇岛、北戴河中间这儿有一个村子，叫安子寺村，我就出生在那儿。

定：家里是务农还是打鱼？

李：家里是……给我们定的是地主啊，可现在我看呢，就是富农，因为我父亲呢，他参加劳动，我姐姐，我母亲，我弟弟，包括我，也参加劳动啊。我小的时候，耕地的时候我攥着小辫儿，我爸爸撒种，有时候我扶犁，扶牲口拉的那个犁。应该是富农，后来定地主，定就定了，算了，就地主吧，没啥。要不然没有钱上学啊（笑），那时候家里没钱上不了学，我上学的时候，交学费不要钱的，要面，一个学期交几袋面，买了面粉以后交面去。那法币毛得不行啊，买一双鞋，都得抱一包法币去买，那么的，国民党那钱实在是毛得不行了（笑）。我上的是汇文①，教会学校。

定：这挺有意思，那个时候河北省的学生还可以考到汇文来？

李：可以啊。汇文在全国招生。我是考入汇文的。1945年哪，我考河北高中，河北高中当时是北京市最好的学校②，考完以后我回家，交通断了，回不来了，没赶上上学。1946年我又考，考上汇文了。

---

① 汇文，这里指的是北平私立汇文中学。据1927年编纂的《京师私立汇文中学校一览》记载："本校肇建于前清同治十年（1871），时有美以美会初立教堂于北京崇文门内，因附设蒙学馆一所，学馆分上下两斋"，即后来的初级、高级两等小学。光绪十一年（1885年）增设中学及高等学校，命名为怀理书院。光绪十四年（1888年），成立大学，更名为"汇文书院"。学科分设文、理、神、医、艺术等科。1904年，按学部定章更名为北京汇文大学堂，1912年改为汇文大学校。1918年汇文大学、华北协和女子大学和通州协和大学合并组建为"燕京大学"，迁到海淀燕园，原崇文门船板胡同校址转给汇文中学和汇文小学。1928年更校名为"北平私立汇文中学"。1952年9月，学校由人民政府接管，改名为"北京市第二十六中学"。1989年4月，经北京市政府批准，学校更改校名为"北京汇文中学"。

② 河北高中，即河北省立北京高级中学。校址在北京地安门东大街。前身为顺天高等学堂，建于清光绪二十八年（1902）。1914年改名京兆公立第一中学。1928年改河北省立第十七中学。1933年改河北省立北平中学。1940年改北京市立高级中学。1945年改河北省立北平高级中学。1949年改现名。1952年与河北北京师范学校初中部合并，迁至鼓楼东大街。1972年改为北京市144中学。1982年与地安门中学合并，迁回现址。

定：汇文那种教会学校可得要好多钱呢。

李：一个是要钱多，一个是难考啊，都是98、99、100这个分数，才能考上。我在秦皇岛上初中的时候就是前几名，一般每年都是前几名，数学什么的都是100分那样儿的，这样就考到这儿了。我姑父在北京，他是北医毕业的，毕业以后就留下来当大夫。我上学就在他家住。那时他就给我讲，他说你千万不要吃那么多糖，吃那么多盐，吃那么多油啊，你一定要三低，低盐、低糖、低脂肪，他就给我订牛奶，每天喝瓶牛奶。我得益于他了。

定：真的？那时候他就有这认识？怪不得您现在身体都好，红光满面的。

李：嗯，他学得很深，医术特别好，特高。我血管比较好，腰不好，腰是"文化大革命"时被打的，打伤了。

定：你们汇文的同学不都是北京人吧？

李：啊，不是不是，哪儿的都有，天津的，上海的，东北的，全都有。天坛医院的那个专家，总书记给他发过奖的，他也是汇文的，我们同学。还有一个肿瘤医院的，手术非常好，一把手，也是汇文的，是我们上一班的。

定：汇文可培养了不少人才啊。那您呢，您讲讲您自己的经历。

李：我就在汇文入的党。

定：怎么就入了党了呢？您不是地主子弟么（众笑）？

李：我有一个老乡，叫梁孔张，也是地主。他有三个儿子，大儿子是国民党一个保安队的队长，二儿子、三儿子都在北京上学，一个在辅仁大学，叫康明，一个在中法大学，叫方成。方成这人还在，比我大几岁。我们有干亲啊，他们妈妈是我太爷的干闺女，所以我管他们叫叔叔，叫二叔、三叔。这两个人都是在大学入的党，45年、46年入党的，两个地下党员。我有时候到他们家住几天，我呢是在他们家接受的革命道理，什么世界上的形势啊，讲党的一些道理啊，到现在我还有印象，那时候我刚来北京，受的影响比较大。辅仁大学的这个呢，到解放区去了，那时候又到了张家口——咱们城工部在张家口，咱们不是占了张家口了么，傅作义打进去，又撤了嘛。

定：我想知道的是您怎么接受这些东西的？

李：我们有一个同学叫黄琛，是梁漱溟①，很有名的民主人士，他的外甥，现在在广州呢，原来是广州的水产厅厅长。

张宝泉（以下简称张）：黄琛叫黄大福。

李：对，黄大福。我们俩一个宿舍，汇文比较高级啦，4个人一间，楼上楼下，都是钢丝床啊，现在的学生宿舍都没有钢丝床啊。两个床，上铺下铺，我们俩呢，他是上铺，我是下铺，我们俩接触，经常山南海北，谈国际事儿，完了他给我看一些革命书籍，毛主席的《论联合政府》啊，《新民主主义论》啊，那时候这种书也比较多了。都放在哪儿啊？都放在床底下，那个钢丝床铁腿儿啊，里边儿空的，把它卷了以后，放到里边儿去（笑），夜里看，看完以后，把床抬起来，再放进去。因为国民党军统、中统、三青团啊，汇文都有，汇文很热闹的。我一个是受他的影响，一个是我们那个老乡的两个儿子的影响。……于英你知道吧？于英刚解放的时候是内二区还是内四区的组织部副部长，后来到市委组织部，市委组织部部长。他是我那两个老乡，一个辅仁、一个中法的那两个人的领导，他领导他们，我有时候在他们家吃饭，就碰见，认识了，于英那时候叫老赵。

定：我一直好奇，就是你们都是有钱人家的孩子，怎么会向往共产党？

李：还是信仰。

定：为什么呢？怎么会有那样一个信仰？

李：当时国民党腐败，腐败得厉害，实在看不下去，就这个。

---

① 梁漱溟（1893—1988），原名焕鼎，字寿铭，曾用笔名寿名、瘦民、漱溟，后以漱溟行世。生于北京。现代著名思想家、哲学家、教育家，现代新儒家的早期代表人物之一，社会活动家、爱国民主人士，同时他还是一位社会改造实践家，对推动乡村建设不遗余力。在20世纪中国思想史和哲学史上有着重要的地位。

定：那给您印象最深，刺激最大的是什么呢？

李：那就是，路有饿死骨啊。解放以前那马路上，胡同里，冬天，在马路上睡一夜就死了，多啦，当时我们同学看着直哭啊，说哎呀，怎么这样啊？这样了，政府也不管！没人管呢，这社会怎么行呢？那国民党当官的发财、嫖小老婆，那是恨极了。沈崇事件就在东单广场啊，离我们学校不是很近么，美国兵强奸……那时候年轻啊，恨不得拿起枪来打去，那时候要是碰见那样情况啊，几个学生非得上去打死他不行。

定：很有正义感的哈。

李：对，就是这样。我在秦皇岛上初中的时候，有个老师叫李半人，教语文的，他为什么叫李半人呢？他说我啊，不够一个人，就半人啊。他给我们讲这个道理啊，讲怎么样人人平等，怎么样天下为公，怎么样让老百姓过好日子，不要这么受穷。那时候就有青年的正义感。后来我才知道，这李半人是地下党。所以这影响是多方面的，一个是书籍，一个是人，还有一个人，是我的大姑父，不是做医生的这个，这是二姑父，大姑父是黄埔军校的教官，国民党的大官都是他学生，陈赓也是他学生。

定：他叫什么名字？

李：叫邵庆善，这是我一个偶像，当然他是国民党了，这没问题。还有一个，我三叔，是北大的，是共产党，这两个都是我年轻时候的偶像。一到暑假寒假，他们俩回家，都到我们前院，拉京胡唱京戏什么的，我有时候跑去跟他们一块儿玩，这两个人都挺好，都挺有学问。我三叔后来是徐州市的教育局长，早就死了，这都说的是若干年以前的事儿了。我入党是1947年。

定：1947年，您直接就入党了？

李：不是，我是先入民联，入民联就是张北，他原来在外交部，福利司，"文革"后到你们社科院日语所，写了不少文章。他日语挺好的，他是在东北，那时候都学日语，秦皇岛也差不多，从小学一年级一直学到初中。我学了9年嘛。他说咱俩一块儿入民联得了，我说行，就入民联了。接着没几天入党，是黄琛发展的，就在东单那个公园，那时候叫东单广场，晚上我们遛弯儿，他跟我谈入党的事儿，那时思想就比较成熟了。黄琛说参加共产党有一条，不怕死，我说怕什么死啊，为了主义，没关系。一入党就准备杀头啊，那时候国民党一抓真是杀头的，我还真遇到了，后来派我到天津做地下工作，天津就是那电视剧《潜伏》里头说的，叫即捕即杀，就是抓住以后就杀，就是那样。

我 1947 年初入民联，1947 年年中呢，就是咱们从延安撤退的时候我入的党，延安撤退是 1947 年嘛。不是国民党宣传，说他们占领延安了，怎么怎么的，我说你占延安，我入党（笑），人家说共产党连延安都被人占了，你还入？我说不怕，那怕什么。因为那时候也通过好多渠道来的消息，知道咱们党的力量啊，将来会好的。就这个思想吧。入了党以后呢，1948 年初，就撤到解放区。

定：您又到的解放区？

李：当时暴露了。因为搞学运，搞游行，在学校里边公开地出来活动，我们被列入国民党的黑名单了。那时候育英学校有个小韩打入了军统，我们是后来才知道的，当时不知道，他打入以后呢，他看到了黑名单，知道了就跟我们领导人说。我们汇文一共六个党员，（有）邹世贤、黄琛。就还有几个民联，汇文当时（共产党）的力量挺大的，几十个党员，民联差不多过百，那挺大的队伍了。那时候的地下党啊，现在中学都没那么多党员。当时组织上就决定，我们几个撤到解放区，少奇同志"隐蔽斗争，保存实力"这个政策是对的，因为有这个政策，所以保存了这一批力量，要不然都牺牲了，都没啦。

我们撤出来大概六个党员，早点入党的，就是黑名单上要抓的几个，都撤出去了。还留了几个，（比如）金建。金建你们大概知道，原来的市委副书记，后来司法部的副部长。那时候小孩儿似的，他比我们都小，特别聪明，特别机灵，发展他了。后来确实出事儿了，我们白天撤出来，当天夜里三青团、军统的，就到宿舍去找邹世贤，找我们几个人儿，抓了一批。我们的这个政策是对的，少奇同志英明的决定啊，要不说是党挽救了我们。

定：你们怎么撤的？六个人一块儿走，还是分头？

李：分头，通知我们自己走，都是单个儿，黄琛呢也是单个人，邹世贤也是单个人，张北也是单个人，张北也是那批撤的，都撤出来了。我装一个买卖人，点心铺卖点心的店员，让我们到点心铺学学，简单问问人家怎么回事，知道点儿知识就走了。当时我从北京到天津，住到那三不管的地方，那时候叫三不管，就是租借地，租借地交叉的地方，在那儿住一夜，住那个店，店里头找到大车夫，说我是店员，明天坐你拉的车，我要回老家，我带着点心。我和岳祥。你知道岳祥么？她是河北高中的，沈谦的老伴，当过彭真的秘书，后来在全国人大常委。还有崇文区后来那个财贸部长，他是跑交通的，我们仨人上了一个大车。那沿路上啊，国民党兵拿着枪，什么都不要，就搜你钱。嘿嘿嘿，我说共产党员你不要，你就要我钱，把我的钱都搜走了。我们通过闸口，这是国民党最后的一道封锁线，通过那儿的检查，坐大车到泊镇，就那么走的。刘仁同志①领导的城工部就在泊镇。城工部刚开始是在张家口，后来到阜平，由阜平又到泊镇。②

定：那就是解放区了。

李：解放区。一过封锁线以后，我们看到解放区了，我和岳祥我们俩就高兴了，哎呀，行了。我们俩下了车就唱："解放区的天是明朗的天"，都是在学校的时候学的。一边唱一边走，也不坐车了，好家伙，那个谁啊，他是交通员啊："哎！上来上来，上车来！这地儿不行，这儿有特务。"后来我们到城工部的时候他又说，说你们俩犯纪律了啊，还没到解放区呢，刚过了国民党最后一道防线，你一唱，让特务给你抓

---

① 刘仁（1909—1973），四川酉阳人，土家族。1927年加入中国共产党。曾长期在北平、天津、内蒙古等地从事党的地下工作，领导工人运动。新中国成立后历任中共北京市委第二书记，中共中央华北局书记处书记。"文革"中受到诬陷迫害，在北京逝世，终年65岁。

② 1941年1月至1948年12月，城工部前后共转移了13处驻地。1946年5月泊镇解放，随即成立泊头市，1948年这里成为城工部机关所在地，历时近一年，由在抗日战争和解放战争中，有多年白区斗争经验的指挥员刘仁任部长，这也是城工部的最后一个驻地。

起来了（笑）。我们俩说当时要没有他，当时咱们就被抓了。当时特别高兴啊，夜里大家就小声唱："解放区的天是明朗的天"，这么唱（笑）。

定：你们六个都平安撤出了？没有一个被逮着的？

李：都平安撤出了。

定：嘿，行，这国民党也真是笨了点儿。

李：上黑名单的都撤出了。黑名单儿没了，他们就抓了几个人，我们走了以后的支部书记就被抓了，被抓以后呢，特务就在他家蹲坑，这金建和另一个谁，那人是组织委员，金建是宣传委员，他们俩去他家开会，那个组织委员先去的，一看有蹲坑的特务，扭头就跑，特务愣没追上他，哎哟，险哪，差点儿被抓。跑了以后马上给金建送信儿，别去了啊，你别去了。金建就躲过去了，要不这两人也给抓了。被捕的这个支部书记呢，后来被咱们地下党营救出来了。他们还抓了些民联，抓了些既不是党员也不是民联的进步学生，这些人混淆一起，更不清楚了。因为他们三青团、国民党军统在我们学校埋入的人，他们只认识我们，不认识他们。所以我们撤对了。我们说，党啊，挽救了我们，要不然我们就被杀头了。

定：后来有被杀头的吗？你们同学里，抓了半天也没有被杀头的？

李：没有，后来有一个到天津去的小刘，被杀了。北京比天津好一点，天津那个军统厉害。到解放区以后，训练、学习。刘仁给我们讲话，当时刘仁是城工部部长啊。

定：您在解放区待了多久？

李：3、4月份去的，6、7月份回来的。经过几个月整训以后，一部分到华北革命大学，一部分在城工部工作，一部分回来继续做地下工作。

定：您一回来不就又给您抓了么？

李：回来以后我们不敢回原学校啊，怎么办？我们就被派到天津去了，那会儿都快解放了，说天津形势严重，损失太大了，南开大学的支部书记被杀了，还有哪个大学地下党的支部书记也被杀了，损失太大了。我一个，费犁一个，费犁挺能写的，后来是作家协会的，这人已经过世了。还有一个李鲁，是原来东城区的党委书记，这个人也走了。派我们仨人到天津，是因为我们仨在天津有落脚的地方，我姐姐在天津，费犁的姑父在天津，李鲁呢，他家是中原公司的老板，嘿嘿，中原公司啊！现在的天津百货大楼，就是原来的中原公司，就是李鲁家的，阔着呢。我们仨人，费犁是组长，他比我入党早，他是1945年、（19）46年，我是1947年，李鲁是1948年。

我就住在我姐姐家，我姐夫的哥哥是火车司机，我就负责做火车司机的工作，结果暴露了，我姐姐说火车司机宿舍里掺杂了一些别的人，有国民党员，给我报告了。因为黄琛知道我在那儿，他到解放区，从我那儿路过，到我那儿住了两次，这么的，人家怀疑我了，要抓我。我和费犁、李鲁，我们仨商量怎么办，我说撤吧，不撤不行啊。请示当时城工部的王文，王文说你们撤。当时地下党有一个指示，就是一暴露，马上撤，保持实力，保存我们的力量，特别天津那个情况，抓住以后就杀你啊，哎，就撤了。费犁说你到我这儿来吧。他姑父是中学校长，那不是放假了么，我们俩就在那学校教室里头，在那儿住，他姑姑给我们每人拿了两床被，冬天哪，没火啊，冷极了，那时候年轻也不怕冻。就这样，党救了我两次命啊，一次，（从）北京撤，一次，（从）天津撤。那就快解放了，天津先解放的，天津解放，北京解放，我就回北京来了。

定：您是几月回的北京？（19）48年底？还是解放军入城？

李：都没有呢，正谈判的时候。我和费犁来的，李鲁他家里先不让他走，大老板的儿子啊，就留下了。

定：你们想走就走啊？

李：不。当时解放了嘛，市委王文跟我们都认识，给我们开了信，就回来了。先坐一段火车，从廊坊那儿下来，走路，从广安门进来的。

定：为什么要走路呢？

李：没车啊。回来以后就住在梁家，给我联系上了。解放以后咱不是要接管嘛。我们还参加了入城式，入城式的时候我们汇文是在前门鲜鱼口那儿，迎接解放军入城。

2. 张宝泉的经历

定：张先生您也是从河北来的？

张：东北。辽宁兴城。那时候不叫辽宁，叫锦州省，伪满啊，叫锦州省立兴城国民高等学校，一个县就有一个男中、一个女中，就是咱们这儿的初中、高中一块儿，四年制，我是由那儿上的北京。

定：兴城，那离秦皇岛也很近啊。也是考到北京来的？

张：我是1948年8月到北京来的，念书来了，那时候儿战争嘛，48年。

定：(19)48年，那时候不是已经围城了吗？

张：是辽沈战役以前，那时候报上就登，说北京这儿成立东北临时中学，到这儿吃饭也不要钱，念书也不要钱，将来还可以免费上大学，我家里是贫农，没钱，上不起大学，我家里说这好事儿啊，我们几个同学一商量，就上北京来了。哈哈，国民党的北京市社会局，一个月给东北的流亡学生——那时候管我们这个叫流亡学生——一人发一袋面，美国援助的面粉哦，这一袋面呢，也不能老吃馒头啊，就卖了吃窝头，足够一月生活费了，确实吃饭不要钱，窝头、咸菜、菜汤。

定：你们这都是高才生啊。

张：都是好学生，说实在的，就想学习。

李：那时候，入国民党的是坏学生，都是功课不行的，入共产党的都是好的。

定：没错儿，为什么最后跟着共产党的都是富家子弟，都是好学生？反而普通百姓的子弟不多。

李：哦，也有，也有。不多。

张：到北京以后，我们这个学校里边就有共产党，我们那个班里有我们一块儿兴城的同学来的，他们接受党的教育早，入了党了，那个张北，就是我们在兴城的同班同学，就入党了。还有的就是民联。我这个民联怎么加入的，就是我有一个同学，田益勤，我们在兴城，就是伪满的时候，就是同班同学，日本投降以后呢，他就上北京来念书了，育英的，他是地下党，后来我上北京来了，都认识啊，一块儿见面聊天，学《大众哲学》，讨论革命人生观、世界观，也看毛主席著作，《中国革命与中国共产党》《新民主主义论》《目前的形势和我们的任务》《论联合政府》，等等，那时候这些书就都有，就学这个。国民党统治啊，这个他统治不了，学生里边就传看，拿一本小说，里边就是《中国革命与中国共产党》。这样子呢，年轻人哪，都是热血青年啊，慢慢儿思想就进步了，就愿意参加革命了，这接受党的领导啊，这在一块儿讨论，一个是要有革命人生观，一个是共产党跟国民党一比较，哪个好啊？国民党腐败、反动，还是共产党好。我家里的情况，很容易接受啊，所以我1948年8月来的北京，10月就在地下参加民联了。中学就民联，民主青年联盟，大学就民青（民主青年同盟），党的外围组织。在中学里边先加入民联，然后再加入党，一般都这么个过程。

李：那时候民联数量大，你像我们学校吧，地下党几个人，民联几十人、上百人，民联比较多。当时这民联、民青跟地下党员，要是抓起来都一样待遇，杀头都杀。要不然为什么参加民联、民青的也算离休哩，比如你1945年参加民联、民青，参加工作就从那时候算起，所以党的政策是对的，应该这样子。

张：这主要是国民党特务，军统、中统他们干的事儿，那傅作义的部队啊还好一点儿。

李：对，主要是军统。

（二）从1949到1957年

1. 入城

张：解放军入城式，我们学校就在前门。

定：噢，都是你们这些已经参加了革命的，在哪儿迎接都给你们安排好了，在哪儿在哪儿，是吗？

李：都是安排好的，哪个学校在前门哪儿，我们汇文是在鲜鱼口的口那儿。① 入城式完了以后就通知我，第二天第三天，开地下党员大会，就在原来北大三院吧，北大农学院，顺城街那儿，西北边，那一个礼堂，地下党员开大会。那时候地下党有1000多人。这一下就都认识了，原来不能横向联系啊，到解放区去以后，开会也是一小格一小格地给我们分别搁起来，蒙个手巾，这一格是你们学校的，那一格是他们学校的，因为还要派回来呢，不能横向联系。结果那天一见："哎哟，你还是党员哪？""嘿，你也是啊！"（笑）这样。② 开完党员大会以后接着就通知我们，到现在市委市政府的哪个哪个院儿，到那院儿去报到，到那儿，我问找谁，人说找贺翼张，贺翼张就说："找贺翼张的过来"，我们大家就都去了，像黄宗汉，我们都是那儿。

定：你们干吗跟着贺翼张啊？是你们自己选的要跟着他，还是说组织上……

李：不，组织上分配的，谁谁谁到十一区去，去十一区的找贺翼张啊，我是分配到十一区的，哎，我就找贺翼张。然后就跟着贺翼张到十一区，北京市第十一区，接收十一区。当时去接收的是三拨儿人：一部分是地下党，就是我们这批人，以学生为主的地下党，这是一大部分；一部分呢是老区来的老干部；还有一部分呢是当时留用的一部分人，这

---

① 1949年解放军进北京的入城式，是经过细致准备和周密安排的，而不完全是群众的自发行为，参见《刘仁传》202页："刘仁是在1949年1月30日进入北平的……1月28日，他通过电台通知北平地下党在解放军举行入城式时组织群众欢迎，1月30日，刘仁入城后就在地下电台工作人员何钊的家中召集北平地下党各个委员会的负责人开会，检查了迎接解放军与和平接管的工作……这次热情欢迎解放军入城的动人场面，是北平地下党组织在刘仁的领导下对群众进行前期宣传教育的结果，也是北平地下党组织在刘仁的部署下具体组织的结果。"

② 李瀛提到的这个大会，即入城式的第二天（1949年2月4日）中共北平市委在国会街北京大学四院礼堂（李瀛说是北大三院，疑误）召开的地下党员会师大会。至此为止，北平地下党员已经发展到3376名，党的外围组织也已发展了5千多名盟员。正如李瀛在这里提到的，这次会师大会以前，地下党员之间不允许发生横向的关系，一些共产党员虽同在一个单位，参加同一个斗争，彼此相知，却彼此此"不识庐山真面目"。这次相聚，先在会场外按单位整队集合，这才发觉原来彼此是同志，不禁欣喜若狂……参见《刘仁传》，203页。

很少的。①

定：哦，也有留用的？

李：也有留用的，最多的还是地下党，地下党比较多，地下党中又是学生比较多，都是城工部的那些人。那时候地下党的党员，特别是正式的党员不多，民联、民青的比较多，预备党员多。②

定：黄宗汉那时候就是预备党员，他那时候不到岁数。

李：他是预备党员，对，他不到岁数。

定：您是那时候认识的黄宗汉吗？

李：黄宗汉我原来不认识，但我知道他在解放前演的《大团圆》这个话剧。我是和梁家那两个，就是中法和辅仁的那两个，我们仨人去看的，那时候我们几个都是地下党么，他们演出二队也是地下党，像蓝天野什么的都是地下党。那演的就是他们黄家（笑），他们哥儿几个，还有一个特有名的演员叫什么来着？（系指孙道临。）他们几个都上了，黄宗江、黄宗洛、黄宗英、黄宗汉，都上了。

定：您那时候觉得那戏好吗？说是挺轰动的是吗？

李：还挺好的，挺轰动的。我第一次看见他就是那个（戏）。《大团圆》给我的印象很深，我对他的印象也很深，我对他的印象啊，还停留在他演那个老四，那个小弟弟的时候，那时候还不认识他呢，我说哎哟这小孩儿演得这么好，比他哥哥演得都好，那时候就有这么个印象，后来我说，你演的还真太好了，你生来就有这艺术细胞，家族遗传，开玩笑。

我们跟贺翼张一起到宣武区，那时是外四区啊，黄宗汉讲的当时过程都是对的，都是对的。我是正式党员，所以啊，我先是在工作组当组长，当完组长很快就让我到组织部了，组织部开始那个部长呢，是金雅

---

① 截至 1949 年 7 月 31 日，三个区共有党政群机关干部 159 人，其中老区调来 59 人，市内调配 94 人，留用旧政权职员 38 人。见《北京市宣武区志》，143 页。

② 1949 年新中国成立初期，宣武区区境由市委转来的地下党员共 172 人，其中第九区 53 人，第十一区 57 人，第十二区 62 人。见《北京市宣武区志》，143 页。

如，接收北京的一部分不是老区来的干部么，他就是那一部分，是回民支队的。当时组织部就是我们仨人，我一个，另外还有一个预备党员，女的，傅淑琴，她是北师大的大学生，地下党，预备党员。傅淑琴和金雅如后来就结婚了。黄宗汉是在宣传部，我是组织部的干事，他是宣传部的干事，宣传部开始那个部长是于杰，时间不长就调走了，后来是高森。高森原来跟着邓拓，他是非常能写的，还有林挺，都属于邓拓带着的几个能写的，后来就把高森分到宣武区，高森就是宣传部（部）长。我是在1953年当了组织部副部长，23岁。黄宗汉呢是在1956年，当了宣传部副部长。我们都在区委啊，就比较熟悉。他为什么没当上宣传部（部）长呢？因为高森比他还好。高森哪，后来是《人民日报》的副总编，哎，比他高多了，比他聪明多了，后来到香港那个光大集团任副总么。他的儿子是陈希同的秘书，抄陈希同家的时候也抄他秘书家么，就把他们家给抄了。这他看不惯，他有点儿知识分子宁折不弯……

定：那贺翼张这个人，您对他的印象怎么样？

李：特别好，那老红军哪，哎呀。

定：说他骑着大洋马就来了，他真是骑马进来的？

李：啊，他是旅长啊。他还有一马夫呢（笑），那时候区委书记哪儿有汽车？就发给他一辆自行车。我们呢，到哪儿开会，比如到中法大学礼堂开会，我们就走路，得走一个多钟头，那时候也习惯了，后来就骑车，自行车。

定：那马夫怎么办呢？

李：马夫没事儿了，靠边儿站了（笑）。贺翼张挺逗的。

张：马夫就离休了。

定：马夫也离休？（众笑）

张：唉，就是文化低啊，但是他参加革命时间早，他可不就是离休嘛。

2. 50 年代宣武区的建党与建团

李： 宣武区，原来那个八区，当时工厂比较多一些个。九区也有工厂，但是商业多。

张： 1952 年成立宣武区以后，53 年就赶上第一个五年计划，第一个五年计划是以重工业为中心，这个事儿，从中央到地方，对宣武区影响也很大。

李： 对区里影响大，那时候宣武区一个区顶好几个区产值。

定： 手工业主要是有些什么呀？

张： 成立宣武区以后，丹华火柴厂就归崇文了，那是大厂子了，300 多人，那资本家跟慈禧有关系的，它在九区。后来一合区以后就搬出城外去了，搬到郭公庄那边儿，南城，因为怕火柴厂着火，为了防火，把它给搬走了。以后咱们这打火机都发展起来了，这火柴销量减少了，他们就保留了一些，剩下的都到通县那边儿去了。丹华火柴厂，解放以后发展了党员，成立了党支部、团支部。

定： 原来有地下党吗？

张： 没有，丹华火柴厂没有。

定： 除了丹华火柴厂，还有什么大的厂？

张： 八区那儿有慈型铁工厂。

李： 慈型铁工厂还有地下党呢，姓赵。

定： 那你们的宣武区，我说的是现在的宣武区，就是原来你们那八区、九区，那个地方有好多工厂，那其他的，也有地下党么？

李： 咱们在宣武区的厂子里有地下党员，有。慈型有一个地下党支部，大概有五六个党员吧，副书记叫赵什么，我忘了。慈型、慈平，俩厂挨着。大华有没有，我不记得了，大华陶瓷厂。福兴面粉厂，就是孙孚凌那个，有两个党员，是地下党，我还联系过他们呢，孙孚凌是宣武区福兴面粉厂的老板啊，经理啊，"三反""五反"的时候，我跟林挺，原来东城区的书记，我们俩，跟他谈的话。我那是临时的，具体的我没管，就是给他定性的时候，林挺找我，说咱俩跟他谈，我说行，因为他那儿有地下党，所以我经常上他那儿去跟地下党联系，开组织生活会啦什么，跟党员建立联系。

张：那时候林挺是统战部（部）长。他管那个公私合营。

李：对，他管，他是办公室主任。孙孚凌有时候见着我还记得呢（笑），给他定了个合法户。

定：我问一个问题：不是那个时候，北京的地下党主要在学校里发展，在中学、大学里多，可是在工厂里的地下党不是特别多？

李：有，叫平委①啊。赵凡，他负责平委；佘涤清呢，负责学委。这平委呢，就负责这个商店哪，你像宣武区的一个澡堂子，就是地下党的一个据点，开会什么的，都在那儿。叫什么来着，平生园，平什么。

定：不是一个很有名的澡堂？不像清华池？

李：不是，不是，就在大栅栏那一片。那地下党的负责人呢，年龄很大了，解放以后让他参加工作了，后来故去了。那确实贡献挺大，报纸上登过。

定：那就是说他们也不是那澡堂工人什么的，就是说他们以这个地方为据点？

李：哎，有澡堂的工人，有澡堂的工人是党员，另外其他人也去，到这儿开会。

定：就是说他们没有你们汇文什么的学校那么热闹？

李：哎，没有没有，没那么多活动，他就是蓄积力量，发展种子。

定：北京城其他地方有没有像这样的工厂和党支部？

李：很少，商店也有。你像发电厂，这是个大厂子，在市里，党员还多呢。

定：这事儿我又不太明白了，共产党主要的依靠对象不是应该是工

---

① 平委，即中共地下党的平民工作委员会。

人阶级吗？为什么工人里边的党员反而不如学生里的多呢？

李：这是北京的特点吧。

定：那听您讲讲，您到组织部以后，主要做什么工作啊？

李：发展党员。

定：也是发展党员。在什么地方？也是在工厂里？

李：工厂，在工厂发展党员，刚才我说的大华啊，慈型，慈平，在这些厂里继续发展啊，再一个就是机关里边，比如当时参加民联、民青的，一般的都发展了。各个街道也有发展。①

定：到"三反""五反"的时候，你们主要的工作对象也都是工厂的那些资本家吧？

李："三反""五反"，对对，"三反"的时候是机关，"五反"呢，主要是工厂，那当时孙孚凌他们都很守法，很积极，对，表现很好。慈型、慈平也还可以。

定：那丹华呢？丹华那资本家表现好不好？

张：也没什么事儿。那资本家姓丁，我们都没看见，主要有代理人，经理。

李：对，都是代理人，孙孚凌他平常也不来，有一个代理人，可是定性的时候得找他。

张：北京一解放，就把我们参加民联的学生都调出来，就在北京参加工作，那时候市青委办了一个青年干部训练班，是北京解放以后，办的第一个青年干部训练班，把我们就都调到训练班去，地点呢就在国会那儿，国民党开国会那儿，就是地下党员开会那地儿。（在）顺城街（今宣武门内西大街）。

---

① 关于宣武区在 1949 年前后的党员情况，据《北京市宣武区志》载，1949 年北平解放初期，宣武区区境由市委转来地下党支部三个，为慈型机器厂党支部、慈成工厂党支部和万春永面粉厂党支部。李瀛先生记得的只有慈型。1949 年 6 月党组织由秘密转为公开（124 页）。此后，依据"公开地、谨慎地、个别地发展党的组织"的精神，开始重点在工厂、机关中发展党员（137 页）。

到那儿就是管吃管住啦。冯文彬①等人，就这些人给我们讲课，宋雅初是那个班的主任。训练班 1 个月，结业以后呢，就分配到各区，我就分配到北京市第十二区的区委青年工作组，那时候北京市是内七外五，一共十二个区，我在那个十二区。

定：十二区是？

李：天桥那儿。

张：1949 年 3 月我到十二区的区委青年工作组。那时候区委，也没有团啊，没有团委啊，有个青年工作组。一直到 1950 年，就成立团区工委，叫工委，我就是委员，具体就管青工，工厂啊这个，因为那时候没开团代会啊。那黄大福，就是黄琛，就是管我们这一块儿。

杨（对李）：就是发展您入党的那个黄琛？

李：对对。

定：您具体的职务是？

张：具体职务啊，就是青年工作组的组员，后来成立团区工作委员会，我就是委员，当青工部副部长，以后开团代表大会，成立团区委。后来搞"三反"，我就离开团的工作，调出来，上区委的增产节约办公室，但是干部编制还是团区委的。这青年工作组干什么呀，到大的工厂，私营工厂，大的商店，去建团，发展团员。

定：您主要是管团的工作？

张：那时候没有团员啊，得建团，主要在大的工厂和中学。

定：您去的是哪个大工厂？

张：丹华火柴厂，北京最大的私营工厂。为什么叫丹华呀？因为那厂子老板呢，资本家，姓张，他跟西太后有关系，据说西太后也在那儿

---

① 冯文彬（1911—1997），诸暨湄池湖西村人。1925 年参加五卅爱国运动。1928 年参加中国共产主义青年团。不久转为中共党员。1934 年 10 月，随中央红军长征。1936 年调回延安后，任共产主义青年团中央书记，此后长期主持党的青年工作。1949 年 4 月，在北平主持召开中国新民主主义青年团第一次全国代表大会，被选为团中央委员会书记，成为中国著名的青年领袖。中华人民共和国成立后，历任青年团中央书记、书记处书记，中共中央党校副教育长、副校长，中共中央办公厅第一副主任等职。

投资了，所以就叫丹华，他那火柴牌儿叫丹凤，凤就是西太后，这样。这个厂子呢不小，300多人，区委就派工作组发展党啊，发展了党员，成立了党支部。那发展团就归我们了，到厂子蹲点儿，建团，发展团员，建立团支部。后来北京有个福华化学厂，在东郊，着火了，它一着火，北京市就着急了，把凡是容易着火的工厂都搬出去，搬到郊区，这丹华火柴厂啊，就搬到南郊去了，开始搬到南郊一个大砖窑，后来在郭公庄那儿征地、建厂，郭公庄离景泰蓝厂不远儿，在崇文区。以后咱们这打火机都发展起来了，这火柴销量减少了，他们就保留了一些，剩下的都到通县那边儿去了。

杨：这些工人，您说了，里头一个共产党都没有，您怎么介绍这工作，怎么开展这工作？那时候的工人能明白这些事儿吗？

张：到那儿我就组织工人学戏，唱革命歌曲，也到夜校，讲大课。我讲啊，讲中国革命史，中国近代史，有书啊，按书讲，那工人听着都新鲜，他听着听着，思想就起变化了，拥护党，也要进步，就入团了，发展几个团员之后，就成立团支部了。那发展的团员，都得我批准。

3. 宣武区的工业和手工业

李：那个时候就是第一个五年计划，宣武区的第一任区委书记是张旭。

定：不是贺翼张了是吧？就是您说的抓工业抓得特别……那你们都干什么呀？

李：那时候，我不是在组织部嘛，（张旭）就说你要好好把党员给我发展了，把党支部给我建立起来，要在生产上起作用。他是抓生产，要上去。我不是围绕他嘛，组织部去发展党员，到哪儿去，那时候我们都谈话，一个一个工人党员，都谈话，组织部直接谈话，到学校我们也谈话。那时候就是这样，他就是让你围绕着他的工业，让你去发展党员，起作用，去搞生产。那工业部的，邓毅是工业部长，

（我）就跟着他转哪，到哪儿去："走，今天上那个厂"，这个就那样。

定：那个时候的工人是北京当地人多，还是从外边来的多？

李：当地，当地的多。也有外头的，不像现在那么多外省来的农民工。

定：要这么说，宣武区产业工人的比例也很大呀。

李：大呀，所以工人里边党员也比较多。

定：学校反倒没那么发展是吧？

李：嗯，对，是这样。宣武区当时有这个基础，这个地区是劳动人民聚居区，工人比较多，不像东城西城，富人多，过去都是贵族的，有钱的，才在那儿住。宣武区这地方穷人多，所以工厂比较多，手工业多。

定：这就对了，我觉得这特别有意思，宣武区确实是干活儿的人多。

李：当时外四区，就是后来的八区有"几多"，"五多"嘛，这我们那时候基本都知道。一个叫义地多，就是坟多，坟圈子多；一个叫会馆多；一个叫手工业多；再一个工业比较多；还有什么来着，我也想不起来了。当时这就是比较，客观上工厂比较多，有这个基础。再有呢，张旭抓得比较狠，比较紧，连刘仁都说：你这个张旭，你不用当书记了，你去当厂长去吧！都说这个了，他的思想也比较超前。那时候过年了，三十儿了，张旭一叫：黄宗汉跟我走，你也跟我走，到宣钢去，吃饺子去，每年都是这样。那时候春节我们哪儿有在家过的啊，都是到工厂去，跟工人一块儿，过年。所以当时宣武区工业发展比较快，一个是有这个基础，再一个呢，是有这个领导，还有下边有这么一批干部。那时候宣武区顶好几个区的产值，工业是最多的，污染也是最重的（笑）。

定：那时候这些工业就有污染吗？

李：有啊，造纸厂，造纸厂的污染挺重的。

定：十一区和十二区合并以后就是宣武区了？

张：那还不是，内七外五，十二区的区划变更了，就变成九区。十一区变成八区。在九区的时候，我就是做团的工作，完了以后一直到52年，就是"三反"。

定："三反"您做了些什么，有什么故事？

张："三反"就是打贪污犯哪，那时候贪污犯比现在小多了，小多了也不行，那阵儿有贪污的就得那什么。后来成立人民法庭，我就是人民法庭的主任，得判决啊，干这个。

定：那个"三反""五反"，丹华火柴厂闹得厉害不厉害，资本家？

张：不厉害，丹华火柴厂1952年的时候就不归十二区了，归崇文区了。我是管"三反"，"打老虎"是"五反"，我不管这个"五反"，但是我也没听说哪儿有什么"大老虎"，怎么样的，没弄出来。私营企业没有太厉害的。

杨：那您管的"三反"有厉害的吗？

张："三反"呀，各行各业都搞，我记得北京市第一医院，现在叫宣武中医医院，那医院也搞"三反"，也抓贪污犯哪，那个总支（部）书记是个女同志，有点儿违反政策，"摇煤球儿"，逼供信，为这个她还受了个处分呢，党内警告处分。

杨：什么叫"摇煤球儿"啊？

张：就是一种违反政策的方式，折腾你，让你交代问题，推，来回推。最后人家弄不出来什么问题，你不是违反政策嘛！那时候还讲政策呢。

那时候就（是）九区了，地方合并，原来十二区变成九区，九区的"三反"最后怎么解决啊？这北京市都这样啊，真正说有点问题的，组织人民法庭判决，我是人民法庭的庭长，把不成问题的都给他落实了，完了判，没判过什么大的。

杨：那判是依据什么法律，什么政策？

张：谁来决定啊，就是三个区委书记：八区的区委书记贺翼张，九斗争"三反分子"（引自 "As The Dragon Stirs: A Photographic Record of Social Changes on the Chinese Mainland", P61, Published By New Horizon Press）

区的区委书记张旭，前门区的区委书记魏彬。三个区委书记一开会，研究一个定案，就这么定，我参加具体的，写那个判决书，没什么大的，了不起的，这"三反"就这么结束了。

我记得那时候宣武区有个大工厂，在南纬路那边，原来是国民党时候一个军械所，解放以后就归咱们了，叫北京汽车配件厂，第一辆摩托车就是它生产的。这个厂子的党委书记叫陈雷，也是老同志，"打老虎"，打了半天也打不出来呀，把我找去了，我不是管"三反"么，哎，在那儿唬了一通儿，也没唬出来（笑）。

这"三反"呢，到1952年，就这么结束了。结束以后就合区了，八区、九区合到一块儿，叫宣武区。等到1958年，把前门区的西半部又合进来了，东半部合到崇文去了。① 52年一合区，我就到宣武区委

————————

① 1952年9月1日，经华北行政委员会批准，北京市政府决定扩大区的管界，将城郊各区区界重新划分，并自本日起实行。新区划内城为东单、西单、东四、西四4区，外城为前门、崇文、宣武3区。这里指的便是这次调整。见《当代北京大事记》，52页。

了。合并以后啊，合得挺好，干部没有闹什么派性，说你是哪个区的，没有，我没这感觉，大家都非常好。

定：你们二位（指张宝泉与李瀛）那时候认识吗？

李：不认识，我们俩就是1952年两个区合并的时候才认识的，都在区委啊，他在组织部，我也在组织部，黄宗汉呢，在宣传部，嘿嘿，这样都认识了。

张：我在区委组织部，开始管纪律检查，那时候区里边没有纪律检查委员会呀，就组织部里边有个纪律检查，管着管着，就到1954年了，我就由组织部调到区委办公室，当第二副主任，兼区委手工业组组长，就搞手工业社会主义改造，1953年是第一个五年计划，1954年呢，就是过渡时期总路线了，根据总路线，"一化三改"啦。

定：什么叫"一化三改"？

张："一化"就是社会主义工业化，"三改"一个是对农业、手工业的社会主义改造，一个对私营工业的社会主义改造。"三改"：农业，手工业，私营工业、民族工业。社会主义改造。

杨：这"一化三改"您参加了吗？

张：我参加啦，我管的是"三改"之一，手工业社会主义改造，把全区的手工业都组织起来，先搞手工业调查，有多少家手工业，那就从财政局、税务局，各方面调人，去调查，我管这事儿。完了就是宣传过渡时期总路线，办学习班，把这些手工业的单位都组织起来，找个大礼堂，去讲过渡时期总路线，我就讲这个，手工业改造。怎么改造，就是组织合作社，叫手工业合作社，手工业合作社还有初级社、高级社，跟农村一样，这宣武区手工业比较多，就组织了好多社。

杨：那么多手工业呢，都有什么社呀？

张：棉织社，就是织棉布的；缝纫社，就是做服装的。这缝纫社由北京市排名，有第一缝纫社、第二缝纫社，到我们那儿排到三十三缝，就是三十三缝纫社，三十四缝，第三十四缝纫社，这都是做服装的。三十三缝就在江西会馆①，它有个大礼堂。

杨：它还有个大礼堂？就是原来老戏园子似的那种？

张：对呀，那儿就变成缝纫社了。还有象牙雕刻社，把雕刻象牙的艺人组织起来，成立合作社，雕刻象牙。

杨：我知道他们这做手工艺的，有时候还互相看不起，那他们愿意在一块儿吗？

张：哎，那时候儿他们都拥护共产党啊。当时还是比较稳定，多数人还是愿意走合作化道路。像这个象牙雕刻社，杨士惠就是名艺人，当时还有象牙雕刻作品呢，也挺有名的。好多合作社呢，织布社就很多，前进棉织厂，就是好多手工业织布社合并起来的，就改成工厂了，那是北京市手工业工厂最大的一个。

定：那原来呢，原来是手工织布吗？

张：它原来是半机械化，也是用电，但是梭子。这个厂是很大的，都是新建的，那时候咱们全国主要精力都集中到重工业上了，对于轻工业重视不够，区里这些工厂正好弥补这个，补大工业之不足。这个市场，原材料供应啊，市场销售啊，都没问题。

定：这挺有意思的啊，轻工业就是棉织、造纸？

张：棉织厂，这是一个，还有其他的，好多啦，都是轻工业这方面的。

李：还有钟表厂，现在的钟表厂原来都是宣武区打的底子。

张：钟表厂，后来改成手表厂，宣武区要做手表，也做出来了（笑）。

杨：那利润都上交了，那这艺人怎么办呀？

张：不是百分之百上交，企业留一部分，完了上交到市联社，区办事处。

---

① 江西会馆，位于宣武门外大街，是一个比较大的会馆，原有四合楼、戏台等。民国年间蔡锷、陈师曾等人的追悼会即在这里举行。

杨：成立这种互助组、合作社，给这些艺人什么待遇呢？

张：他们拿工资啊，初级合作社除了拿工资以外，还有分成，怎么分成呢，就是把你的那些设备、原材料，作价入股，入股也分成，这是初级社。等到高级社的时候，就没有分成了，都凭工资了。所以合作化以后啊，手工业工人都高兴，工资都比原来高；业主收入降低了点儿，他们有不同意见，但是胳膊拧不过大腿啊。这些业主同时也都要参与劳动是吧。就是一个单位，如果雇工4个人，这就走合作化道路；5个人以上的，就公私合营。

杨：4个人，5个人，这差距其实也不大，那合作化和公私合营差别大吗？

张：公私合营啊，就归资本主义改造了。手工业的这个是劳动者。这个"一化三改"啊，改完了以后，那时候啊讲究"一大二纯"。

杨：怎么叫"一大二纯"呢？

张：规模越大越好，组织越纯越好。什么叫纯呢？纯粹，就是没有资本主义因素了。你这手工业虽然是劳动者吧，那也是资本主义的后备和萌芽啊（笑），就都组织起来了。包括修理自行车的，组织起来，叫自行车修理合作社。还有理发的，把这些个体的理发员组织起来，叫理发社。这个啊，就搞得绝对化了。

杨：那这以什么形式组织啊？把修自行车的都统一到一个屋子里？

张：是啊，到一个点儿啊。

杨：那修着多不方便啊？

张：区里不是一个自行车修理社，有好几个。

杨：哦，分几个点儿。

张：那也不方便啊，人家千家万户，到处都有嘛，所以这个后来发现不行，自行车修理社就解散了，解散了就还都干个体去了。根本就不应该把他们组织起来，为什么给组织起来了呢，就是追求"一大二纯"，没有资本主义了，没有个体户了，都是社会主义了，这个就绝对化了。

杨：散了的，除了自行车还有什么啊？

张：这个啊，理发社。就是剃头的，打那个"噔儿噔儿噔儿"的。

杨：唤头。那都是挑挑儿。

张：民俗有这个。在街上，打那个，我到你家给你理发，这一头是洗的……

杨：剃头挑子，一头儿热（笑）。

张：大一点儿的理发馆，公私合营的，都留下，那小理发馆，组织理发社的那个，待不长，他们也愿意单干，就单干去。这方便群众。他们就不算合作社的了。单干他自由啊，摆一个摊儿他就理发，现在还有呢，胡同儿里边也有啊。我就说过去手工业的社会主义改造啊，脑子里一大二纯，绝对化。那时候学政治经济学，说没有纯粹的资本主义，资本主义国家啊，都有个体户，个体户不属于资本主义。咱们社会主义啊，就想搞纯粹的，这脑袋里边，现在说啊，"左"，当时啊，就觉得组织起来不方便，他们也愿意散，就散吧。

杨：像那四联理发馆，就是那会儿……

张：啊，四联，那理发馆留下了，① 那小的，都散了。"一化三改"当中，咱们追求纯而又纯，这是个教训，没有纯粹的资本主义，我看也没有纯粹的社会主义。但是那时候没有从理论上认识啊，那时候把它解散，就以为是群众不方便，他们自己也不方便，挣钱也少了。

杨：剃个头走好几条儿胡同（笑）。

张：现在咱们社会主义也不纯啊，咱们不是集体所有制为主，多种所有制并存，共同发展么？现在也是这样，这是咱们城里，农村的农业社，也是这样。

杨：那您那个"一化三改"到56年就结束了？

张：56年就结束了，到56年就基本完成了。反正是那时候的共产

---

　　① "四联"是理发店名，1956年由上海迁京的华新、紫罗兰、云裳和湘铭四户理发店联合开业，店名为"四联理发店"，但该店始终不在宣武区，最早的一家店位于东城区金鱼胡同。

党员啊，对过渡时期总路线都非常拥护，就干这个。

杨：但是最开始的时候刘少奇不是说，大概要用 10 到 15 年时间过渡到社会主义么？

张：那不是刘少奇，过渡时期总路线就是那样说。实际啊，毛主席那时候主张快，根本用不着 15 年，到（19）56 年就基本完成了。

杨：是，到（19）56 年基本完成了。那这个快的思想是从什么时候开始的？1954 年提出过渡时期总路线，进行"一化三改"，开始的指导思想不是还 10 到 15 年么，怎么一下子就这么快，3 年就完成了呢？

张：那是毛主席的事儿，毛主席想快，搞个群众运动，跑步进入社会主义。

杨：对呀，那有什么样儿的群众运动呢？

张：到（19）56 年，公私合营也搞完了，手工业合作化也搞完了，农村的农业社会主义改造也完了，彭真就在天安门城楼上宣布进入社会主义了（笑）。① 什么进入社会主义了？就是生产关系进入了，生产力还差得远呢，生产关系跟生产力应该适应，生产力应该决定生产关系，生产关系应该对生产力有反作用。

杨：您那时候对这个有认识吗？

张：那时候啊，没这认识，反正中央怎么说就怎么干，有些认识都是后来的，后来搞得那么"纯"不行啊。那"纯"到什么程度，农村那高级社还不行，还要搞公社化，所谓公社化，就是政社合一：政，乡里边有乡政府，跟公社统一起来了。城里呢，也搞这个，宣武区也搞了城市人民公社，也是想政社合一，就是政府的办事机构、办事处，社，就是城市人民公社，想合起来，其实也没有完全合起来，街道办事处主任并没变。要是完全合，就是街道主任兼公社主任，没完全合。那就大

---

① 这里指的是 1956 年 1 月 15 日北京各界 20 多万人在天安门广场举行的庆祝社会主义改造胜利联欢大会。毛泽东和其他中央领导同志出席了大会。北京市市长彭真在会上宣布："我们的首都已经进入了社会主义社会。"1 月 21 日，上海和重庆也同时举行了欢庆进入社会主义社会的集会和游行。一时间，中国大地上到处张灯结彩，锣鼓喧天，庆祝社会主义改造的胜利完成。

办街道工业啊，不单办工业，幼教事业也办，托儿所、幼儿园、小学，也由区里管，区教育局下放到街道管，把小学啊，都归街道了。这个也不能说不对，好些人啊，入托，找这个市里幼儿园，进不去，没那么多名额，哎，街道办点儿幼儿园，也解决了很多问题。还有办服务站，修理服装啊，哎，那合作社还有修鞋社，修理皮、便鞋的，也给组织起来了，后来也散了，这修鞋，集体不行。

杨：什么时候散的？

张：（19）55 年、（19）56 年就都散了。那时候也没有理论，就是觉得不方便，群众不方便啊，他们也愿意散，就散了得了。

定：这事儿特别有意思，原来一说宣武区，宣南文化，老是讲文化，原来宣武区的工厂还这么热闹，我们都不知道。

4. 宣武区委廖女士夫妇的经历

时间：2011 年 12 月 28 日

地点：北京市第一福利院

被访者：廖女士（化名）、其夫章先生（化名）

访谈者：定宜庄、杨原

廖女士（以下简称廖）：我是离休。我很早，十三四岁就参加了地下民联了，一解放啊我们家就没落了，我就上了北京惠中女中，在宽街儿，已经没了，它是个私立女中，也不是教会的。这个惠中女中啊，是个地下党的老窝，我的老师都是地下党，宋汝棻①，还有卫生部长叫什么，他去世我还去了呢。上这个学校，我就老考前三名，就可以免交三

① 宋汝棻，1922 年生于山东烟台，1940 年加入中国共产党。1945 年毕业于北京大学工学院土木工程系，曾任中共北平市委学生工作委员会委员。新中国成立后，历任中共北京市十区、七区区委书记，北京市地方工业局局长、中共北京市委地方工业部副部长、工业基建委员会主任、北京市计划委员会副主任，北京市建委副主任、主任，全国人大常委会法制委员会、法制工作委员会副主任，第六、七届全国人大法律委员会副主任委员。

袋面，所以我功课好。后来地下党看我太穷了，就发展我，那会儿我们家已经没落了，地租什么都收不上来了。

定： 您说的这是哪年？

廖： 1948年，共产党还没来呢，就是解放前，我为什么参加地下组织了？我在惠中就住校，我也没有穿的，也没有被子，我觉得我们家里那些老妈子什么的都挺不平等的，我要求民主和进步，我要求平等！结果就发展我入了民联。

1948年10月，解放军来的时候我扭着秧歌，上前门那儿迎接解放军，我老是第一个，因为我长得很漂亮，这段历史我记得还比较清楚。我那会儿初二、初三，然后不就该考高中了么，我家就没有钱来上高中了，我就上北京市财经学校，这个学校跟北师一样不收学费，管饭。财经学校上了三年，临毕业的时候5月1号入的中国共产党，1953年8月4号到区委报到，分到区委财经部，那会儿黄宗汉已经在宣武区委了，在区委宣传部。

定： 您能不能给我们讲一讲您刚去的时候区委是什么样？

廖： 区委啊，非常好的一个单位，当时区委没多少人，真的，好像黄宗汉是宣传部的副部长吧，部长叫高森，这个人去世了，他日语特别好。当时区委那些人学历都很高，像我分配到区委，到那儿以后非常自卑，你可不知道，宣武区的老同志比我水平高的多多了。那里面就（有）像黄宗汉那样的地下党员，大学生。宣武区是九区和八区合并起来的，黄宗汉是八区的，我老头（指丈夫章先生）是九区的，我去的时候已经叫宣武了。我老头在区委办公室，他俩在一个屋住。

我到区委以后在财经部，就是干事。我们每个人负责联系一个行业，然后我负责统计，各工厂的产值啊利润啊什么的。然后我要下厂，我管食品行业，比如说义利食品公司，有名吧，义利食品公司的总经理是个非常非常老的老干部，12 级①，现在都不在了。面粉三厂，那儿好像十几个老干部，10 级的，老革命，当时都在宣武区。我下去以后啊，没人告诉我说你下去以后干吗，我就到厂长办公室啊，厂长说：你来干什么？我说：来了解情况。"你给我下去，下去！"我都哭过好多次啊，后来义利食品公司有一个人，这个人是市纪委的主任，叫王军，她当初叫王军锤，跟王大明很熟，爱人是环保局的局长，她告诉我，因为她是知识分子，她说小廖啊，你到车间，车间不是有包糖的么，有全国劳动模范，她说你从这儿做起，跟他们一块儿包。这就是有人告诉你怎么做呀，我才十八。

定：那些老革命到那儿干吗去？

廖：当厂长。

定：厂长不就是个处级，17 级么？

廖：不不，那会儿可不是这样。义利食品厂原来是私营的，资本家的，解放以后公私合营了。公私合营那会儿我没管，到义利食品公司我参与了打麻雀，相当可笑的那么一场运动，我是作为区委的一个督

---

① 12 级干部，这里涉及到新中国成立后行政级别的划分问题，有必要作简单说明：1956 年 6 月 16 日，国务院全体会议第 32 次会议通过《关于工资改革的决定》，奠定了此后长达 30 年之久的劳动工资制度的基础，"级别"成为中国除农民以外各类社会人群政治经济生活排序的重要标准。按当时规定，行政级别共分 23 级。13 级以上享受高级干部待遇。其对应的职务分别如下：

23 级正排准连，22 级副连，21 级正连；

20 级准营，19 级副营，18 级正营；

17 级准团，16 级副团，15 级正团；

14 级准师，13 级副师，12 级正师；

11 级准军，10 级副军，9 级正军；

8 级准兵团，7 级副兵团，6 级正兵团；

5 级准野战军，4 级副野战军，3 级正野战军；

1、2 级是为党和国家主要领导人设立的。

级别与工资挂钩，1 级工资 700 余元，3 级工资 400 余元，10 级工资 200 余元，17 级工资 97 元，等等。军队干部比地方同级别干部的工资高拿一级。当时注重的是级别而非职务，同是局长或县长，其行政级别和工资待遇往往存在不小差别，工作调动，级随人走。职务只决定权责和任务，级别才决定地位和报酬，干部级别在当时生活中被经常运用，中央文件传达到县团级，不只指县团职以上干部，而是 17 级以上干部都要去听。除了制定干部级别外，还制定了技术级别和工人级别。

导嘛。

定（转向章先生）：我有一个关于宣武区的问题，一直想问清楚，不知道您有没有兴趣跟我们说说，宣武区在"文化革命"之前是不是一直是以工业为主的？

廖：确实。

章先生（以下简称章）：原来解放前那时候宣武区的私营工厂比较多，为什么呢？这是我个人看法，它这边空地多。

廖：你比如说第二机床厂、啤酒厂、造纸厂。

章：城里头因为都是居民区，历史上形成的，满清的八旗是不是？它不让搞别的么，但是生活生产资料的来源从哪儿来呢？就得办工厂，办工业。外城这几个区，特别是宣武区，它空地多啊，像现在陶然亭公园周围吧，都是义地。老黄不是介绍了么，会馆多。会馆为什么多呢？它有地方盖啊，另外就是戏园子比较多，就是大栅栏那一带，从珠市口以南这一大段呢，到天桥，这一段都是撂地摊的，那会儿崇文区是龙须沟。

定：那崇文区穷还是宣武区穷？

章：都差不多，比较起来崇文区比宣武区还要穷一些，宣武区工业多，面粉厂、机械厂，小厂多了，那时候就算不错的了。

廖：还有公私合营的合作社。

章：公私合营以后那些厂都变成公私合营性质的了，合作社就是一些个体的组织起来了，就是手工，比如木器合作社，做家具的，把过去一些个体劳动者组织起来。这历史一段一段的，当时主要任务就是建立人民政权，恢复生产，保障人民生活，变消费城市为生产城市。

定：那宣武区是不是就成为最重要的区了？因为它是生产呀？

章：跟内城比起来外城的工业比较多，北钢在我们这儿，是北京当时最大的钢铁厂。

四、难忘的 1958

[**访谈者按**] 本节所涉内容，在黄宗汉一生中算得上是一个重要阶段，同时也是这部口述的一场重头戏，或者说是第一场高潮。这既表现在黄宗汉和他的同事在这一年所经历的故事之荒谬，也表现在事过之后不同人对待此事的不同态度，而尤其表现在黄宗汉在与我们共同做这部口述的几年中对此事的一再反思。也因如此，落实到我们这部书，也呈现出一种复杂的样貌。一是参与访谈诸人意见开始出现分歧，再一个是黄宗汉本人在听取诸人看法之后，对于他讲过的话，哪些该留，哪些该删，也表现得游移不定。我们采取的方式，则是将我们对这些人的访谈以及黄宗汉读过这些谈话稿之后的回复，都一一展示出来，以留待读者自己评判。为使读者阅读时有比较清晰的线索，这里先将几段访谈①的目录罗列如下：

（一）2008 年对黄宗汉本人的第一次访谈

（二）2011 年 11 月 8 日对黄宗汉的再访谈

（三）与李瀛、张宝泉座谈记之二

（四）2011 年 12 月 14 日黄宗汉对张宝泉意见的答复

（五）与邱清晏（化名）、迟明梅（化名）座谈记

在最初的访谈中，黄宗汉只是讲述了自己这一年的经历，还有他自己的反思，对于其他诸人的意见和争论，并没有作为重点提出来，仅仅当作是自己某些故事的铺垫，只是后来其他诸位看到稿件后产生了不同

---

① 在这里，我们将访谈者只是面对单独一个受访者的情况称为"访谈"，而访谈者与两人以上的被访者交谈，称为"座谈"。在口述作业中，访谈和座谈各有利弊，效果往往不同。

1958 年的宣武门外大街

意见，才使叙述过程复杂起来。在这些内容中，有的查无实证，有的与黄宗汉口述关系太远，而且几乎所有被访者都告诫我们，就事论事，不要牵扯个人恩怨，这是对的，我们均从命，所以并没有将全部口述转录过来，并希望读者将目光更多地集中于黄宗汉个人的反思之上。

1957 年黄宗汉在"反右运动"中被定为"严重右倾"，受党内严重警告处分，被下放劳动改造，这段口述就从这里讲起。

（一）2008 年对黄宗汉本人的第一次访谈

1. 大炼钢铁

黄：我劳动改造干吗去？挖湖去了。挖哪个湖呢？就是青年湖，青年湖是后来的，给它那么一个革命的名儿。在广安门外，原来那儿叫鱼藻池①，是金中都在地面上尚存的唯一一处遗址。我也没考证过，反正

---

① 鱼藻池：金中都宫城中的一处宫苑。其确切的位置在今广安门南，白纸坊西。1153 年金王朝决定迁都燕京，名为中都。以原辽南京旧城为基础进行扩建。在宫城内西南隅凿鱼藻池，建鱼藻殿，作为宫城内苑。1958 年 3 月至 5 月，宣武区组织人力疏浚广安门外金中都太液池遗址，命名为"青年湖"。并曾在这里开辟体育运动场所。近年来北部湖面全部填平，南岸内缩，圆岛只略凸出北岸，上面正在兴建新式别墅，所剩湖面大约不足原状的五分之一了。又，本书作者定宜庄、杨原于 2012 年 4 月前往此地勘察，附近老人指点说，建别墅的投资商已将资金席卷出走，如今的工地几成废墟。见图。

黄宗汉下放劳动时摄

（黄宗汉提供）

鱼藻池现在仅存的标牌

（杨原摄）

2012 年鱼藻池工地门口

（杨原摄）

那会儿我就知道是个遗址，侯仁之还专门写了一块碑文立在那儿（参见下文）。我就到那儿去挖湖了，它自己本来有泉水，挖了一段抄清了湖底，就恢复到一个清澈的湖面了。

我就先是挖河，后来就大办钢铁①啦，整个城市里头各个角落都搭起小炉子，土法炼钢。这钢啊，过去我也没见识过，坩埚②里炼钢。就把我调上来张罗，让想办法去采购坩埚、吹风机、柴火，有木炭当然更好，没木炭自己想法找去，还有废铜烂铁，废铁，由河南什么地方组织车皮运废铁，具体组织工作啊，干了一段。

定：您说的这是你们机关干部炼钢吧？

黄：不，我组织全区。后来我就成了区钢铁办公室主任了。③

定：又给您恢复了工作了？

黄：不，这是个临时性的机构，不等于我那个宣传部副部长。我那个是个实缺，算副处级了。这就是个临时办公室主任，但也是主任。这就开始接触（工业），区委后来劝我去建立个宣武钢铁厂，规模在当时来讲就挺大的了。

定：是个钢铁厂？

黄：钢铁厂。他们觉得小坩埚不解气啊，就弄小高炉，半土半洋的小高炉，当时就因为在北京有条件啊，可以比外地搞得稍微好一点儿。

---

① 关于大办钢铁：1958 年 8 月 17 至 30 日，中共中央政治局在北戴河举行扩大会议，讨论钢铁增产计划，决定钢产量 1958 年要比 1957 年翻一番的高指标，号召全党和全国人民用最大努力，为今年生产 1070 万吨钢而奋斗。北京市对此积极执行，把 1958 年全市钢产量的指标定在 15 至 16 万吨，而北京市 1957 年的钢产量仅为 2.8 万吨。8 月 23 日，中共北京市委召开土法炼铁现场会，发出"全党动员、全民动员、大抓钢铁工业"的号召。9 月 17 日，陈云到北京特殊钢厂工地视察。29 日该厂正式投产。10 月 26 日，首都 70 多万人利用星期日参加"土法炼钢"。11 月 25 至 30 日，中共北京市委召开工业会议，初步总结了北京市工业战线"以钢为纲大搞群众运动"的经验。所谓"土法炼钢"，包括将做饭的铁锅拿来"炒钢"，甚至石景山钢铁厂也在高炉炉台上建起小炉子，把铁水倒到炉子里"炒钢"。这样的"钢"根本不能用。

② 坩埚，即用耐火材料做成的器皿或熔化罐。

③ 1958 年 10 月 7 日中共北京市委召开干部会，专门讨论小炉土法炼钢，会后，东城、西城、宣武、崇文等区专门成立钢铁办公室，布置小炉炼钢事宜。黄宗汉担任的，就是宣武区的钢铁办公室主任。见《当代北京大事记》，131 页。

保证"钢帅"① 的粮草
4500 辆货运的苏家坨枢纽

开始是炼铁，后来又弄转炉炼钢。什么钢铁设计院、钢铁研究院、北京钢铁学院，这一大帮专家学生就都来，就洋的土的混在一块儿干哪，但基本上是土法。这小坩埚啊，有些人已经感觉到：不行，这玩意儿。

定：这炼出来的钢能用吗？

黄：根本就不能用。不能用为什么最后又说它能用呢？我们旁边有个劳动技校，挺好的一个技工学校，里边设备挺好的，有蒸汽锤什么，材料实验室啊什么……都有。我就问这学校的校长，我说这钢能用吗？校长说你想让它能用它就能用。我说你怎么让它能用啊？他说把这些非铁非钢的玩意儿拿这气锤乒嘞乒啷一通锤，做宝剑不是搁到烘炉里头，弄出来敲一通，再扔回去，弄出来再敲一通，反正没完没了地敲打么，最后不是越敲打就越纯么？然后再拿到材料试验机上，抗弯、拉伸、扭转、弯曲都合格，金相检验也合格，这车点儿螺丝钉啊，做个小刀什么

① 1958 年 9 月 1 日《人民日报》发表社论，"钢铁工业是整个工业的基础，是整个工业的纲，是整个工业的元帅"，其他部门必须"停车让路，让钢铁元帅升帐"，"全力保证实现钢产量翻一番，是全党全民当前最重要的任务"。于是，"钢帅升帐"成为当时最著名的宣传口号，也是对全国人民唯一重要的事情。戏曲里，带兵打仗的将军，背后插几面旗子，在舞台上吆喝一声、转悠一圈，便似有了百万大军，可以生杀予夺。"钢帅升帐"，借用戏曲俗词，强调的是气派。

73

的还能使。我说炼完了以后还都得到你们这儿再折腾一通（笑），太费劲了吧。咱不懂，没这些工业生产知识，那些人心里恐怕早就明白了，可是不敢说。有个车间主任比较直率，他说这玩意儿正经不能使啊。

定：那不是把那些材料全糟践了吗？

黄：糟践啦。后来不是建了宣武钢铁厂么？得了，把这些玩意儿统统拿到那儿再回炉去了。于是乎我这会儿就到宣武钢铁厂去了，我也深入车间，跟那些小脚老太太们敲那焦炭，因为那焦炭块儿大，然后就把敲好的焦炭加上白灰什么，放进高炉里，把这些炼好的所谓钢，豆腐渣子，又回炉，再把它化成铁。可是这化铁可难了，你明白吗？那里边既有钢又有铁，还有各式乱七八糟的那些渣子。正经的铁矿石经过化验以后按照一定的配比，进入高炉以后出来的必然是铁，可是这一堆又有钢又有铁又有烂渣子的东西到了高炉以后，有的时候能出来铁，有的时候在高炉里头就凝固住了。

定：哎哟，那不把高炉毁了吗？

黄：那怎么办呢？等高炉凉了，人再下去，打眼，放炮，把炉膛里凝固的东西再炸开（大笑）。

我对这东西有怀疑，怎么能这么干呢？可是我刚受了处分，我能说怀疑大炼钢铁的话吗？我只能正面强调要把钢铁工业逐步纳入现代科技的轨道，我的话说得可能比这还婉转。这时候正好中苏关系破裂了，赫鲁晓夫就不向中国出口那锋钢刀具，不给咱们锋钢，机床厂就告急，就陷入危机了。北京郊区那会儿就有机床厂了，当年是一个兵工厂，后来改成机床二厂①，是生产牛头刨的。没刀具那怎么干呢？那会儿我已经和钢铁学院黑色冶金设计院的这些人慢慢熟起来了……

定：看来您后来当厂长就跟那时候有关系。

黄：不不不，我经常下厂，又读过不少科技情报资料，熟悉了很多

---

① 北京第二机床厂是由原北京机器总厂改组而来。1953 年 7 月 1 日，北京机器总厂改组为北京第一机床厂和北京第二机床厂，第一机床厂开始批量生产万能铣床，第二机床厂位于广安门外，开始生产牛头刨床。见《当代北京大事记》，61 页。

1958 年 8 月 22 日《北京日报》

1958 年 9 月 1 日《北京日报》头版

工业知识，这不是偶然的，但是没过当厂长，没过成那瘾，所以后来我主动请缨。过去光看别人干，其实也不光看别人干，净指挥别人干了，我自己没亲自干过厂长。

这会儿钢铁学院就有一个科研项目，电渣焊炉，在当时来讲就是最高级的炼钢技术了。而且这个电渣焊研究的结果据说可以炼出无矾的高速钢，中国就缺矾，苏联能卡住咱们就因为咱们没矾，但是如果我们能炼出无矾的高速钢，这刀具问题就能解决。这时候我已经是钢铁办公室主任了，我就不抓那土钢什么的了，我已经知道那个东西是不行的，但我不敢再放炮（意即不敢再讲话）了，我说咱干这个，我抓洋钢，抓那最洋的钢。市委也支持，那就干呗，从平地起。我就建立了广外的特殊钢厂①，这是我领头干的，其实跟当厂长差不多了。按照钢铁学院的科研成果，不计工本地干。需要大量地耗电，那也豁出来了，安装560千伏安的变压器，先后装俩。

定：生产出来了吗？

黄：当然出来了，不计工本还能生产不出来？就解决了北京的机床厂当时遭遇的刀具困难。但是这个成本太高，长期是不行的，要是按成本计算这得多少钱啊？但那会儿就是需要，我就黑夜白日在那儿干，郑天翔夜里三点到我那儿检查工作，一看我正在那儿啃油饼呢："挺好，小黄。"郑天翔就在这天夜里认识了这个小黄。要不你瞧北京这么大，这小黄是谁啊？他又不是机床厂的头。这和后来我在市委受到重用，就有关系啦。

定：郑天翔是谁？

黄：郑天翔那时候是市委秘书长，后来是最高法院的院长，非常好的一个老同志。②

---

① 宣武区的广外特殊钢厂建于1959年，不久并入北京特钢厂。

② 郑天翔（1914—2013），内蒙古自治区（原绥远省）凉城县人，曾用名郑庭祥。早年就读于南京中央大学；1935年转到北平清华大学学习后，参加了当时北平学生发动的"一二·九运动"。1952年起，历任中共北京市委常委兼秘书长、市委副书记兼秘书长、市委书记处书记兼秘书长。在"文革"中受到冲击。1983年，在第六届全国人民代表大会第一次会议上当选为最高人民法院院长。

2. 大办街道工业

黄： 这样的话呢，这件事干得挺漂亮的，解决了个大问题。这也得有市区两级财政上的倾囊而出才行。后来就说，得给小黄安排个正式工作。我这钢铁办公室主任也好，广外特殊钢厂筹备处主任也好，节电办电办公室主任也好，这都是临时机构啊，但临时的时间也挺长。这都是和"大跃进"相联系的。然后就给我安排到宣武区政府，当街道办公室主任，这是正式职务。算正科级吧，比我那宣传部副部长还低。干吗呢？大办街道工业。街道办公室主任管的是宣武区八个街道，主要是干什么呢？就是组织街道办工业，下边还有个街道工业局，上边还有个街道工委，就是区委有个街道工委，这样的话宣武区就铺开了，大规模地搞街道工业。

定： 噢，又赶上那时候了！

黄： 哎，大办街道工业了。

这些荒唐事儿！"大跃进"里头很多的荒唐事我是参与了的。疯狂的时代吧，我也跟着疯狂了一把。但是因为我在办钢铁的过程中增加了一些科学知识，所以我力求我办的街道工业项目，能跟现代工业沾上点边，别弄得太土了。

我们这时候的区委书记特别积极，什么都想做，他就想要在宣武区这弹丸之地建立一个完整的工业体系。首先就建这钢铁企业，把暖器材料厂改建成为北京钢厂，那是个现代化的钢厂啊，在当年讲就（是）比较现代化的了。[①]

---

① 1958 年 3 月 27 日《北京日报》头版醒目大字标题："北京钢厂下月出钢——全部建成后年产二十万吨"，文称："市暖气材料厂将在年内扩建成为北京第一座生产钢锭、钢材的企业——北京钢厂。预计部分炼钢炉四月份就可以开始出钢；全部设备年内投入生产"，"北京钢厂的建筑面积，共有一万八千多平方公尺"。同年 4 月 3 日又于头版大字报道"北京钢厂昨天出钢"："北京钢厂新建铸钢车间，昨天已经出钢。从开始动手制造炼钢设备到出钢，一共只用了三个月的时间"。又据《刘仁传》，北京暖气材料厂早在 1958 年前就搞过电炉炼钢。刘仁专门请教过冶金研究院的专家，了解炼钢技术发展趋势，专家提出转炉炼钢产量大、设备容易解决，刘仁就决定让市第三工业局在全系统组织大协作，开展建造一吨半转炉的大会战，结果只用了 3 个月的时间就建成。1958 年 3 月，北京暖气材料厂正式改为北京钢厂，9 月转产炼钢（393 页）。再据《当代北京大事记》：1958 年 4 月 2 日，北京市第一座生产钢锭、钢材的北京钢厂在广安门外建成投产，建筑面积 1.8 万平方米（120 页）。所记建筑面积，《当代北京大事记》谓 1.8 万平方米，而当时报纸报道的则为 1.8 万平方尺，《当代北京大事记》很可能有误。

当年宣武钢厂是以铁为主，有点转炉炼钢，这北京钢厂就没有铁，纯粹是钢，包括转炉炼钢、电炉炼钢，而且是质量比较好的钢。

那阵儿我们这实验钢厂地方也大着呢，还有土法炼焦，里头渗出一层煤焦油。那会儿汽油紧张啊，我翻资料翻出来，说可以从煤焦油里提取汽油，但土法炼焦的煤焦油经过加工以后，一个得要提纯，一个要添加四乙基铅①，这套技术怎么去掌握呢，谁也不知道啊，我们那儿也没人懂这个，于是我就到石油科学院学习去了。现在的高级汽油里不准再含有铅了，可当时就靠这个，正经的好汽油再加上我炼的那油，汽车照样跑。

定： 污染特厉害吧？

黄： 对对。铅中毒什么的。

然后区委书记还想做燃汽轮机，造汽车，等等啊。这样大规模的工业要在这样小小的区里头发展，电力就非常紧张，所以又封了我一个办公室主任，节电办电办公室主任。这可就异想天开了，得想办法解决电力问题啊。全国各地有各式各样发电的方法，咱这儿有护城河，咱得往水力发电走啊。那行，我到水电学院去，水电学院给我派了个应届毕业生来，筹划看能不能利用护城河水造成落差来发电，拦截南护城河水发电（笑）。我真折腾这个啊，也真是一场灾祸哈。

定： 在哪儿？

黄： 就在南护城河这儿。弄了台50千瓦发动机在这儿折腾啊，还真（把护城河）拦截啦，那河底下是流沙，就使劲往河里灌水泥，总算把坝修起来了，修起来（发电），还真亮了一下。

定： 还真发了点电啊？

黄： 亮啦，但实际上没什么用啊，这东西没法使。

定： 哈哈哈哈……那护城河没遭到什么祸害啊？

黄： 嗨，那不是亮一崩子就完了么？后来怎么结的尾我就说不清楚

---

① 四乙基铅（tetraethyl lead）为略带水果香甜味的无色透明油状液体，约含铅64%。常温下极易挥发，即使0℃时也可产生大量蒸气，其比重较空气稍大。遇光可分解产生三乙基铅。有高度脂溶性，不溶于水，易溶于有机溶剂。

了啊，反正这肯定是不行，但是啊，这一亮起来就了不得啦，这护城河还能发电啊！这我跟水电学院又多少有了点接触。

我们搞了好多这样的发电呢，还到北航请了一位空气动力学的教授，搞风力发电，结果真在我们区委大楼楼顶上弄了个大风车，花了好多钱，弄完了以后没有风，没亮起来。还用自行车发电，还真的发了，但是老得用人蹬啊，就跟蹬那摩电灯①一样，这样的话呢，也没大折腾起来。但就这样我们也得了一面全国红旗。全国节电办电红旗，这不等于又给我添了一朵花哈。有时候我和一些搞工业的专家坐到一块儿聊天，他们以为我是学工的，我说的好多可能你不太熟悉，我挺随便就能说出来。

定：您说的好多我都不懂，我是学文科的嘛。

黄：我也是学文科的啊。当然我有这些经历，我自己掌握了一定的科学知识，遇到问题我就知道这件事情的难度在哪里，就不是完全的土包子。

定：现在好多事已经没人再讲了。

黄：但我们的区委书记张旭认为呢，"大跃进"也得一分为二地分析，从全国来讲，这是错误的，但具体到宣武区还得一分为二，我们还是做出了很多成绩的，北京很多现代工业的基础是在我们那儿建立起来的。那些事就不是我干的了，比如北京手表厂，最初是在宣武区，大栅栏不是有亨得利钟表店么，他们把亨得利那些修表工人弄到一块儿，把我们工会的办公楼腾出来，就改成北京手表厂②。后来搬出去了，最后垮台，那个地方改成了双安商场。然后挨着那儿不远儿，建起北京塑料

---

① 摩电灯，过去用在自行车上的照明器具。由摩电机和车灯组成。将摩电机固定在自行车前叉上的安装定位支架，车灯可旋转地安装在凸起上，从而可调节车灯照射距离的远近，并将灯、机连为一体。

② 亨得利钟表店，清同治十三年（1874 年）开设于宁波东门街，名二妙春钟表店，该店于宣统三年（1911 年）前后在杭州、南京两地开设了分号，并派人常驻上海组织货源。民国四年（1915 年）在上海五马路开店，取名亨得利。民国十七年迁至南京路广西路口，挂出"亨得利钟表总行"的招牌。1956 年公私合营。旗下的连锁店遍及全国。北京手表厂始建于 1958 年 6 月 19 日。据《刘仁传》，刘仁非常关心在北京发展精密机械工业，当时最先筹划兴建的就是北京手表厂，如果打起仗来，这个厂可以转产军工所需的精密仪表。建手表厂所需的精密机床，由于当时美国等国对我国实行封锁，通过一般贸易渠道根本无法进口，还是找廖承志从瑞士搞来的，这在全国也是独一份（370 页）。

厂，后来也搬出去了，北京塑料厂的老根儿也都在这儿。

定：我有一个问题，就是宣武区的工业为什么这么发展呢？

黄：区委书记积极性高啊。毛主席不是说要建立大大小小的工业体系么，他领会得深，执行得最坚决，有一个建立工业体系的设想。他就把这些个会馆，一个一个都给弄成工厂啦。

定：那别的区没有这些条件是吧？

黄：没这么多会馆。北京的会馆75%集中在宣武区。

定：您的意思就是说会馆的存在与宣武区工业的发展有直接的关系？

黄：有关系。有几个大工厂都是利用会馆。

定：别的区没有这么多的空地？

黄：光空地还不行，还得有现成的房子。"大跃进"里头宣武区也有自己的特色，就是办街道工业。宣武区的街道工业，当年讲是卓见成效，动员居民腾房子，谁家住的房子宽敞就动员人家腾，于是好多名人包括当时文艺界的名人，荀慧生，梅尚程荀①，房子都是那会儿腾出来的。

定：听说有好多京剧演员都住在那片儿。

黄：对，都集中在那片儿。就在现在琉璃厂大街西边这块儿。当时不光是会馆，还有很多名人故居。名人当时住得比较宽敞。普通人住得比较宽敞的他也动员你往一块儿挤挤。比如说啊，你如果住的是大院子，把前边院子给腾出来，然后再调整吧，两家人合到一块儿住啊，好多名人就腾出房子了。街道把这些房子挤占了以后呢，都是办这个办那个吧。这就把会馆哪、庙宇啊，名人故居啊，这些有很高历史文化价值的（建筑），最后折腾来折腾去，都办起工厂了。各种各样的街道工厂，使本来已经拥挤的居住环境变得更加拥挤了。宣武区本来没那么多大杂院，后来挤来挤去，好多不错的四合院就挤成大杂院了。我这街道

---

① 梅尚程荀，指的是京剧四大名旦，分别是梅兰芳、尚小云、程砚秋和荀慧生。四人中有三人的寓所位于宣武区。其中梅兰芳寓所位于铁树斜街（宣武区大栅栏街道）；尚小云寓所位于宣武门外椿树下二条；荀慧生寓所位于宣武门外山西街。唯程砚秋寓所在西城区西四牌楼北报子胡同。按，当年的京剧名伶大都在八大胡同的韩家潭、百顺胡同、石头胡同、王广福斜街等胡同内居住。

办公室、街道工业局，就是鼓捣这些玩意儿的。这都是可以查考的，因为一落实政策好多档案就都形成了。

定：那个时候还有一个问题你们涉及了没有：城市人民公社？

黄：我这街道办公室就是管人民公社的，那就是现在的办事处，那会儿叫公社。后来摇身一变就成了城市人民公社了。①

定：那人民公社和街道办事处有没有一些不同？

黄：人民公社管的事更多呀，什么乱七八糟的事全管了，那会儿办工业是宣武区突出的重点，过去街道办事处它不办工业啊。后来宣武区办工业，就有经济实体啦，它就大办食堂，管老百姓吃饭啊。安徽会馆②怎么就给腾出来了？椿树人民公社③办大食堂，没有大地方啊。安徽会馆那儿有个大戏楼知道么？也变成食堂啦。那会儿的人民公社化呢，是非常有意思的，就是说大家几乎都得吃食堂，为这个就在现在南线阁盖了一栋五层公寓，盖得挺讲究。这楼现在还在呢。这楼是怎么设计的呢？完全异想天开啊，每个单元里头都没有厨房，为什么？大家得

①　1960 年 4 月 8 日，中共北京市委就当前进一步组织城市人民公社问题向中央作报告。报告说，组织城市人民公社，是把城市居民全面组织起来的最好形式，是改造旧城市的一次极为深刻的革命，也是加速工业发展、加速社会主义建设的极为重要的措施。今后组织城市人民公社，大体上可按照街道办事处的范围（一般有居民 5 到 8 万人）进行，预计全市将建立 50 多个人民公社，将来可根据工作需要适当调整。4 月 20 日，中共北京市委在《关于城市人民公社工作问题向中央、主席的报告》中说，现在北京市的城区街道人民公社已经正式成立了 25 个。城区街道公社集中生产的工厂 800 多个，约 10 万多人；集中生产的小组 1900 多个，约 3 万多人；分散生产的小组 2200 多个，约 5 万多人；另有临时工等 2 万多人；还有 5 万人是服务业工作人员。5 月 11 日，中共中央向各地转发了北京市委的这个报告。见《当代北京大事记》，152 页。

②　本书中多次提到的安徽会馆，位于后孙公园胡同 25 号，是京师最著名的会馆之一。由合肥李鸿章兄弟于同治七年至十年（1868—1871）建造。此处原是明末清初著名学者孙承泽的别墅"孙公园"的一部分，孙承泽之后有许多知名人士在这里居住过。晚清时孙公园范围内大部分改建为会馆，安徽会馆即其中之一。该会馆当年是联络淮军集团的重要活动场所。会馆分中、东、西三路庭院，每路皆为四进。最北部为一座大型园林。主体建筑为文聚堂和戏楼，戏楼是中路规模最大的建筑。

③　椿树人民公社，是宣武区最早试办的一个城市人民公社，1958 年 9 月上旬，根据市委指示，宣武区委决定在椿树街道办事处进行建立城市人民公社的试点工作。是年 12 月，椿树人民公社正式成立。1960 年 4 月，大栅栏、广安门内、广安门外、牛街、陶然亭、天桥、白纸坊 7 个街道也随之成立了这种政社合一的人民公社，区委亦调配了 26 名干部来充实公社的领导班子。1962年 2 月，城市人民公社与街道办事处分离，政社分开。1968 年 3 月，各街道成立革命委员会，城市人民公社与街道办事处同时被撤销。

吃食堂，然后两间屋子中间跨着一个门，是拉帘的，什么时候想跳舞啊，帘一拉，就可以跳舞了，睡觉的时候再把帘一拉。大家都过集体化生活，除了睡觉到自己家，托儿所也在楼里头，等"大跃进"这劲头一过去，谁受得了哇（大笑）？

这通折腾的后果是什么？就是把宣武区的文化生态破坏了，宣南文化受到致命的破坏就是在这时候。

定：怎么会和宣南文化联系上呢？

黄：嗨，你看，安徽会馆知道吧？1870年李鸿章修的。就在洋务运动那年头，李鸿章当了北洋大臣，直隶总督，集军事经济大权于一身，这就建了这个北京最大的会馆，实际上是洋务运动中淮系的将领们，也包括一些文官们，在这儿建立的。这个会馆承载着一些重大的历史事件。关于这方面的史料，就是具体他们在这儿都有什么活动并不是很清楚，但是洋务运动和维新派的关系，你可以从安徽会馆这儿找到痕迹，他们和维新派的关系是很密切的。为什么李鸿章能容许梁启超他们在这儿办《万国公报》——《中外纪闻》①？后来京师大学堂就是维新派的强学书局在这里打下的基础，这也就是北大的前身，北大校史就是这么写的。梁启超他们在那儿活动的时候就把这些事一块儿办了。那架子就是在那儿搭起来的。这个地方后来就变成椿树大食堂，再后来就被我们那街道工业，椿树整流器厂占用了。后来我是拼命抢救这个地方，把它划进了市级文物保护单位，我把它抢救修复了，但还不是会馆的全部。它一共九千平米，我抢救下来的不够两千平米。当然现在已经升格为全国文物保护单位了。

定：但是好多文物已经不能再恢复了。

黄：安徽会馆至少能恢复三分之二吧，还有三分之一变成后孙公园小学②了。我曾经跟宣武区教育部门商量过，我说现在小学也没那么多

---

① 《万国公报》后改为《中外纪闻》，是北京最早的民办报纸。清光绪二十一年（1895年）8月由康有为、梁启超、麦孟华等出资，在南海会馆（今米市胡同43号）创办。报纸为双日刊，每期10页，内容有上谕、外电、各报选录、译报、评论等，翌年一月停刊。

② 后孙公园小学建于1951年，地址在原宣武区后孙公园胡同3号。

生源，你把它合并合并，把这地方腾出来，腾出来以后呢，咱们完整地恢复一个会馆。我也跟主管教育的领导讲这个地方的重要性啊，洋务运动，维新运动，还有京师大学堂这个啊，他们也同意，可是后来宣武区这个人事变动太多了……

定：除了安徽会馆是整流器厂，别的呢？

黄：湖广会馆戏楼是被制本厂占用为车间的，北京制本厂，给小学生做练习本的。长城风雨衣厂，在现在 SOHO 旁边那个，是江西会馆，那也是个大会馆。后来那些小工厂去蚕食它，但是没有占了它全部。再比如说林则徐在北京住过的莆阳会馆，这个莆阳会馆后来成了拖车厂的厂址了。北京一共有两个莆阳会馆，一个莆阳会馆就是这个，是林则徐曾经住过的地方，另一个莆阳会馆是林则徐死了 40 年以后建的。① 现在北京市把这个林则徐死了 40 年以后的会馆定为林则徐故居，这不是荒唐的事吗！

3. 张蔡之争

"大跃进"可不是毛主席一个人在那儿胡思乱想啊，各行各业的人都在那儿想。连田汉都异想天开么，专门写了一部戏，讲共产主义是天堂什么的，我现在想不起来了。宣武区当然想得比别人就更多一些。最后到三年困难了，三分天灾七分人祸，七千人大会②好像最后是统一意见了，就是说要历史地看问题等等，反正把过去那些错误都说圆了。上

---

① 北京市宣武区的两个莆阳会馆，一个在贾家胡同 31 号，为清光绪年间由江春霖等人募捐修置。另一个莆阳会馆，在距贾家胡同不远的福州馆街高家寨，为明朝时修建。林则徐在京居住的时间是嘉庆十八年（1813 年），居住的会馆肯定是后者即高家寨，而北京市定为林则徐故居的却是贾家胡同。

② 七千人大会系指 1962 年 1 月 11 日至 2 月 7 日中共中央在北京举行的扩大工作会议。参加此次会议的有中央和省、地、县委四级主要负责人和部分大厂矿、部队的负责干部七千多人，因此又称七千人大会。据官方报道，在该会议上，刘少奇代表中央向大会做书面报告和讲话，初步总结了 1958 年以来社会主义建设的基本经验教训，指出了工作中的主要缺点、错误及其原因。毛泽东发表讲话，着重讲了民主集中制问题，指出要加深对社会主义建设规律的认识，作了自我批评，并建议"开出气会"，"白天出气，晚上看戏，两干一稀，大家满意"。此外，邓小平和周恩来也分别代表中共中央书记处和国务院作了自我批评，分别阐述了恢复党的优良传统和克服困难的主要办法。大会的召开对于克服不良作风，健全党内民主生活，纠正治理实际工作中的"左"倾错误，促进国民经济的恢复和发展都起到了积极作用。

边说圆了下边也就接受了，但是就在当时来讲并没有真正能够统一思想，上边没统一了，下边也在争论这个。这既是我的亲身经历，也反映了我当时的思想状况。

下边思想并不完全统一。就是说"大跃进"这个事，不光是七千人大会开完了以后就算完了，没有，这底下还得折腾呢。到了60年代初期，宣武区就爆发了所谓的张蔡之争。这场争论爆发以后就震动北京市委了，他们吵得太厉害了，所以就把宣武区局、处以上的干部全集中到国际饭店讨论这大是大非问题——国际饭店会议。这就出现国际饭店会议的大争论。这事啊最后还没等做出结论，"文化大革命"就发生了，刘少奇受到批判，这场争论因此带上了"文化大革命"的色彩，变成两派斗争，两派都指责是"黑帮"，"黑帮"里头还跟"黑帮"干架，都说当年我们是被迫害的，对方是修正主义。具体我就没参与了，因为我就不在那儿了。这部分档案如果都在的话会是很精彩的。现在我也没工夫倒腾档案看啊。

当时的区委书记（指张旭）对这事是特积极。这区委书记对我也挺好的，他是华北学院学法律的，地下党。大概是把朝阳法学院和华北学院合在一块儿，就变成政法大学的前身。办这事是得有点文化，就是做梦也得能想得稍微高一点儿是吧。建立工业体系啊，干这干那的，成为全国办街道工业的典型，就把刘少奇给招来了，刘少奇就到宣武区视察。老书记老说我们干了些蠢事，但还干了好多好事呢。你拿北京来说，二通用、二机床，是吧，塑料厂、手表厂，哪个不是咱们鼓捣起来的嘿！他老说这事。

定：这都是他说的？

黄：哎，他就当着我面说的。直到临去世以前，他还坚持"大跃进"在全国来讲是该否定的，在宣武区成绩还是主要的。好赖我也不跟他争了，那么大岁数老头子了。

这时候调来个区长，蔡平①，是原来商业部的副部长，省军级干

---

① 蔡平（1911—1965），陕西省平利县人。1936年考入北京中山大学读书，当年加入中国共产党。1938年，参加创建晋察冀抗日游击根据地，组织和带领抗日武装，多次粉碎日军扫荡，屡建奇功。1958年任中共北京市宣武区区委书记处书记兼区长，1965年11月8日病逝。

部，因为思想右倾，降级变成司局级干部啦。他原来是老北大的学生，学什么我不知道了。他家是大地主，他就用他们家的钱，组织起游击队，叫蔡大胡子，后来是平北游击队的头。他到了宣武区呢，我的宣传部（部）长已经被撤啦，我就当了区政府办公室的副主任，实际上给蔡平当了文字秘书了。蔡平呢，挨了整以后下放当区长就特别谨慎。我给蔡平写报告，甭管是给区人民代表大会的报告或者是政府委员会他的讲话稿，他说你必须言之有据，凡是涉及方针政策的东西，你必须给我说清楚，这句话是几月几号《人民日报》怎么写的，《北京日报》怎么写的，《新华月刊》怎么写的，那句话是我从《文摘》的第多少页摘过来的。啊，这文章我开始还觉得不好写，后来我觉得好写了，反正除了连接词是我的以外，剩下的都是报纸的（笑）。最后就把那些个玩意儿连到一块儿呢，看着还挺通顺。得了，全齐了吧（笑）。

定：他为什么右倾的？

黄：不清楚。主要领导人怎么右倾你哪儿能问呢？张蔡之争不让我介入啊。主要问题是对"大跃进"的评价，因为那会儿总体上还是认为"大跃进"成绩是主要的，当然里头还夹杂好多个人的这事那事。蔡平他就挺重用我啊，我给他起草文稿，出去他也带着我。比如说办工业呀，我们办什么土法炼焦厂，他看完以后摇摇头一句话不说就回来了，我一看明白了，他不赞成这个，不赞成他也不说。

定：那您觉得呢？

黄：我觉得？我觉得"大跃进"基本上应该否定。否定在什么地方？可以肯定这股热情哈，如果能够科学地调动那会儿的革命热情，去发展我们的工业，那是挺有利的时机。但是总体来讲是一场大灾难，所以我赞成这科学发展观，毛主席讲，历史的经验教训值得注意么！就说建设宣武钢厂、北京钢厂，在城市中心干这事，特别是破坏了莲花池的水系，造成城市污染，现在早关了。早年海陵王完颜亮为什么在这儿建金中都？因为有水的资源在，没有水资源根本就不可能在这儿建都，就因为有这水。后来把那地方都填了，现在的莲花池只是它的一个局部。

可这是现在的认识啊，当年没这认识。后来我跟侯仁之过往比较密切了，跟他聊，我才知道我自认为"大跃进"时候还干了点好事，原来也并不好，环境污染，破坏莲花池水系（笑）。

定：您是支持蔡平那伙的？

黄：不是。我呀，当时实际是中间派，我就跟你说那个，就我当时对"大跃进"的态度，笼统地说"大跃进"，我认为还是好的，当时我赞成"大跃进"。后来我调到市委以后，看到郑天翔在国际饭店游泳池——我们在市委的时候都可以随便到国际饭店游泳池游泳去——他就说小黄啊，难忘的1958，哈哈，他有很多他难忘的事。

定：他说难忘的1958，他是一种怀念么？

黄：那个英雄气概确实让人难忘，是难忘的1958，玩儿着命干把工业搞上去，就得有这精神才行哪。而且北京在"大跃进"期间也确实形成了一个较为完整的工业体系。但是它有好多问题。你不是研究社会学的，当时社会的大问题，就是没真正深入地研究下去。"大跃进"的产生也不单是毛泽东老人家的乌托邦啊，它有它的社会基础。

定：您说的社会基础是什么？

黄：就是干部队伍里头有一种强烈的要求工业化的愿望。毛主席提出"大跃进"符合这些人的想法，当然也包括符合我的想法。这既是我的亲身经历，也反映了我当时的思想状况。后来搞的有些东西大家觉得不是那么回事了，像我似的，我就对"大跃进"持怀疑态度了。"大跃进"不叫"土洋结合"么，我是"土洋结合，以洋为主"的，我就侧重于洋了。郑天翔他实际上也侧重于洋，而且他搞洋的、半土半洋的"跃进"卓有成效。

定：您现在还怀念么？

黄：我不怀念，这是一场大灾难对不对？如果不这么瞎折腾早就现代化了对不对？

（二）2011年11月8日对黄宗汉的再访谈

时间：**2011年11月8日**

地点：北京市第一福利院

访谈者：定宜庄、杨原

[**访谈者按**] 我们为黄宗汉所做访谈，始于2008年，本书中的主要文字，就是根据2008年那次访谈整理而成的稿子。时隔三年再访黄老，主要就初访时略显简略的内容加以补充，并对某些模糊不清或讹误之处予以纠正。在这次访谈中，我们惊喜地发现，黄老这几年也在不断地反思，认识也在不断地深入，他提到"大跃进"的教训之一，就是"从精神上讲，是把主观唯心主义发展到最高层次了，谁想怎么干就怎么干。'大跃进'本身是一场致命伤"。这一总结相当深刻。所以，虽然这次口述中有不少内容与第一次访谈重复，但为保持完整起见，这里还是全文照录了。

1. 1958年的大炼钢铁和建钢厂

黄（对定）：我看了你整理的20世纪50年代的那一段儿，是挺好玩儿的（笑）。

定：好玩儿是吧？

黄：挺好玩儿的，我自己看着都觉得挺有意思的，但是要说更多好像也说不出来，因为那时候，我，应该从政治思想的角度来讲啊，我仍然处于一种朦胧状态。

定：那当然。

黄：所以那会儿真是，党叫干啥就干啥，再一个就是，苏联的昨天就是我们明天。

定：苏联的今天就是我们明天？（笑）

黄：不，还有个昨天。那会儿我就说啊，就是苏联经历过的那些事儿，什么优先发展重工业啊，抗击法西斯啊，是吧？就苏联经历的这段历史，我要从那里头去学习，就是苏联是老大哥，我们是小弟弟，当时就是盛行学习苏联，整天学那个《联共党史》九到十二章①，要建设嘛，怎么建设，就学苏联啊。

定（问杨原）：看过《联共党史》吗？（笑）

杨：没看过。

黄：我们重点是学《联共党史》九到十二章，苏联怎么建设的，苏联怎么面对帝国主义侵略的，怎么去抗拒西方国家包围的，等等这些东西，脑子里想的是这个。再一个，我那会儿不是在宣传部么，干事，后来当副部长，还要学苏联的党在企业里怎么做宣传鼓动工作。

定：就是您说的斯达汉诺夫运动吧？

黄：斯达汉诺夫运动，对对，等等这些玩意儿，我是很认真地学的，包括后来，咱们叫黑板报，苏联叫宣传鼓动专栏，就鼓捣这个，我那会儿的生活里头，学苏联可能成了我的一个很重要的内容。我学习达到最高潮的时候，没想到就来了个反右派，怎么就把我给折进去了。（众笑）这就中断了。我真是很认真地学苏联的，学苏联的企业管理，我还跑到人大（中国人民大学）学这个。蒋学模知道吧？讲计划经济的一位权威。②

定：哦，我知道，他（杨原）不知道。

黄：人民大学现在肯定没他的影响了。当年影响挺大的那么一位，

①　当时党内普遍学习的是《联共党史简明教程》。另外，1954年《人民日报》图书资料组还特地编了《学习联共（布）党史第九章至第十二章参考文件》，由人民出版社出版。黄宗汉提到的可能就是这个文件。

②　蒋学模（1918—2008），浙江省慈溪人，著名经济学家、马克思主义理论家，复旦大学经济学院教授，上海市经济学会原名誉会长。在近70年的学术生涯中，蒋学模一共出版学术专著30余部，主编政治经济学教材和著作10余部、文学和经济学译著10余部。其中包括连续再版十多次的高等学校通用教材《政治经济学》。他还是《基度山伯爵》中文版初译者。

当年的经济学家里头，好像讲计划经济他是讲得最好的。我还每个礼拜三个晚上去听他的课，讲计划经济这一套，满脑子是这个。

定：您也是完全相信这个的？

黄：我信！我信！我不信干吗这么折腾啊。最后一个反右派就把我给折腾下去了，折腾下去呢，就下放劳动改造，这对我还挺有好处啊。一个是自己差点儿当了右派，这是一个，似乎，当时觉得好像是清醒了一些个，实际是更糊涂了哈，再一个呢，下放劳动以后呢，我接触了普通人，普通老百姓。

（1）坩埚炼钢

定：您说得再具体点儿好吗？上次您说的宣钢啊，北钢啊，什么分钢、特钢啊，我没全听懂，咱们就从这儿说起吧。

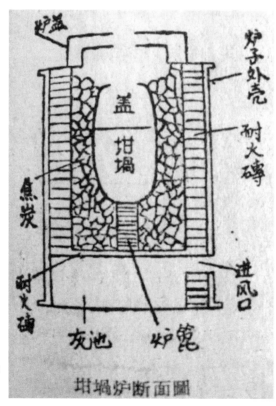

1958 年 10 月 12 日《北京日报》
用四版篇幅介绍坩埚炼钢法

黄：当年不是"大干快上"吗，"大炼钢铁、大干快上"，那么到了办北钢、宣钢、广外特钢的时候，等于大办钢铁又提升了一个阶段。当年的大炼钢铁是坩埚炼钢，知道什么是坩埚么？

杨：不知道。

黄：进过实验室没有？咱们平常实验室里用的是小坩埚，就那么大点儿，最初的大炼钢铁就是砸锅、卖铁，把河南省农村的锅给砸啦，用火车运到广安门车站，把这个铁锅、砸成的碎铁……

定：是从河南运来的？

黄：从河南来的。

定：干吗从河南运啊？

黄：咱北京没这么多铁锅啊。

杨：那河南自己要炼怎么办啊？

黄：河南怎么办就不知道了，反正先得保首都不是么，当时从广安门车站就拉了一大堆这个砸了的铁锅。

定：哦，一车皮一车皮地运？

黄：啊，一车皮一车皮来的，然后就分配给各个街道各个单位。（众笑）就是这坩埚，多大呢？体积啊，就是比暖瓶再大点儿，把这些铁搁到坩埚里头，底下点上柴火，把它融化了，这就叫炼钢。

定：完了就变成大钢坨子，什么用也没有。

黄：这叫炒钢，它得和拢（指搅拌）啊，这不是炒嘛，在坩埚里和拢，这叫炒钢，不光是普通人这么干，周总理还跑到市委大楼门口，也搭上这个火炉子，也去化铁去。（众笑）懂吗？这个事情干了一段儿以后，当时就有人有怀疑了，我呢当时也没怎么怀疑，反正1070万吨咱得上啊。

定：1070万吨钢。

黄：反正只要能炼出钢来，为了完成炼钢任务，大家干吧，对吧？周总理在那儿炒钢呢，对不对？都炒钢，跟炒菜似的。（众笑）炒出来以后是个什么东西呢？是非钢非铁的东西，有的就化成钢了，有的就没化啊，钢和铁掺和到一块儿的这么个东西，那这东西能用不能用呢？那时候我已经被打下去了，又起用我当宣武区的钢铁办公室主任，我说这东西怎么用啊，我过去没见过这样的钢，大钢锭见过，就这么一坨子一坨子的。我就想啊，这一坨一坨的，搁那儿干吗用呢？都炒了出来，得用啊。我们当时的区委旁边，现在那地方已经变成居民楼楼群了，叫劳动技校，就是培养技工的技工学校。

定：在什么地方？

黄：就在樱桃园那十字路口那儿，叫劳动技校，是市劳动局办的，挺正规的，学苏联的，苏联怎么培养技术工人，咱们也怎么培养，里边儿就有校办工厂，设备也挺全的，从蒸汽锤到车床什么的全有，就把这钢给他们，让他们给做点儿东西。唉，这东西没法儿做啊，没法儿做怎么办呢？就把这一坨一坨的，拿气锤上去锤，把里边儿带的什么炭、杂质、炭渣子，什么乱七八糟的，叮当一通打，打来打去把杂质都打出去了，百炼成钢是吧，就捶出能用的钢来，然后再用这钢车出各种部件儿来。唉，就说这钢是能用的，哎哟，我说这钢啊，得是这么个炼法儿啊，这炼完了还不行，还得再去锤打一番，锤打完了以后才能上床子做什么！咱们过去没有接触过钢铁工业，也没有见过什么平炉炼钢，只在书上见过啊，没真正去过工厂里见过什么平炉，北京只有铁啊。

定：北京也有坩埚炼钢这么一说么？

黄：我过去在实验室见过坩埚啊，当年我们潞河中学的实验室挺像样儿的，用坩埚儿炼各种金属什么的，这咱见识过，但是变成了全民的生产方式，这个咱没见识过。这1070万吨钢得这么鼓捣出来，全国都这么干啊，这坩埚就告缺啦，当时我还想着，开轿车，夜里去找坩埚去。

定：上哪儿找啊？

黄：有地方找啊，那会儿坩埚都集中在哪儿？就集中在中山公园，有这么一个地方，从那个地方可以领到坩埚，那也是计划分配，但是你得去跑去啊，说我们这儿已经告急了，不行我得拉点儿坩埚，用这卧车拉着一堆坩埚拉回我们区委院儿里。

定：拿卧车拉一堆坩埚？

黄：啊，坩埚，不是暖瓶那么大么，你可以拉不少呢，放后备厢里边，后座上。

定：暖瓶那么大？我还真没见过。

黄：就是那暖瓶，比暖瓶的口径要大一点，就那么个玩意儿，你现在要到西藏去，你看那银匠什么的，他化银子还用那种坩埚，搞点儿装饰品那没问题。但是那会儿呢，全民性的大生产就这么干，真是全民哪，老头儿老太太什么的全出来了，都来炒钢。

（2）宣武钢铁厂①

这时候呢，群众性的炒钢运动得搞，正规性产业也得搞，宣武区有个暖气材料厂，生产暖气炉片的，说把这个厂子啊，改造成为一个电炉炼钢厂，电炉炼钢，就是比较高级的了，它里边也有转炉，这应该属于正规的钢铁生产啦，你明白吗？就是建设正经八百儿的钢铁厂，北钢是属于这样的工厂哈。北钢啊，它要炼钢，得有正规的铁锭，这个炒出来的钢是没法儿炼的。这建钢厂得有地方啊，怎么办啊，填河吧，就跟填海造地那么一个意思，于是就稀里哗啦，在北钢旁边填了莲花河的一部分，就建了个宣武钢铁厂。莲花河水系可是北京非常重要的水系啊（笑）。这个钢铁厂实际主要是炼铁的，不是用来炼钢的，炼什么铁呢？

---

① 宣武钢铁厂（简称宣武钢厂、宣钢），位于广安门外湾子村，落成要稍后于北京钢厂。《北京日报》1958年9月16日头版报道，标题为："宣武区委调动千军万马支援钢铁前线，广大群众协力建设'宣钢'，十几个工厂以停车让路精神为钢帅赶制设备，两千多个家庭妇女带着镩头上工地义务劳动"。文中称："为了保证用最快的速度建设起这个钢铁厂，区委先后召开了三次协作会议，动员了宣武机修厂、宣武修造厂、市金属加工厂、市管件厂、第二机床厂、北京钢厂、广安铸造厂、宣武棉织联社、宣武木制模型厂、第三和第八铁业社以及第三水暖社等十几个单位，为这个厂赶制设备，支援技术力量。在这场争夺钢铁的白刃战中，各单位都表现了同心协力的共产主义协作精神……从七月二十五日到八月二十一日，全区二百二十三个单位，组织了两万多人次到工地义务劳动，两千多家庭妇女也带着小镩头，到工地砸石子，砸矿石……"同日同版另一条报道的题目为"两月前烂苇塘一片，看现在小高炉成群，宣武钢厂白手起家，建设者们把盖办公室的砖先让给高炉用，在土房里办公，席棚里睡觉，猪棚里吃饭，一切为了出钢铁"。据《北京市宣武区志·大事记》，该厂建成于1958年6月至9月，职工将近两千人，当年有两座13立方米高炉投产，可知确是以炼铁为主（57页）。1961年该厂关闭。

就是把这非钢非铁的东西再回炉，把它再还原成铁。

定： 把生铁还原成熟铁？

黄： 不是，再还原成生铁！真难死了这，把这个铁锅砸了，炼成非铁非钢，然后再把这个玩意儿，再回到高炉里头。

定： 您的意思就是宣武钢铁厂就是为了干这个，专门儿建的？为这专门建一个炼铁厂？

黄： 建一炼铁厂，再把它还原成铁锭，给北钢去炼钢。哈哈哈！（众笑）我说啊，你现在听，简直就跟听天方夜谭似的，当年就这么干的呀。

定： 好好的铁，做成了铁锅，把铁锅砸了，完了再运到北京来……

黄： 炒成非铁非钢。这非铁非钢呢，无法进入正常钢铁厂的电炉或转炉里去炼钢，所以再把它化成铁，这是宣武钢铁厂的主要任务。就建小高炉，当然已经比河南的小高炉高级啦，因为北京有什么钢铁学院、钢铁设计院什么的，就半土半洋，还有完全洋的。但原料是什么呢？就用这堆非铁非钢的玩意儿，又给还原成生铁。但是这个东西炼起来技术难度就很大了。因为如果就是用矿石来炼铁，那么用多少焦炭，用多少什么，都按比例，你只要事先把矿石做好实验，然后你应该加多少焦炭，你把焦炭、白灰的配比都算清楚，配完了以后，一炼出来，它必然是生铁。但是这非铁非钢的玩意儿你怎么去配比呢？这再高明的技术专家，他也闹不明白啊。（众笑）它是以铁为主，还是以钢为主，还是以乱七八糟的渣滓为主呢？所以常常就在炼的过程里头，铁就出不来了，这炉膛就被焊住了。（众笑）凝固了，出不来了，出不来怎么办呢？这时候就得停炉，让它凉了，凉了以后把人吊下去，打眼儿，放炮，哎哟，还得炸炉膛，不炸炉膛不行，不炸炉膛那高炉没法用了。（众笑）不是每天都如此啊，常常还是能出铁，但是铁的质量是不稳定的，因为非铁非钢的东西掺和到一块儿，它这回是这样儿，那回是那样儿哈，所以给北钢的生产也带来好多麻烦。我就是在这个过程里觉悟出来的。

定： 慢慢明白了。（笑）这说的是宣武钢铁厂？

黄：对，宣武钢铁厂，它以炼铁为主，当然说它也弄点儿钢，它也安了两个小转炉什么的，有个小电炉，那跟北钢没法比，北钢那会儿算正规的钢铁厂。

定：北钢就是石景山钢铁厂？

黄：不不不，北京钢铁厂，就在天宁寺附近。现在全没了，已经让它停产了，现在改造成什么，盖成什么楼啊，我也闹不清楚。这北京钢厂是个正规的钢厂，跟石景山那个钢厂差不多，但是石景山是炼铁的，北京钢厂不炼铁，只炼钢，是正儿八百儿炼钢的，规模比石景山要小得多哈。跟它配套的呢，还有个宣武钢铁厂，它主要是炼铁的，也炼一点儿钢。听明白了？

定：明白了。

黄：这是北京市的钢铁基地。石景山是属于中央的，冶金部的，这是属于北京市的。后来当然石景山钢铁厂也炼开钢了。

定：不是属于宣武区的？

黄：宣钢、北钢最初都是宣武区建的，宣武区的暖气材料厂，把它改造成北京钢厂，这个厂子是很正规的厂子，规模也很大，消耗资金量也很大，最后就归北京市冶金局管了。宣武钢铁厂就一直归宣武区管。反正这些厂子，别管统计资料怎么说的，实际上都是财政上得大量贴钱的，你想想，这都是在瞎折腾啊，现在听着简直是不可思议的事儿哈。

定：石景山钢铁厂现在也没了，不是迁到包头了吗？

黄：不是，迁到迁安了，那是对的啊，应该那样，从城市规划讲，早就应该把它迁走。

定：我现在就在想，当然这跟您的口述没关系哈，这大炼钢铁没有给国家带来财富，合着是把国家的财富都给消耗了。（笑）

黄：不，是带来了巨大的灾难，这还有什么可肯定的呢？一场巨大的灾难。

定：难忘的 1958……

黄：这个也有它的一定原因，因为北京市干的呢，不像河南省干的那么邪乎，他干着干着啊，就觉得那干法太土，河南省可能是"土洋结合，以土为主"。

到北京来呢，开始是土洋结合，后来搞着搞着就是洋土结合了，再慢慢地就舍土从洋了，到后来我干的北京广外特殊钢厂呢，就是很洋的东西了。

（3）特殊钢厂

定：那特殊钢厂是什么时候成立的？

黄：这什么情况下又出现了这特殊钢厂呢？就是北钢也好，宣钢也好，炼出的钢都是普碳钢，普通的碳素钢，这个钢解决不了咱们工业生产的一个很关键的问题，什么问题啊？就是咱们生产不了这样的高速合金钢，就是做机床刀具的，过去叫锋钢，是钨、铬、矾的合金。

定：是锋利的锋吗？

黄：锋利的锋啊。它特别锋利，能切削各种零配件，然后拼装起来才能成为一个设备哈。后来中苏关系一紧张啊，苏联不给咱们提供这个锋钢了，这机床厂没有刀具，转动不了了，那还搞什么工业生产啊，我不是钢铁办公室主任么，于是这个任务就落到鄙人名下了。怎么办呢？这时候钢铁学院有个科研项目，电渣炉炼钢，当年在炼钢技术里边算是一个尖端技术了，是钢铁学院在实验室里做小型实验的，要变成规模化的工业生产，那是另外一回事儿了。最初我是把钢铁学院实验室里那个炼锋钢的技术引过来，钢铁学院的老师学生都陪着我一块儿转悠啊。可是就用那么几台电焊机造成一个生产电渣炉的环境，生产那么一点儿东西够谁用啊，不行，得成规模地生产。于是我就在广安门外，建了一个特殊钢厂。

定：您建的厂？它能有多大？也就是个小厂吧。

黄：不需要多大，就要解决这机床厂的刀具问题，当然量也不能太小，像实验室似的，那样也不行，得成一定规模生产。这样的话呢，就不惜工本，把钢铁学院那个实验，放大成工业生产的规模，当时搞了两台560千伏安的变压器，安到广安门外现在北京带钢厂①那个位置上哈，那后来就成了北京带钢厂了，这样的话呢，就正规地生产。那会儿苏联卡你，不光是不给你锋钢啊。咱们自己生产有什么问题呢？就是钨、铬、矾，三种的合金，咱没有矾，钢铁学院的研究呢，就是要突破，即使没有矾，也能够达到切削刀具的要求。

定：咱们为什么没有矾？

黄：咱们没有这矿藏，或者说很少吧。就是说苏联卡了，你本来可以自己生产，但是你没有矾，那没有矾怎么才能达到切削的这个要求呢，这就是当时钢铁学院研究的成果。

定：那我有一个问题，苏联卡咱们应该是在1960年以后吧？不会是1958年就卡吧？那会儿两国关系不是还挺好的么？

黄：那会儿就卡了，已经不供了。为什么拿那个东西制约你呢？我也说不清楚啊，那是高层的事，就是说苏联对咱们这个"大跃进"是持有不同看法的。

定：哦，还没有人提过这个。

黄：这东西你现在说不清楚啊，为什么他就不供给了。是不是一点儿都不供，也不见得，反正就是我们宣武区的那机床二厂，专门生产牛头刨的，就没有这刀具了，机床二厂，那在北京也是大厂啦。那苏联卡咱们，这中苏关系，这细节我不清楚啊，那是另外一个问题。反正当时就要解决这个无矾高速钢的问题，为了这个事儿呢，我黑夜白日地那么干，后来到夜里3点多的时候，郑天翔到我那儿视察，看我干得怎么样了。所以后来郑天翔跟我说，难忘的1958。唉，因为1958年"大跃进"的时候儿，我们夜里边儿初次见面，以后就对我有了印象了（笑）……

定：我觉得那时候那些人的激情还是挺让人觉得羡慕的。

黄：是的嘛，就黑夜白日地那么滚着，在那儿干。

---

① 带钢又称钢带，是各类轧钢企业为了适应不同工业部门工业化生产各类金属或机械产品的需要而生产的一种窄而长的钢板。广泛用于生产焊接钢管，作冷弯型钢的坯料，制造自行车车架、轮圈、卡箍、垫圈、弹簧片、锯条、五金制品和刀片等。

定：后来的人哪儿还有那样的热情啊。

黄：现在不可能再激起那样的热情了，那已经到了一种狂热状态了，这也是，在一个革命高潮里引起的。

定：就是把那么好的人气都给糟蹋了。

黄：太可惜，糟践了。1958 年的"大跃进"啊，难忘 1958。

定：还有什么从煤焦油里提取汽油，这个我也不懂。

黄：这个你也不懂是吧。就是我在宣武钢铁厂，得炼焦啊，炼焦以后就出煤焦油啊。当时这汽油供应紧张，咱们自己生产的那个，什么玉门煤矿生产的这油，根本不行，还得靠苏联，东欧社会主义国家，什么罗马尼亚给咱们供应油，所以油非常紧张。油紧张怎么办啊？哎，那时候知道这煤焦油里可以提取汽油，于是乎，我在宣武钢铁厂劳动的时候，我就干开了这煤焦油，用煤焦油炼汽油的这个技术，土法，很危险，炼是可以炼出来，但这个东西炼出来以后呢，这个汽油，爆发力不够，所以还得往里加四乙基铅，这个东西呢，掺和到汽油里头，能用，但是用多了以后呢，就把那个汽油嘴子给糊住了。这就回到了工业的原始时代，最初的原始工业，咱们古人给宝剑炼铁炼钢啊，可能就这么个干法儿。反正大家就千方百计，遇到困难就解决困难，但是这些东西，按照咱们现在的观点来看，统统都应该废除。那会儿我也看过揭露西方工业污染的那些书，好像觉得咱们没这个问题，实际上呢，就在当时来讲，因为咱们不懂得这个东西。对环境污染，今天刚刚有所认识，认识以后，前几年把北钢给废了，宣钢就甭说了，早就把它给废了。

定：废了？

黄：废了，废了，恢复莲花池公园了，不是么？

定：恢复莲花池公园的时候就已经把它给废了？

黄：不，先废了它，才有可能……但是呢，没有恢复整个儿的莲花池水系，有的地方，建了高炉的地方，打了这么深厚的地基，你想把这地基再炸喽，炸成大坑，再把水引进来，那是不可能的事儿了，就没办法了，现在就都建成大高楼了。所以只是在没有被填的那部分，现在把它恢复成莲花池公园了。整个儿水系破坏了，这个水系是当年辽南京、金中都、元大都，选择北京建都的很重要的一个原因。唉，当年就把这东西给破坏了，本人也是参与者之一，但那会儿没这认识啊。但是这会儿我再干点儿什么事儿，再抢救点儿什么文化遗产，都是将功补过，对不对。（笑）

定：还有一个，您后来拿护城河水发电，是哪一段儿护城河？

黄：就是南护城河。挨着 541 厂不远的，就是大观园南边那个。把南护城河垒起坝来，发电，50 千伏安，这也是糟蹋钱。什么都干，那就是，什么都干。

定：后来就亮了一下儿。（笑）

2. 对"大跃进"的反思

黄：这"大跃进"荒唐到什么程度？连北京城都荒唐到这种程度。你听着吧像笑话儿，付出的代价就太大了，后来是饿死人的代价，是吧？

定：这糟蹋了多少人力、钱和人的热情啊。

黄：不那么瞎折腾，中国早就成为工业发达国家了。可是现在还有些所谓的理论家们，要给"大跃进"做基本的肯定，说"大跃进"总体上看是有问题的，这是从什么饿死人啊这些地方看啊，但是在宣武区不能这么说，这个北京的工业基础是从这儿打下的。关于北京工业，在"文革"以前，就是"大跃进"期间，成绩是主要的，还是缺点是主要的——这里讲的是缺点——还别讲错误，在宣武区内部都是激烈的争论，要不是因为"文化大革命"，这场争论还得继续。

关于当年干的事儿，要讲光荣历史我也能讲，北京市有钢厂是从这时候开始的。北京的钢铁工业，北京的机械工业，都是这时候改造过来的。管件厂，为什么叫管件厂？就是铸造大型的铁管儿、零件儿，用来进行北京的基础建设。就是下水管道，那会儿都是铸铁的，后来变成洋灰的，这管件厂后来就变成第二通用机械厂。

定：哦，二通是从这儿来的。

黄：慈型铁工厂，北京最大的铁工厂，过去熊希龄办香山慈幼院，这是慈幼院的附属工厂。这厂子趁（北京话，"拥有"之义）什么啊，趁十三台皮带床子，还有一个铸造车间，就是化铁的，化铁炉。这就是北京当年所谓的铁工业，这个厂子的一部分被改造了，需要大地方啊，在宣武区这儿待不住，得迁厂，这就出来了第二通用机械厂。然后呢，第二机床厂，这是国民党的一个修械所，修枪修炮的地方，后来做牛头刨起家，这是当年北京的名牌产品，这样的话变成第二机床厂，第一机床厂是苏联援建的。现在二机床这厂子还有，就在广安门外。北京的手表工业也是在我们这儿搞的，北京手表厂，当时是把宣武区工会那地方占了，把工会轰出来了（笑），就把大栅栏儿那个亨得利表行修表的这拨儿人，调来做手表，这是北京手表厂的前身，后来挪到昌平去了。还有呢，我们这区委书记雄心勃勃，他说要把区委的办公楼给腾了，搞器件厂，就是搞半导体器件。他是解放前华北学院的学生，还是有文化，他没文化他也不鼓捣这些玩意儿，但是呢，不管怎么着，这些东西纷纷上马以后呢，就给这宣南的历史文化遗迹造成了很大的破坏。

定：您觉得除了对遗址的破坏以外，这"大跃进"还有什么流毒？

黄：流毒？

定：就是说，"大跃进"建立的这样一个工业基础，除了破坏了北京的文化遗址以外，还有什么负面的影响？

黄：从物质上讲，就是破坏了这些遗址，从精神上讲，是把主观唯心主义发展到最高层次了，谁想怎么干就怎么干。"大跃进"本身是一场致命伤，如果没有"大跃进"就没有"三年大饥荒"，对不对？那也不会有七千人大会后边的这些争执。没想到连你都不大清楚这些事儿啊，后来人都不太会谈"大跃进"的这些问题，谈不好就打成反革命了对不对？所以到现在也没谈清楚。

定：为什么谈不清楚？因为我这个年龄的人关注多的东西就是"土改"、"反右"、"文化革命"，连这都顾不过来，谁会去顾那些就

20世纪50年代时的黄宗汉（黄宗汉提供）

更……

黄：而且，亲身经历这些的人，有的人在上层……

定：他不讲。

黄：不是他不讲，他可能都没有感性的东西，在他那只是一些统计数字。关于"大跃进"的文章，现在也有人写，比如于光远，他是从理论高度去提出，但是具体的怎么瞎折腾来着，不是我说，现在能像我说得这么明白的，又是什么坩埚炼钢，又是什么非铁非钢，再把非铁非钢还原成铁，再炼成钢，但是炼出的钢还是普碳钢，就是普通碳素钢，这些啊，没几个人能说清楚了。

定：实际上呢，中学的历史课都学到1966年，就是"文化革命"前，但是没有经历过那些事的人，看着就是几个条条，都是非常抽象概括的东西了。如果不是听您讲这些东西，根本就不知道实际是什么样子。

杨：对，连老师都不知道。

黄：对，老师都不知道，（转向定）就你这老师她都不知道。（众笑）就细节，细节你不知道。

定：其实就是"大跃进"这段儿，历史上几乎是空白，谁也不做，如果咱们那东风电视机厂再不做，过几年，也是空白。咱们讲"大跃进"，主要是讲农业、农村讲得比较多，主要是跟后来的"三年灾害"联系，讲后来造成的大饥荒，另一个是水利方面讲得多一点儿。对于北京工业，没有什么人能注意到这么具体，所以特别有意思。您觉不觉得这些东西还是挺值得留下来的？

黄： 我觉得这个记录下来很值得。

（三）与李瀛、张宝泉等人的座谈记之二（1958—1968）

1. 李瀛

杨： 您那个时候任什么职务啊？

李： 我是组织部（部）长，我很少参与那些到工厂啦，什么搞项目了，我很少参加。我就是管好干部，公安局要干部了，调几个干部到公安局，公安局的干部比组织部的还要高，因为开始刚解放的时候，咱们派的公安局干部就是那样要求，因为你掌握枪啊。我就干这个事儿，挑这干部，挑那干部。黄宗汉他就下厂子比较多，宣传么，我下去的也有，但是不多。从49年进城，一直到63年，这一段儿，他在宣传部，我在组织部，63年呢，我们俩差不多同时离开的，他到市委组织部，我到区政府当副区长。63年以前这一段儿，张旭就拽着他搞大炼钢铁，就发展这个，所以接触就少了。知道是知道，说小黄，他比较聪明，也比较能干，他跟着张旭，那没错儿，他俩的思想差不多（笑）。我们觉得这个书记是不错的，敢想敢干，也确实干出不少成绩。我这是听说啦，有时候我跟他去刘仁那儿开会，我是组织部干部啊，他要汇报干部的事儿，我也去了，有时候刘仁也说他几句，我也听到了。说什么呢？说你可以干厂长了，就说你这书记，工业搞得太多了，就这意思。

杨： 就等于批评他的意思？

李： 哎，有点儿，工业搞得太多了。所以我的看法是这样的，成绩还是主要的，搞这么多也不是为他个人，他是为了党的事业啊。确实，当时宣武区发展的，两三个城区都没宣武区那个产值高，要说发展快啊，这和张旭有关系。

2. 廖女士

廖：关于大炼钢铁，我印象深的就是跟他（黄宗汉）骑着车去转，而且都是晚上，所以我告诉他，我说黄宗汉，跟你一块儿工作是吃苦受累不讨好。

定：在大炼钢铁之前你们俩有接触吗？

廖：那会儿他在宣传部，我也在区委，我在工业部，但是我们分行业，我不管钢铁工业，我管食品。我跟黄宗汉接触，就是真正的面对面的领导啊，一年多，就是在街道办公室，简单地说，有些情节真记不住，1960年成立宣武区区人委①，不叫政府，叫街道办公室。管什么？管八个街道，管街道办事处，管街办的企业。② 然后呢，黄宗汉是主任，我们一共四个干事，我是其中之一。那会儿跟他相处，我印象最深的就是我是从区委过来的，他也是从区委过来的，从区委过来的人，（在）区委的习惯是什么呢？比如我们最老的书记是张旭，我见了以后就（叫）："张旭同志"，有事说话，就"张旭同志"。你不是也采访李瀛么，他不是也是书记吗，就是"李瀛同志"，那会儿我跟黄宗汉接触不多，就是"黄宗汉"。我到了街道办公室以后，就有人告诉我了，领导就告诉我：小廖，以后你要叫"黄主任"。区长你要叫"区长"，科长你要叫"科长"。在政府的称谓就有点变化。我的个性是什么呢？改不了口，我就老叫"黄宗汉"，他就无所谓，就这么一个人。

定：那张旭呢，他在乎么？

廖：不在乎，张旭同志我们习惯了。但是到政府以后必须叫区长，

---

① 人委，新中国成立初期的政府单位人民工作委员会的简称。

② 廖女士这里谈得比较简略。宣武区的街道办事处，早在1954年就建立了，当年建街道办事处21个。1955年减为18个，1956年又减为16个。1958年6月前门区撤销，其西半部7个街道办事处并入宣武区。1958年9月宣武区将23个街道办事处调整，合并为8个，是年设主任一人，副主任三人，下设办公室等机构。廖女士所述当系指此。又按，8个街道办事处的设置，迄至20世纪90年代仍未变动，即大栅栏街道、天桥街道、椿树街道、陶然亭街道、牛街街道、白纸坊街道、广安门内街道、广安门外街道。

我到那儿的时候区长是蔡平，得叫"蔡区长"，对他我叫"蔡区长"，我不敢（叫名字）。因为他开会吧，当时我都参加，坐到旮旯儿么是不是，小干事，但是黄宗汉让我叫他主任，叫不开口，他也不说什么，我觉得这是个很不计较的人。我们那个楼，旧楼吧，（我）一开门："黄宗汉！"后来有人找我：小廖，别这么叫行吗，叫"主任"哪。别人说我，他不说我，他不在乎。

定：现在我听他们谈起还是张旭同志、蔡平同志。

廖：是不是？黄宗汉我连同志都不叫，就是"黄宗汉"，这辈子都是"黄宗汉"。如果黄宗汉很在意的话他会不高兴的。另外我们过来（指到区委）以后，我们一共是四个人，有一个女同志，（今年）八十了，在南京，她说你给我问黄宗汉好，我说好，我们俩就聊起黄宗汉。我们俩一块儿说，黄宗汉是当领导他不领导，他不像别的领导给你画圈儿，他不，放手，他不像领导，他就这么一个大大咧咧的人。但是从那会儿我就看出，他热衷于文化、历史，那会儿他自个儿老上荣宝斋，我俩就说他不务正业，他老热衷于文化，带着我骑着车到鲁迅博物馆。

定：他什么时候带您去的鲁迅博物馆？

廖：就是他当街道办公室主任的时候，那不是赵丹要演鲁迅吗，好像还看见赵丹了，那赵丹不是他姐夫么。不是我一个人啊，好像还有我们的一个计委主任，反正他带着我去我就去呗。你让他当个主任，当个行政的领导，不是他的长处我觉得。

定：不耐烦干那些特琐碎的事是吗？

廖：对！他不领导，他好说话儿着呢，他说小廖你特别厉害，哈哈哈。

定：他当年在钢铁办公室当主任你们怎么抓的钢铁啊？

廖：我真没有印象，那钢铁办公室啊，他是头，我是小兵，他是其中的一个领导，好像还有别人，昨天我问他还有谁，他也记不清。给他打电话原话也这么讲，我说："大炼钢铁的时候，你，带着我，骑着破自行车。"我印象最深就是老是晚上，骑着破自行车顶着风。

定：他骑车您坐后头？

廖：不是，俩人都骑着破自行车，然后上广外。而且广外那地方当时是土路，暴土攘烟，而且是晚上，就到了北钢，还有一个特殊钢厂，我们去看大炼钢铁，还看炒钢，当时还有炒钢你不知道？我们区委那儿都炒，拿家里头破的废铜烂铁，搁炉子里边，就炒炒炒。反正我参加过炒钢，我印象就这点儿事。我跟你说啊，黑更半夜的，俩人把破车往旮旯里一搁，先到车间，然后领导接待。不像现在似的，现在领导视察得接待啊，那时候谁接待？厂长办公室在一小屋，进去以后既没座儿，也没水，说完两句话走，当时接待就这样情况。① 反正就问了问情况吧，我感觉，大炼钢铁，怎么没那么轰轰烈烈啊？我说："黄宗汉我跟你说，我对你意见太大了，我就觉得跟你一块儿吃苦受累不讨好，真的！"他哈哈哈大笑。

定：不是一次是吧？

廖：不是一次，老去，而且晚上骑车回去，回去得八九点了吧，黄宗汉他也不管饭哪。忽冷的，跟他一块儿工作，你就跑去吧。

3. 张宝泉

张：这宣武区的"大跃进"哪，怎么评价，跟全国一样，也有认识不同。

定：您怎么认为？您觉得呢？

张："大跃进"那个热情，我认为是好的，搞社会主义工业化啊，希望快一点儿啊，都是这个心情儿，但是科学精神不够，当时"大跃进"的时候就是科学精神不够，头脑不够冷静，发热，老想超英赶美，咱们一个宣武区又这么一个小范围，虽然工业比较多，也不能搞什么独立的工业体系啊。

---

① 这里可参见前文引用的《北京日报》1958 年 9 月 16 日报道"宣武钢厂白手起家"，那种"在土房里办公，席棚里睡觉，猪棚里吃饭"的情景，与廖女士这里的形容是一致的。

定：那时候是想搞独立的工业体系是吗？

张：哎，那会儿全国要搞独立的工业体系，比较完整。中国是大国啊，你没个体系，你不受制于人吗？其实全国这个体系啊，也不是百分之百。百分之百，现在也没做到，钢铁工业那矿石，大量进口，咱们进口澳大利亚必和必拓矿石，那矿石确实好，品位高，比咱们国产的好得多。咱们也有铁矿石啊，密云，河北，都有，都不如人家的，铁矿石大量进口。人家看你中国大量进口，他就大涨价，一年涨价百分之六十……

定：您说的这是什么时候的事儿？

张：就是前两年。我就是说，连全国的工业体系也不能百分之百。可是那时候宣武区啊，在全市各区当中，工业比较多，门类也比较全，张旭同志呢，出于"大跃进"的热情，他头脑发热，他就想把宣武区的工业发展起来，建设宣武区的工业体系。实际上他仅仅是一提而已，并没有付诸实施，区委常委会就没有讨论过这事儿。一个区怎么能成工业体系啊，根本不可能啊。北京市也不行，说有个小体系还可以，要追求大体系也不行。

张旭同志这个想法儿怎么来？也不是凭空来的，那个时候宣武区有工业部，有街道工业委员会，简称街工委，我呢，在街工委，（是）街工委副书记，管街道工业，我管这个事儿，我知道。那会儿的想法啊，是宣武区工业门类比较齐全，钢铁工业，有北钢、宣钢、特钢，虽然规模都很小，但也算有啊，这是工业的基础；纺织工业，有宣武织布厂，由公私合营变国营了，还有前进棉织厂，由手工业合作社变成手工业工厂了，前进棉织厂织灯芯绒，那时候儿灯芯绒比较高级。

定：是啊，灯芯绒现在怎么就没了，我还觉得那东西挺好。

张：是啊，后来就没了，都是化纤的东西了。这是纺织工业。食品工业，宣武区有义利食品厂、双合盛啤酒厂①、福兴面粉厂，面粉厂还

---

① 双合盛啤酒厂始建于1915年，原名北京双合盛五星啤酒汽水厂，1958年易为现名。主要产品为五星牌系列啤酒。其产品20世纪20年代就在巴拿马国际博览会上获奖，1959年被指定为国宴用酒，1963年获银质奖，1988年被食品工业协会及新闻单位评为优秀食品老字号。

不是一个，好几个面粉厂，所以这食品工业也算一个门类吧。机械工业，有第二机床厂，开始做牛头刨，后来做磨床，还有个第七机床厂，还有宣武机械厂，宣武机修厂，这机械工业（有）好几个厂。塑料工业有宣武区塑料厂，那是北京市第一个塑料厂，有注塑机，引进的，开始啊，做塑料拖鞋，过去中国没这个啊，塑料拖鞋做出来啊，像我们在区里工作啊，哎，到那儿买一双，觉得挺不错（笑）；粉末儿冶金厂，用铁粉末然后加压，液压模压，做出来那恒磁，就是做大喇叭那磁铁，过去那磁铁都不是压的，是用磁铁削的，这粉末冶金是先进工艺了，（宣武）也有。还有纺织机的零件，还有好些吧，虽然这么多，都是小规模的，根本也成不了体系（笑）。

北京市就一个钢铁厂，那叫石景山钢铁厂。宣武区呢，搞了个北钢，也是炼钢的，后来又搞一个宣武钢铁厂，炼铁，还有特殊钢厂，特殊钢厂后来叫带钢厂，轧机呀，压带钢，那都是，不是质量太高的。后来都并到石景山钢铁厂了，就是首钢，原来的北钢就没了，宣钢也合并进去了，宣钢也没了，特钢，那个带钢，都合并进去了，调整、巩固、充实、提高，都调整了。你自己不能成为体系啊，当时不懂这个，不懂科学，但是想搞快，我记得1962年，全国为完成1800万吨钢而奋斗。

定：1070万吨钢。

北京市宣武区塑料厂1958年刊登在报纸上的广告

张：1070，后来1800，那时候达不到啊，凑这个。现在咱们5亿多吨了，咱们这个出钢，不是少，是多的问题。

杨：那您二位都参与炒钢了？

李：都有都有。当时我们都参加了，炒钢咱都参加了。

张：炒钢啊，我就跟着炒过啊。晚上，也不知谁兴起的，不是宣武区的发明，但是宣武区呢，积极地学，在区委的院儿里边，就弄了个小炉子，用木材炒钢，找一些铁，废铁。

杨：用木材，那温度肯定达不到啊，那钢能融化得了吗？

张：所以不行呢！

杨：黄先生说市委院儿里也有。

李：都有都有。

张：啊，炒钢，炒出那钢一看，不是钢，根本不行。当时实践检验嘛，证明它不是钢啊，还没有等到中央否定"大跃进"呢，把这个炒钢、土法儿炼钢，人们都否了，根本不行。没人坚持这个，说这土法儿炼钢应该推广？没有。你像"大跃进"当中，有些事儿，明显是不对的。护城河发电，那黄宗汉带头搞的，那也不行啊，发出多少电来？就亮了个灯泡儿！（众笑）这个没有人再坚持，没有人说这个发电是对的，咱们得坚持干，没有。大食堂也是这样，那时农村办大食堂啊，城里呢，就是黄宗汉说的，办城市公社，也办大食堂了。大食堂上哪儿办去啊，没地儿啊，就把文物单位，那个会馆都给占了，椿树的山西街食堂，就是大食堂。这大食堂办起来以后啊，很快证明不行，那是困难时期了，大食堂那会儿就有增量蒸饭法儿，就是把那个米呀，蒸的含水量大，就出得多。

杨：那管饱吗？那肯定不管饱啊。

李：假饱。

张：那怎么能管饱啊，管饱能闹浮肿病吗？很快人们就觉得这不行这个。还有人造肉，那时候定量啊，肉凭票儿，说这人要是能造出肉来，这不是好嘛，就用豆腐做肉，就跟老和尚做出来的素餐似的，当时人们就说这不行，那大食堂很快就关了。还没到中央否定食堂的时候，那就不行了，并转了，关停并转①，并转的不少。有的厂子啊，原材料供应也没问题，市场销售也没问题，就是人力不行，那就把它们合并起来。

那大食堂关了以后干什么呀？改成机械所、手表带厂，那手表带是不锈钢的，当然就一个品种，规格就一个，但是北京过去的手表带都是皮的，线的，没有不锈钢的，所以在市场上，这不锈钢手表带还很受欢迎。你说现在应该怎么看呢？"大跃进"开始办街道工业，说街道工业都办错了都？不能因为"大跃进"错了，办的街道工业都错了，这也很难说。街道工业起什么作用啦？把居民，能工作的，能劳动的，组织起来了，参加劳动，增加他们的收入，这是件好事儿吧？街道工业就起了这个作用。第二件好事儿呢，这个街道工业啊，也创造财富，对区来讲，增加了区财政收入，还给国家交了税，这是街道工业的作用。当时市场供应紧张，国家虽然贯彻八字方针②，轻工业还是不行，当时连女同志那头发卡子都买不到，街道工业弥补了这个，供应了市场，这个也

---

① 关停并转：企业"关闭、停办、合并、转产"的简称。"大跃进"之后党中央对国民经济进行了一系列调整，其中一个措施就是实行工业企业的关停并转，精简职工和城镇人口。要求对那些没有原料、材料资源的企业，以及消耗过多、产品质量低劣、成本极高、长期亏本而短期又不能改变的企业，分别情况，或者暂时停止生产，或者关闭，或者关闭一部分。经过关停并转，全国工业企业数由1959年的31.8万个，减少到1962年的19.7万个，减少38%，基本上改变了工业生产战线过长的状况。中央还制定了《国营工业企业工作条例（草案）》，对保留下来的企业进行了整顿。同时，从1961年起进行精简职工和城镇人口的工作。精简的主要对象是1958年以后来自农村的新职工，精简下来后动员他们回到各自的家乡参加农业生产。到1961年6月，全国共精简职工1887万，城镇人口2600万。

② 八字方针：从1958年开始，由于在经济工作中指导思想上的"左"倾错误和严重的自然灾害，给我国国民经济造成了长达三年的严重困难局面。1960年冬，党中央和毛泽东决定对国民经济实行"调整、巩固、充实、提高"的方针，在1961年1月党的八届九中全会正式通过。"八字方针"的基本内容是：调整国民经济各部门的比例关系，主要是农轻重、工业内部、生产与基建、积累与消费等比例关系；巩固已经取得的经济建设成果；充实那些以工业品为原料的轻工业和手工业品的生产，发展塑料、化纤等新兴工业；提高产品质量，改善企业管理，提高劳动生产率。"八字方针"的中心是调整。通过调整，提高整个国民经济的发展速度，适当控制重工业的发展速度，特别是钢铁工业的发展速度。同时适当缩小基本建设规模，使工业和农业之间、重工业和轻工业之间、积累与消费之间的比例趋于协调，使国家建设和人民生活得到统筹兼顾，全面安排。

是好事儿啊。还有"大跃进"的时候，农村搞高产、放卫星，城里呢，追产值，高指标，这个也是糊涂事儿，你这产值是虚的，利润才是实实在在的，人们也就不追它了。这些"大跃进"时候办的事儿，都应该否。但是"大跃进"时代，干了好多事儿，那是实实在在的，那是不能否的。

定：您觉得最实实在在的是什么事儿？

张：比如说，"大跃进"时候工业生产那么多产品，生产的产品并没有积压，都拿到社会上销售了，这个能否吗？这个也是"大跃进"的时候生产的，虽然"大跃进"破坏了社会生产力，但是不是百分之百都给破坏了，还有好些还在正常生产，供应了市场的需要，这个能否吗？能说这是"大跃进"时期的产品，就应该否？我看不能否，这个我觉得不能否，这跟"大跃进"那个错误啊，两码事儿。农民放卫星，搞高产，不科学，弄虚作假，这是错误的，应该否，但是农民毕竟打了很多粮啊，虽然全国定量啊，吃不饱，但也还是中国的粮食啊，这能否吗？我说这不能否！计划经济应该否，计划经济那时代干的好些事儿，也不能否！你要是把计划经济时代干的事儿都否了，你怎么过来的？你跳过来的？讲课的时候儿讲，说计划就是法律，苏联就这样，咱中国也这样。怎么叫法律啊？当时就没有执行，没有哪个工厂厂长、经理因为没完成计划，就给抓起来判刑，没有，我敢说没有（笑）。所以这个事儿要具体分析，不能离开时代背景，这才叫历史唯物主义。

要把"大跃进"时候干的事儿具体分析，不能一概否定，不该办的，应该否的，彻底否了它，不该否的别否。你侵占了会馆，侵占了名人的住宅，这后来都落实啊，名人住宅都落实了，那会馆也没落实，像安徽会馆，就椿树整流器厂占着，安徽会馆，后孙公园那个会馆，好会馆，地方大啊，就办大食堂啊，办大工业，办这个，这些事儿现在看不应该办（笑）。你把那会馆那文物保护单位给占了，这不合适。

定：宣武区现在的工业在北京市还有位置吗？

张：位置不大，小小的一点儿，因为现在主要都是大工业。但是区里还有呢，无线电元件厂、半导体器件厂，街道都办了，都有，现在都合并了。你像椿树整流器厂，有名的，郑天翔去看过，贾庭三（主管工业的副市长）去看过，国务院秘书长周荣鑫，也去看过。那时候是搞半导体，半导体得有硅单晶啊，那硅单晶，一个机器，用去离子水，拉出那硅单晶来，银白色的，形状就跟一个白薯似的，半导体用的时候，切片，切了片再往上安元件、器件，二极管、三极管，各种元件，电阻、电容、电容器，往上安，这集成电路就是这么来的。这椿树整流器厂，转来转去，就转到这个硅整流器，硅就是半导体材料，这整流器把交流电变成直流电。咱们这个集成电路，就是由硅单晶先切成片，切完了片，往上种这个元器件，就这样，这集成电路就出来了。那时候硅单晶直径小，现在超大规模集成电路，那就大了。椿树那是小的，就这么大，这么个直径，那也不简单哪。半导体器件厂，生产二极管、三极管，电视机都用，集成电路就代替了二极管、三极管，所以集成数越高，它的件数就越少。

定：那个椿树整流器厂，后来跑哪儿去了？

张：由宣武搬到西城了，绒线胡同东口，现在还有呢，办事处吧。

定：为什么搬到西城了呢？

张：它原来那个地儿啊，卖给咱们电力部还是哪儿了，卖了之后呢，在西城这儿又买了个地儿，因为这规模都比较小，好搬家，搬了。最后是搞整流器，也是硅整流器，现在大概是……好些年没去过了。

4. 国际饭店会议

张："大跃进"完了以后中央就开七千人大会，"调整、巩固、充实、提高"，这八字方针一下来，一贯彻，这张旭和蔡平同志啊，他们俩，一个党，一个政，两个都是一把手儿，他们俩之间啊就有一些不同的意见。这不同意见是正常的，有一些也可能带有原则性，也没什么大是大非，是不是啊？

定：不是敌我矛盾，就是对那个"大跃进"的看法？

张：这个事儿啊，很普遍，处理好了，就不影响团结，处理不好，影响团结。你们俩意见交换交换，沟通沟通，就能行了吧。唉，没解决，完了开区委常委会，这捅到市委去了，市委就决定在国际饭店开常委扩大会，也是希望能解决这问题。那时候还是"文革"之前，还比较文明，和风细雨，摆事实，讲道理，没有乱扣帽子，更没有武斗，但是他们俩的问题并没有真正解决。这个有经验教训，我们党内啊，这两个主要的领导同志有不同意见，怎么正确解决，团结—批评—团结？不容易。

定：后来主要还是对"大跃进"的态度不一样，是吧？

张：嗨，这个啊，张旭和蔡平两个人先后都作古了，我说黄宗汉对这个历史啊，别纠缠，别掺和这个。

定：不是纠缠，我们现在的兴趣在于他们对"大跃进"这个事儿应该怎么评价，对宣武区的"大跃进"，不是针对他们个人，黄宗汉说他们俩都是特别好的人。

张：我说这个事儿，市委都没做结论，你们也做不了这个结论。开了半天国际饭店会议，市委并没有说谁正确，谁不正确，谁百分之百地正确，谁绝对不正确，没有，其实没有百分之百正确的。黄宗汉说的可能神乎其神，花里胡哨。（众笑）你们给黄宗汉修传，也得去粗取精，去伪存真。（众大笑）要防止这个，不要华而不实。黄宗汉啊，成绩很大，但是争议也不少，他可能没讲这个。

定：您觉得黄宗汉有点儿花里胡哨？

张：嗯，我有这个感觉。

定：张旭同志是什么时候认识到这个东西搞不成的？

张："大跃进"还没结束，他就感觉不行。

定：他跟您说的？

张：没跟我说，我怎么知道他有这想法的，我说不清楚了，但是我知道，他就不搞了。因为他要搞，他必须得提交区委常委会讨论，得有个方案，有个计划，没有，区委常委会根本没讨论过这个，他也没向市委报告，他就那么个……乌托邦也好，就只是一个想法儿呗，那个想法不用现在否，在当时他自己就否了，还没有否定"大跃进"的时候，他就知道搞不成，实践证明不行啊，所以他也就不搞，这工业体系就那么回事儿，别拿现在的认识套当时的历史，历史唯物主义嘛。这个事儿就这样。

定：这个您要不说啊，我们还真不知道，到了我们开始想了解北京城的时候，我们印象里的宣武区就已经是一个文化区了。

张：所以说啊，这工业体系，你说当时张旭头脑发热，这个也行，你说他乌托邦也行，只不过他就是个想法，没有成为事实。

定：就是说没有成为"张蔡之争"这么一个争论。

张：哎，根本没这个争论，张蔡之争也没争这个。

定：那他们争的是什么呢？个人矛盾？

张：黄宗汉说争的是对"大跃进"的评论，这就是另外一个问题了。张蔡之争，张是张旭，区委书记，蔡是蔡平，区长，这俩都是抗日战争时期的老干部，老同志，争什么，开始我们都不清楚。我那时候在区委是副部长，区委办公室副主任，街道区工委副书记，也不清楚他们有什么争论。后来开国际饭店会议，那就是他们的争论啊，惊动市委了，市委决定开国际饭店会议，市委秘书长项子明①坐镇，还有市纪委的一个常委，老周，还一个从西城区（区）委借来的，叫齐家惠，这个同志还活着，是在西城区人大主任位上退的，这算一个市委的工作组。他们在那儿参加啊，只观察，只听会，不发表意见，很慎重啊。黄宗汉说不让他参加，为什么不让他参加？因为他早就调到市委组织部去了，他离开宣武区了，所以区委哪儿有这个权力让他参加？如果黄宗汉

---

① 项子明（1921—1990），原名汪志天，因参加北平地下党改此名，安徽桐城人。其父亲汪心濂曾任职北洋财政部，住北京兵部洼半壁街。项子明1936年参加抗日队伍，曾任华北抗大学生会主席，新中国成立前在北京做地下党学生工作，为城工部大学工作委员会委员。新中国成立后先后担任北京市委办公厅主任、北京市委秘书长，1981年11月任北大党委副书记，1983年3月任北大代理党委书记。

当时很关心这个事儿，愿意参加，他可以找项子明，作为市委工作组的人参加，我想也有可能，他没找，现在又说宣武区不让他参加（笑），这不符合实际。开国际饭店会议以前，他就调走了，当然他在宣武区的时候，蔡平同志喜欢他、重用他，这他也说了，这也是实际情况。

定：张旭不喜欢他？

张：张旭也不能说不喜欢他。

定：好像谁都喜欢他，是吧。

张：哎（笑）。这个张蔡之争到底争什么呀？蔡平同志在会上拿出一个本儿，是对张旭同志的意见，当时我看过，现在我也记不很清楚。张旭同志呢，看蔡平同志给他拿出一本书面意见，他也得答复啊，他也写了一本儿，答蔡平同志，一人一大本儿，然后呢，这参加会的这些人就评论，各抒己见，就这么一个。

定：那他们主要的问题是什么呢？

张：是啊，主要的分歧在哪儿啊，我看没有说对"大跃进"，有人认为对，有人认为不对，他们俩有什么分歧？没有。

定：他们俩的分歧是什么？

张：主要是，那时候是中央开了七千人大会以后，七千人大会大概1962年开的，国际饭店会议1964年吧，"大跃进"都过去了，中央提出来八字方针："调整、巩固、充实、提高"，大概蔡平同志意见里有一条，说张旭抵制八字方针，张旭答蔡平同志，说我不是抵制，我拥护，我积极地、全面地贯彻八字方针。你看，对八字方针，两人都拥护，就是贯彻当中有不同意见。

定：那他们吵什么呢？总得有个吵的原因吧。

张：他们俩怎么争起来的，说不清楚，也是工作当中有些不同意见，如果采取正确处理，沟通沟通，交换交换意见，我看也就解决了，你非得扩大，扩大到咱们副部长这一级的干部都参加了，没有必要，其中牵扯到街道工业，说八字方针，关停并转啊，街道工业怎么办啊，怎么贯彻啊。刘仁同志就说了：街道工业啊，就是有活儿就干，没活儿就散。说这是刘仁同志说的，那蔡平说张旭也抵制这个。张旭说我不是抵制"有活儿就干，没活儿就散"，我是主张积极地贯彻"有活儿就干，没活儿就散"，有活儿你就好好干，没活儿你就找活儿，找到活儿还再接着干，不要轻易地散，散了以后啊，就等于失业，等于街道那些工人失业，失业以后遣散费谁给啊？街道工业什么也没有啊，好多人失业，这也成社会问题。

定：刘仁为什么要那么说呀？

张：那我就不知道了，刘仁说我也没听见，张蔡之争的时候有这个，我才听说有个"有活儿就干，没活儿就散"。（众笑）你说这算什么呀，什么大是大非呀，这够不上，就是实际工作当中有些不同意见，没处理好，扩大化了，要我看就是这个，我不单现在这么看，国际饭店会议的时候我也这么看。

定：您参加了是吧？

张：参加了。而且我有一篇发表文章，各抒己见吧，我那篇文章就是关于张蔡之争的一些看法儿，我当时看法是，有意见，有分歧，有一些有原则性，有一些也够不上什么原则问题，我就是这个看法，现在我也还是这个看法。

定：您的文章还在吗？

张：那就收到档案里了，我这儿没有底稿。张旭那个答蔡平同志我也没底稿。蔡平同志对张旭同志的意见，我也没有。这个要搞啊，市委档案里可能有。国际饭店会议，这个事儿啊，从根本性质上说，就是两个主要领导意见不一致，意见不一致呢，没有及时地沟通解决，捅到市里去了，开国际饭店会议。项子明，市委秘书长，到那儿坐镇，开了几天会啊，不了了之就是，没有做个结论。张、蔡有意见，谁是谁非啊，谁也不完全对，谁也不完全错，我现在想着"文化大革命"啊，怎么搞起来的？就是中央那儿，领导层儿里边，意见不一致了，完了就上纲到路线，你这路线不对了，你就是反党，就用对待反革命的办法来整你，这个不对。宣武区的国际饭店会议是比较文明的，"文革"那套没有，就是摆事实讲道理，最后也没个结论，现在也不好做结论了，当事人都作古了，谁给他做结论哪？再说宣武区那点儿矛盾，从全党来讲，是小是小非，够不上大是大非。

定：张旭后来怎么样了？"文革"的时候怎么样？

张：后来1964年市委就把他调走了，调到北京市手工业局当局长了，蔡平也调走了，商业局长，把他们俩都调走了。俩人意见不一致啊，团结不到一块儿了，怎么办啊，都调走了。这个我看还是正确的，像这种事儿，就是调走，别分是非，费那个时间，分不清。蔡平同志有病，在国际饭店开会的时候，他就有胃癌，后来呢，大概是（19）64年、（19）65年，蔡平同志就去世了。

张旭同志的意见写了一大本儿，彭德怀不是有个万言书么，其实彭德怀就是给毛主席写了封信，他也没有说他那个是万言书，而且他那意见到现在也没公布，但是有结论，结论就是他反党，"文化大革命"就整他，以至于整死。"文革"当中，就说张旭也是搞万言书，一说万言书啊，就是反党了，蔡平那个也是万言书，但是蔡平去世了，就没有说他的那个是万言书。所以"文化大革命"主要是整张旭，"文革"一开始，宣武区造反派就把张旭同志揪回来了，"三反分子"，批斗。他写的给蔡平同志的意见，因为彭德怀有万言书啊，这写万言书就是反党啊，就套这个，形而上学，把张旭同志那个答蔡平同志的，也叫万言书，就成了反党的一个证据，也就是"三反分子"啊。这万言书，"文革"当中也没有批判它的内容，你说它反党也好，你拿出一个论据、两个论据加以批判啊，没有，"文革"当中也没有。但是说他这是万言书，这万言书是谁给起草的？我们办公室副主任，夏××，他是总负责人。街道这一部分，像什么八字方针啦，有活儿就干，没活儿就散了，这是我起草，我起草以后给夏××，夏××来个总的，这样。所以你说他这万言书是反党，我们也都有压力啊，张旭是"黑帮"，批斗，我们是陪斗，李瀛同志那也是"黑帮"那里的（笑），我还不够格儿，我们就是陪斗，陪斗喷气式，剃阴阳头，往脸上吐唾沫。

定：这些我都经历过，我那个时候上中学，正是中学生的那种角色。

张：这就别说了，宣武区啊，还把郑天翔、贾庭三、王纯（时任北京市计委主任），揪到那541大礼堂，批斗。

李：把刘仁还揪过去了，刘仁来了一次，刘仁那时候戴着口罩。①

张：在541大礼堂批斗，我们这小的啊，陪斗，游街示威，我们在楼上啊，就这么一圈儿一圈儿，游斗，喷气式。我也不知道谁啊，我走到那儿，吐我一脸唾沫，到现在我也不知道是谁（笑），我也没问，所以这就别说了，"文革"都被否了么。这个事儿，这是咱们的教训，党在建设上的一大教训。党的意见不一致了，这问题怎么解决，应该怎么办呢？

定：应该不争论啊，邓小平说的，我觉得特对，是不是？就别讲了，慢慢儿做吧，摸着石头过河嘛。（众笑）怎么做成功了，就怎么做，是吧？后来宣武区不就是这么做的嘛。贯彻"调整、巩固、充实、提高"八字方针以后，宣武区的工业是不是受影响很大？

张：没有大影响，关停并转，实际上并转有，关停没有，哪个也没有关，不单是区属工业，还是街道工业，都没有。

定：是不是都给迁到外边去了？

张：迁到外边去，那是后来了。这不是并嘛，宣钢先跟北钢合并，完了北钢呢，跟这石景山钢铁厂合并，合并以后叫首钢，首都钢铁厂，这首钢不是又搬到曹妃甸去了么，不搬走啊，北京市的这空气质量不达标。

定：搬走了照样不达标。

张：哎，搬走了，好多了。如果不搬走啊，北京的空气太糟糕了。一个首钢，一个焦化厂，搬到曹妃甸去以后，我去参观过一次，搬到那儿去，采取一些技术措施，好得多，不像在北京这儿。但是污染问题不

---

① 《刘仁传》称："据有关档案资料记载，从1967年4月23日至10月27日半年期间，仅经谢富治批准批斗北京市主要领导干部和中央部门领导干部的群众大会就有107场，其中批斗彭真53次，批斗刘仁46次。"刘仁于1968年1月9日晚被逮捕，关进秦城监狱近6年，1973年10月26日被摧残迫害致死。1979年被平反（530、572页）。

能彻底解决，科学技术还没达到呢。曹妃甸那儿，好多地啊，种水稻，小站稻，出口，首钢搬到那儿去以后，出不了口了，一化验不合格，你说污染能彻底解决吗？我们住在边上那宾馆，晚上几个人上海边遛遛，海滩上看着挺干净，一人踩一脚什么？原油。它那儿有大储油罐，那原油，弄到那沙滩上，一踩踩一脚，不是我一人踩了，去的都踩了。我的意思就是说，首钢搬出去对北京太好了，北京的空气达标，在全国数得着，原因是什么，首钢搬了，焦化厂搬了，化工厂也搬了，如果它们不搬，达不了标。当时北京的空气好啊，对空气污染认识不清，如果认识清了，还搞什么宣钢啊。张旭同志主张搞宣钢，也搞起来了，是黄宗汉去搞的，宣钢归区委工业部，我是街道工委，我还管不着，但是我上那儿看过，说是这宣钢把水系给破坏了，当然那儿是金中都，莲花池的水系，这都是后来……当时老黄提出不同意见了没有，这我不知道，提也可能不管用。

定：那时候可能没提，那时候没认识到这问题。这都是"文革"以后，那时候谁知道这个。

张：现在看，宣钢那时候不应该搞，北钢也不应该搞，首钢应该搞不？那石景山钢铁厂是国民党的时候就搞了，那时候中国有多少钢啊？我记得是全国90万吨，全国，现在几亿吨？5亿吨。这认识有个过程，历史的过程，当时没那么高明，认识不清，干了一些蠢事儿。我看（黄宗汉口述稿）这上头，真是引人入胜啊，我老伴儿都看了，说这黄宗汉真能折腾。（众大笑）她跟黄宗汉也熟啊。

定：生动吧？

张：光引人入胜不行，得符合历史的实际，这个张蔡之争，现在也闹不清谁是谁非，但是呢，我觉得这个事儿，也够不上大是大非，尤其到不了政治局，到市委那儿就完了。

定：我觉得黄先生吧，他有点儿艺术细胞，什么事情他爱把它讲成一个故事。

李：对，艺术化了。

（四）2011 年 12 月 14 日黄宗汉对张宝泉意见的答复

时间：**2011 年 12 月 14 日**
地点：**北京市第一福利院**
访谈者：**杨原**

黄：他（指张宝泉）有道理，不是没有道理，但是他观察问题的角度啊，他认为这只是对"调整、巩固、充实、提高"方针的认识有差距，实际上还是对"大跃进"的看法有分歧。为什么蔡平说他（张旭）调整不力？该下马你不下。张旭呢，有他讲的那一面，你要哗啦哗啦都下了，这失业问题怎么解决，这是需要认真考虑的。但是总的来说，张旭是想把宣武区"大跃进"时搞起的那些工业，尽可能多地保存下来，而且最好能继续发展。这件事情呢，张旭同志有他一定的看法。后来湖广会馆修复的时候，他去了，我说张旭同志啊，这湖广会馆受到的破坏，是当年咱们"大跃进"的时候啊（笑）大办工业造成的后果，把这戏楼变成北京制本厂的一个车间了。湖广会馆的主体建筑就是那个戏楼，然后这个叫风雨怀人馆也好，叫文昌阁也好，都变成宣武区开发公司下属的两个公司办公的地方，再早在开发公司之前是谁占着我就不清楚了啊，周围呢就变成了十家街道商店，里边还住着居民。这居民本来就有倒是，后来就私搭乱建么，胡同窄得两人对面就得侧身才能过去，到这种状况。修湖广会馆①，就等于是搬迁了一个工厂车间，当年就是一个完整的工厂，后来算是一个车间。一个工厂车间，两个机

---

① 湖广会馆，位于骡马市大街和虎坊路街角，门牌为虎坊路 3 号、5 号。清乾隆时为张惟寅、王杰、刘权之等官员府第，嘉庆十二年（1807 年）捐为会馆；道光十年（1830 年）改修，增建戏楼、扩建文昌阁；道光二十九年（1849 年）又重修，增添花园；光绪十八至二十二年（1892—1896 年）再次大修，形成 20 世纪 70 年代以前的格局。1993—1996 年又大修，辟为北京市戏曲博物馆，戏楼恢复演出功能，西部改建为饭庄。参见《宣南鸿雪图志》，134 页。

年轻时的黄宗汉（黄宗汉
提供）

关单位，其实还不止两个，还有个保密单位，安全局的，33 户居民，十间商店，搬了以后这才恢复的。这个会馆这么高的历史价值，不是一个制本厂所能取代的，咱们等于弥补历史的过失。我跟张旭同志讲这个啊，张旭同志说：小黄啊，你要说起"大跃进"，总体上有问题，应该否定，但具体到咱们宣武区，还得做具体分析。他还不完全认账。我的看法啊，"大跃进"，就是应该彻底否定的，不要带任何个人的感情色彩，按客观的分析，按科学发展观看，干得太不科学啦！对不对？是不是？但这种事情呢，张旭的这种想法，有没有人有和他相类似的？我认为市里头肯定有人支持他这种想法。

杨：就是跟您说难忘的 1958 的？

黄：哎，这难忘的 1958，跟张旭，他们俩，我认为是一个共鸣。啊，张旭脑子里也是难忘 1958，我也曾经难忘这 1958，我到现在我有时候还思念那个蓬勃的时候，要建设一个工业化中国的热情，但是那条路是走错了，太不科学了，造成的破坏太严重。现在我跟你说，做口述历史，我是想着我这过去，曾经被人认为是很辉煌的事情，我自己都有反思，我有一种赎罪的心理。当年是谁决定把莲花池填了？绝对不是我，我没这么大权力，对不对？填这个莲花池，肯定市、区领导得同意，得有人决策啊，好一个，那么大（湖），我也不知道这水面积有多大，反正相当于北海、中南海似的那么大的面积，噼里啪啦就往里填！

没有重要领导人的发话，这个填不了的。当然像我这钢铁办公室主任什么的也好，我就跟着干。但我也有一份责任哪。当时我没觉得有什么不对啊，一个河沟子，填了呗，就填了。后来侯仁之讲了以后（参见下文中有关北京建城的部分），我才知道，哎呀，这是个罪过这是，重要的历史遗迹啊，对不对？你想，为什么北京城当年能建到这儿啊？就因为有这水系啊，要不金中都怎么能建到那儿啊，已经是大规模的城市建设了。现在水系所剩无几，就剩个莲花池公园了么。那个水系得相当于现在莲花池公园的几倍啊？

杨：辽南京也是。

黄：为什么都定在那儿呀，就因为这水系面积大呀，能保证这个城市的用水需要啊，后来为什么跑到北海去了？可能这地方水还不够用，这可能是原因之一吧，另外忽必烈可能看着北海那地方也不错，也看上了那地方。但这个东西我认为，我有一种赎罪心理，这个历史的过错我有一份责任，当时我就跟侯仁之说，不知者无罪，我就弥补吧，对不对？国际饭店会议我确实没看到过材料，也没参加会议，我跟张宝泉说了，我说不是你们不让我参加，我们部长佘涤清，老地下学委的书记，已经去世了，这国际饭店会议一开，他就说黄宗汉啊，你别回宣武区去啊，你也别到那国际饭店会议去，文件你也甭看，你甭掺和这事，本来没你的事。他不希望我也卷入那场争论，因为他正用着我呢，我去考察科技干部，我整天得去跑，得推荐一批科技干部，这活儿我还忙着呢。我明白他的意思：你好好给我干这个，那个跟他们讨论起来还有完啊！国际饭店会议开的时间好像比较长，而且把工作全给撂下了，我也明白这意思。他们争论什么？我也闹不明白，那时候我对"大跃进"的认识不会像今天似的，实际上我对1958我也挺怀念，我也难忘，因为我筹建北京广外特殊钢厂，郑天翔夜里3点到我们厂子了解筹建情况去了，夜里已经在那儿试生产呢……对国际饭店会议，他的同情，是在张旭同志，但这个东西我只能是分析啊，我言之无据，我是对整个这个现象的分析。

杨：那您分析得也对啊。

宣武区消失之前——黄宗汉口述

黄： 我分析得对不行啊，分析不等于历史，分析就是分析，而且隔了那么长时间了，你要研究这个，你得研究"大跃进"，不是研究黄宗汉了。所以这段你给我删了吧我不要了。

杨： 我觉得张先生这段作为您口述的补充，反面的意见，也挺有意思。

黄： 挺好，我欣然接受（笑）。为什么我俩能搭伙啊？因为我们是互补的。我也不是光今天才这么说，我这人常常是激情满怀，有的人头脑冷静一些，到时候给我泼点凉水，很好。这才叫同志之间的友谊，相互关心和支持。我们不是在明争暗斗，没有。平常我们俩有不同意见也是这样，并不奇怪。

（五）　与邱清晏、迟明梅座谈记

时间：**2012 年 3 月 1 日**
地点：北京梅兰芳大剧院上上兰茶艺坊
访谈者：定宜庄、杨原

[访谈者按] 2012 年春节期间，邱清晏先生（化名）给黄宗汉先生打电话拜年，黄先生与他谈到往事，并建议我们找他谈谈，他很痛快地应允了。同时应允我们的，还有另一位也曾与黄先生共过事的女士，她虽因病无法与我们相见，却热情推荐了另一位当事人迟明梅女士（化名）。访谈那天下着细雨，路滑天寒，二位老同志年事已高，却乘公交车按时赶来赴约，令我们十分感动。

这是我们这部口述史中采访时间较晚的两位被访者。交谈时间虽然不长，但对我们多有启发。启发之一，就是我们往往以今天的眼光反观当年之事，这导致我们无法客观地观察当时的情况；启发之二，是所有问题和矛盾的发生都是错综复杂的，既有政治斗争，也有个人恩怨，如果仅仅归结到政治立场和政治观点的争论，就未免太简单了。

定：我在中国社会科学院历史所工作，几年前我开始和黄宗汉的侄女、就是黄宗江的女儿一起，为黄宗汉做口述。当时黄宗汉的淋巴癌已经显得比较严重了，化疗了好几次，他觉得好像时间不多了，他想把他这一生的经历（口述下来）。他说虽然我也不是个大人物，但是毕竟呢，我经历的一些事情，可能对后人吧，有一点儿价值，能不能留下点东西。我对这事挺感兴趣，我们就一起做起来。没想到的是，我们做了这几年，他讲的内容越来越丰富，越来越有意思了，而且呢，他身体居然也越来越好。他那个病呢，按医生当年的说法，没有几个月，结果现在已经不是几个月的问题了，他八十大寿都过了。

迟明梅（以下简称迟）：是嘛，其实癌症主要是心态问题，如果心态好，一般不会死。

定：后来他也说，医生见了他就说，哟，还活着呢，怕死的都死了，就是不怕死的还活着。（众笑）我们为他做了一段（口述）以后，看到他身体越来越好，决定把这个口述再深入做下去，因为原来做得比较简单。后来这些年轻人，都是学生辈的了，他们也都感兴趣，就也加入进来，就发现有好多往事，不要说他们，连我们这个年龄的都不知道。这样就请他从解放以前入地下党讲起，包括解放那时候，让贺翼张怎么样地给领到宣武区，这一类的事。还有解放初期废除保甲制度啊，斗争粪霸啊，这一系列的工作，然后"三反""五反""肃反"，这里面许多细节都是正式文件和书里不会讲到的。

1. 邱清晏的经历

邱清晏（以下简称邱）：我是浙江奉化人，蒋介石的老乡，离他住的地方十里地，很近的。然后在上海上的中学，1948 年下半年考上北大，就到北京来了。北大四院，现在新华社那个地方原来是北大的一年级新生，文学院啊什么都在那儿。在那儿呢，我就参加了民青。

杨：等于您一来北京就参加革命，参加民青了？

邱：对呀。解放以后呢，当时北京缺干部，北京解放以后需要好多的干部啊，这样就从学校里面抽了一大批，我就那时候出来的。出来以后呢，一解放成立军管会，军事管制委员会，把这些人都弄到一起，开了一个大会，分配，我是分配到十一区，当时北平市第十一区。

定：哦，您也是十一区，贺翼张的那个十一区？

邱：对呀，就是贺翼张带着我们。

定：哦，贺翼张带的有您，有李瀛，也有黄宗汉。您是大学生，他们是中学生。

邱：也有大学生啊，什么柳晓明啊，罗祥意啊，罗祥意，组织部的，柳晓明今年去世的，侯玉夫啊，侯玉夫社科院经济所的，我们一起（从大学）出来的。我们就分到下边去，后来呢，成立区工会，又把我调到工会去了。

定：那您具体是负责什么工作的？

邱：我最早的时候是在工作组，军管会的工作组，摧毁保甲制度嘛，那旧政权的基层，都在下边。慢慢慢慢正规起来以后呢，我就调到工会，在工会待了一小段儿，也就一年多吧，然后就调到区委，分几个组，我在工业组，开始管工业，最后呢就到办公室的副主任，一直到"文化大革命"。

定：您的工作基本上都是在宣武区？

邱：分两段儿，宣武区这是一段儿，然后是"文化大革命"，下放劳动啊什么的，然后就到市里。

定：您跟黄宗汉同事的时间，主要是在宣武区这一段儿是吧？

邱：我跟黄宗汉是同事，刚一解放的时候，我跟他就认识。他跟我不是在一个部门。他是在宣传部，李瀛在组织部，我呢在办公室，先是工业部，工业部完了就（在）办公室。

定：您那个时候儿是在那儿管工业？

邱：哎，管了一段儿工业。

定：那个时候，宣武区是北京市工业中最发展的是吧？

邱：宣武区这个区啊，它就是解放以前，就是很多的小厂，很多的厂子，原来都在宣武啊，（像）面粉厂。经过"三反""五反"以后，有的合并了，慢慢就发展起来了，在北京市讲吧，工业是搞得不错的。你看那个宣外大街，广内大街，几乎可以这么说，那都鳞次栉比，一家挨着一家，很多都是铁匠铺，打铁的，铁工业比较发达。搞金属机械，金属加工，有加工厂。这个义利食品公司，大华陶瓷厂，很多厂子都在宣武，它基础比较好，所以在"大跃进"的中间呢，宣武搞了一钢铁厂，宣武钢铁厂。

"文化大革命"呢，下放到密云，在那个穆家峪，离县城不远，在那儿待着。后来回城，我是第一批回来的，回来以后呢，不让回原地。

杨：异地革命是吧？

邱：异地革命，不回宣武。贺翼张同志呢，看到回来的名单里有我的名儿，他就把我给要过去了。市政工程局，那时候叫建设局，后来就分成市政工程局，贺翼张就是那个市政工程局书记啊，我就在市政工程局当副局长，当书记，一直到离休。

2. "大跃进"和张蔡之争

定：我们发现在讲刚刚解放时这些事的时候，大家回忆的事实和观点基本上都是一致的，没有什么分歧，只是每个人做的工作，注意的角度都不一样，可是到"大跃进"以后就不行了……

迟：（笑）"大跃进"。

定：讲到"大跃进"的时候，黄宗汉先生基本上是否定的，他有很多反思，他说他后来做的好多事，都是在为自己赎罪，因为破坏莲花池水系也好，好多吧，不说了，可是张宝泉先生就不太同意。黄先生还谈到张旭和蔡平之间发生了矛盾，后来就开了国际饭店会议，还没有一个定论，就"文革"了。张宝泉先生就不同意黄先生讲的这一段，认为领导同志在工作里发生一些意见，怎么就叫"张蔡之争"呢，有不同意见是正常的嘛。黄先生就认为还是有必要讲，因为这些事情反映了当时那段历史，里边好多教训是应该吸取的。我问过张宝泉先生，问他能不能把他的这些话告诉黄先生，他说他不怕，他自己去跟黄先生说，他还真的为这事给黄先生打了电话，两人在电话里也争论起来，当然他们并不伤和气。我说我要是把这些写出来，你们同意发表吗？黄先生说没关系，包括张宝泉对他的批评都可以发表。既然连发表都可以，所以我今天也敢跟你们说。

迟：张宝泉批评他（指黄宗汉）什么？

定：就是批评他这整个的回忆，尤其是对"大跃进"的反思。尤其是对黄先生讲的张蔡之争，他说你凭什么……

杨：他说你又没有参加国际饭店会议，都是道听途说。

定：我们想了解一下，到"大跃进"后期，到底是不是有这个张旭和蔡平之争。

邱：有。

迟：张蔡之争，我印象并不深刻。

定：到底存在不存在这个张蔡之争啊？

迟：没听说过，我没听说过这种说法。

定：他们这个争论的焦点到底是什么？在那个国际饭店会议上，是不是确实产生了这些矛盾？黄宗汉他没有参加这个会，您是不是参加了？

邱：参加了。大会啊，是 6 月 14 号开的，在国际饭店大礼堂，五百多人。

定：那当时蔡平批评张旭，主要是批评他什么呢？

邱：也没有什么，我也没听说他们两个交过锋，从来也没有交过锋。

定：那是为什么要召开国际饭店会议呢？是围绕着这件事儿开的？还是说为别的？

迟：老邱你先说吧，我不是宣武区的干部，我是市委的干部，待会儿我再说。

邱：国际饭店会议是65年啊，后来遇到一些困难，需要一些调整，就是八字方针出来：调整、巩固、充实、提高。

迟：62年以后提出来的八字方针：调整、巩固、充实、提高。

邱：当时张旭同志呢，养病，主持工作的呢应该是蔡平同志。我的印象里边，张旭同志没有太下功夫来考虑这些问题，什么八字方针，他还是"大跃进"的那个劲头儿啊。像他下边，张宝泉，主要管手工业这一块，邓毅啊，工业部长，是管大厂，他们两个跟张旭同志关系特别好。八字方针要搞调整呢，他认为他搞的那一段儿挺有成绩的，所以他心里边有抵触，有抵触呢，他得说出来呀，因为他在家养病啊，就跟邓毅啊，跟张宝泉呀，嘀咕嘀咕。蔡平同志呢，比较沉稳，上边怎么说，就怎么传达，怎么安排。后来国际饭店会议，他去解释了一次，讲了一次。

所谓万言书呢，就指的张旭答蔡平同志这个材料，全称就叫"答蔡平同志对我的一些意见"。初稿里边有很多很尖锐的话。可能是对"大跃进"期间的所作所为，他觉得呢，不应该否定，不应该搞什么"调整、巩固、充实、提高"，还要继续。我个人的意见啊，争论的焦点，是在这上。

定：黄先生还是接受了张宝泉先生的一些意见，说他也不敢说了，因为他确实没参加这会。

迟：黄宗汉为什么对国际饭店那个会议那么感兴趣啊？

定：他并没有特别感兴趣，他只是认为，这个会议是对"大跃进"的一个总结。他认为"大跃进"的时候做了好多好多的事，后来"大跃进"搞完了，那接着呢，党内对这件事怎么评价，应该认真地总结教训。既然没有总结，到现在都没有接受这个教训，他认为这就是导致后来还有好多错误会一犯再犯的原因。张宝泉认为这话说过了。黄宗汉先生虽然也同意不再提国际饭店这个会议，但我觉得他心里其实还是有点儿不服，所以他才会在过年的时候，你们一跟他通电话，他想起来这事，就希望我们跟你们谈一谈（笑）。

杨：他说如果有参加了国际饭店会议的人说说这个情况，他那些想法他就敢发表，我记得有一次跟我这么说过。

定：我们主要是围绕黄宗汉个人，讲的是他在宣武区的工作和活动经历，而不是要探讨"大跃进"和张蔡之争，可是后来已经讲到了这个程度，就是如果我们一点儿也不去了解这些的话，我们这口述也不好做下去了，因为黄宗汉先生也开始认真起来，他向我们介绍了好几个人，像李瀛先生啊，张宝泉先生啊，接着又是找的你们二位。其实这些以后发表不发表都在其次，对于我们做历史的人来说，总是希望能听到多方面的意见。我们也去查了一些资料，确实都是语焉不详，即使讲了，也都非常简单。黄宗汉他一直强调，说"大跃进"的教训是该吸取的，而且是应该否定的，他说得非常明白。就是到后来重修湖广会馆的时候，那时候张旭同志还在，蔡平同志已经不在了，他说张旭同志也去参观那个湖广会馆，他跟张旭说，我做这些事儿，我有赎罪的心理，因为湖广会馆当时已经被当成街道工厂，变成制本厂，毁了好多的文物。那时候已经是80年代了，张旭同志还不高兴，他还不能够……

迟：（笑）还不高兴？

定：还不能够接受，他说全国的"大跃进"应该否定，但我们宣武区"大跃进"的成绩就是应该肯定的。我不太明白的是，黄宗汉先生这个讲述，从头到尾，因为一直是我们做的，我能理解他的想法，可是我不能理解的是，张宝泉先生一谈到这个张蔡之争，就特别反感。其实我们俩当时访问他的时候，并没想让他谈这个张蔡之争。

张宝泉先生也认为不应该否定宣武区的"大跃进"，据说张旭同志的万言书，有一部分是他起草的。可是我们跟他们谈了两次话，什么也问不出来，我们想问的就是一个问题，就是到底他们在争什么，张、蔡是在争什么，张宝泉就不说，就说领导同志在工作中有一点儿不同意见，被夸大了。

迟：当时对"大跃进"进行争论是不可能的，因为大家还没这觉悟，也看不到这"大跃进"的问题。

邱：谁能说得出来？说张旭错了，错在哪儿？说"大跃进"瞎胡闹了？

定：对，您说的这是我没想到的，我老以为国际饭店会议是对"大跃进"发生了争论。

迟：不会，那个时候儿不会，没有涉及对"大跃进"的争论问题，也不可能，我印象最深的就是大家都说张旭的这问题那问题。要说有点儿争论呢，那就是说"调整、巩固、充实、提高"的政策下来以后，有些（企业）要下马，是下还是不下，这个应该是会有些争论。

定：您要说这个，我明白了，那个时候谁也不敢争论"大跃进"的。这个是我们理解有些错误。我们老是往那个方向想，就是以为张蔡之争是对"大跃进"的评价，其实不会，也不可能。

迟：蔡平同志，他主持工作呢，他就得贯彻八字方针，调整、巩固、充实、提高，那么你"大跃进"有的扩大化的，上马太多的，应该下马的，那就得下马。可是张旭同志，这些是他搞起来的，他就不愿意下，这不就产生冲突了嘛。我就说他们的争论呢，也不是对"大跃进"的争论，应当是对中央两段政策的争论，主要是政策，就是他们来的前后步儿不一样。

定：现在来看那一段儿，和你们当年的想法是不可能一样的，我们在跟黄宗汉谈这个问题的时候，对张蔡之争，产生了一个误区，是吧，我们老想来讨论，他们对"大跃进"怎么想。

杨：其实当时并没有这种情景。

迟：没有，没有。

定：所以谁也说不出来，张蔡之争到底在折腾什么。

迟：如果说黄宗汉是站在现在的立场，来反思"大跃进"，那我同意他的观点。张宝泉现在要是还坚持那观点，还认为"大跃进"都是对的，就不对了，都现在了。

定：他没有说什么都是对的，他也讲了好多"大跃进"的具体问题，甚至比黄宗汉讲得还多，因为他好像是管这事儿的，管得多。

迟：街工委，他专管这事儿的。

定：对，包括对手工业，他也给我们讲了不少东西。怎么把那些手工业组织起来，那些合作社，后来怎么解散的，他也讲了。

您的意思，张旭还是挺能干的是吧？那当时大家对张旭同志那么大意见，到底是什么意见，怎么都那么恨他啊？是他整人呢？还是他……

邱：张旭这个同志，我个人觉得啊，这个人是有干劲的人，喜欢搞些事儿（笑），做一点成绩出来，他是那样一个人，在这个"大跃进"中，还是很卖力气的，可以说是意气风发，他对干这个事儿很感兴趣。

迟：这是应该肯定的。

邱：在这个基础上，应该说宣武区的工业还是搞得比较好的，确确实实应该说比较好。当然黄宗汉讲到，什么大炼钢铁啊，坩埚炼钢啊，当然是有些虚夸啊，瞎胡闹的事儿，这实际都有，不能说没有。

3．1965 年的工作组

定：那国际饭店会议是不是围绕着张旭来开的？

迟：对。我现在想啊，如果区里当时不那么整张旭同志，也不一定派工作组下去。

邱：你请她（指迟明梅）说吧，她是工作组的，她领导我们的，领导那个会的。

迟：我先说说我的背景啊。我不是宣武区的干部，我是市委纪律检查委员会的，1965 年的时候，我记得各个区都在搞"五反"。

定：咱们说得再早一点，我听您的口音，是很纯正的北京人吧？

迟：是，在西城出生的，现在还在西城住，就是祖家街那一带。

定：您家里头就是老北京啊？

迟：对啊，我祖籍不是老北京。但是我爷爷那辈儿就都在北京了，祖家街，那儿有个翠花横街，我是在那地儿生的。（对邱：）我想先请你说说，我们工作组下去之前，宣武区所谓的搞"五反"①，怎么搞起来的，搞的内容是什么，这点你记得吗？

邱：好像当时啊，不光是宣武区，别的区都搞啊。

迟：我们去是"五反"补课，就是当时宣武区搞"五反"呢，据说是搞的方向上有点儿问题，当时。好像是1964年搞的，反正他们开始搞了以后，我们接着就过去了。

定："补课"是什么意思？

迟：就是"五反"没搞好嘛，工作组下去，再重新补课。

定：没搞好，那是说该反的东西没反，还是说反过火儿了呢？

迟：当时市委肯定是认为过火儿了。我当时是市纪委的，牵头儿的是项子明，他当时是市委办公厅的主任，刘仁同志非常关注这个事儿。带着我们下去的，是我们专职委员周沛然，还有一个组织部的处长，郭富庆。又从各区的纪委和组织部找了一些正副部长去参加，成立了一个工作组。作为具体工作人员，市委就我一人儿，崇文区有一个，东城区来了一个，西城区来了两个，好像市委也来过，我们当时10个人左右吧。但时间不长，他们就都走了，我是从始至终，一直到结束。我们下去的时候，大概已经是春夏之交了，65年的春夏之交，到国际饭店结束的那个会，完了以后我们就撤了，那已经是夏天了，好像是，已经是8月了。你应该有记录吧？

邱：我有记录。

定：您有日记？

邱：很简单的，几月几号。

迟：我们在区里头好像待了有三四个月呢，你回去查查记录。国际饭店会议是8月，你看看我们是什么时候儿去的。

---

① 这里提到的搞"五反"，指的是1963年至1966年，毛泽东提出的一项以阶级斗争为主旨的"社会主义教育运动"，亦称"四清五反"运动。这一运动的主题反映在农村工作上，便是"四清"：即清工分、清账目、清财物、清仓库。反映在城市工作中，就是"五反运动"：反贪污盗窃、反投机倒把、反铺张浪费、反分散主义和反官僚主义。

邱（拿出记录本）：国际饭店会议啊，1965 年 5 月 5 号到 6 月 2 号。你们进驻国际饭店是 5 月 5 号。万里同志讲话在 6 月 8 号，他两次讲话。

迟：5 月 5 号到 6 月 2 号？我怎么记得国际饭店完了以后，我们就撤了，好像应该是 7、8 月份吧。国际饭店会议结束不久，（19）66 年 3 月份就开始"文化大革命"了嘛。

这时间你再查吧，反正我们是作为工作组下去了，下去之前呢，（上级）交代的就是说，宣武区搞这个"五反"哪，好像挺热闹的，方向有点儿问题。然后我们下去以后主要是了解情况，工作组这些人，分别跟区委的这些同志谈话，了解当时搞"五反"的时候怎么回事儿。现在都过了 48 年了，印象不一定全都那么清楚了，当时我就感觉，从上到下，就是一致地给张旭提意见，包括下边的中学校长什么的，就是区里的中层干部好像都发动起来了，工作作风问题啊，思想作风啊，还有一些个生活作风问题，反正什么都有。因为你要理解，那时候老搞运动，什么都成运动了，一运动就运动群众啊，就发动人提意见哪，那你比如说我对张旭意见比较大，我做这个发动工作，那我肯定有倾向性，所以我们去之前大概底层都冲张旭开炮。我们主要是摸情况，摸了情况向市委汇报，就是群众对张旭的反应比较大。蔡平我真的没有太大印象了。

定：他好像第二年就去世了。

邱：（19）65 年去世的，11 月份。

迟：那就是说，我们去的时候，他可能也有病休息了，因为我们工作组下去以后，我没有印象接触蔡平同志，没怎么见他嘛。当时主持工作的是田××，然后有一个常委郭×，是财贸部的部长吧，李××是工业部的部长吧。这三位呢，非常激进，当时，对人家张旭那简直，恨得咬牙切齿。

我们了解这些情况向市委汇报之后呢，刘仁同志有个看法，当然他不是直接跟我们说的，是老项（项子明）他们给我们传达的，就说张旭这人呢，有毛病，有缺点，但是呢，他在"大跃进"当中做了很多工作，成绩是主要的。当时我们也感觉，这几个城区里边，作为"大跃进"发展工业，就是街道工厂什么的，宣武区是比较突出的，说明他还是做了很多努力，他是按照党的路线，总路线、"大跃进"，这样的路线执行的。咱们现在只能客观地看当时的路线。蔡平同志去的时候呢，也是按照党的路线办的，调整、巩固、充实、提高，那有些东西就得下马了。所以我想他们两人要争的话，实际上是政策之争，中央政策之争，不见得是他两个人的问题。作为张旭同志来说，那时候确实工作很努力，在发展这工业上啊什么的，做了不少工作，所以这时候区里这么整他，刘仁同志就觉得不合适。所以最后都摸清情况以后，开的国际饭店会议，国际饭店会议好像范围比较大，把原来涉及到的，区委的，参加这运动的，都吸收来听这个总结。实际上是把张旭的问题做个肯定吧。不过要我说，刘仁同志对张旭的评价，并没有在工作组里反复地讲，后来的一些情况，跟区委的人也没有说得太多。

我们下去呢，就干了这么一段事儿。对这个"大跃进"来说呢，我的看法，总的应该是否定的，但是在宣武区当时来说，不能说把张旭完全否定。从现在客观地来看那段历史，"大跃进"应该否定，这点我同意黄宗汉的意见，因为这一段的路线是错的，超越了咱们的历史阶段，当然也不能说"大跃进"一点儿成绩没有，我同意老邱说的那个，过去咱们城区没有工业，是吧，但是"大跃进"当中，搞了好多街道工厂，也吸收了一些就业人员，打下点儿城区的工业基础，张旭在发展宣武区的工业上，成绩还是应该说那什么的。但是从总的中央的路线来说，"大跃进"，那是错的，真的，真的是错的，而且造成的危害也是很大的。我也是那时候浮肿嘛，还住了20多天医院。

这就是说呢，自己做的工作，自己要去否定是很难的。张旭他觉得他很有成绩，你让他一下子就说，我这做的是错的，哪些是冒进了，他是有冒进的地方，但是那不怪他。

定：他冒进的事儿，您能不能还记得？

迟：这我可说不清，这不能瞎说，因为他都发展了哪些工业啊，都有什么，我也说不清。因为"大跃进"是整个党的历史的一个大阶段，是不是？中央还没有彻底做结论呢。

定：就是说有好多问题，也不是涉及到"大跃进"和政策本身，而涉及到一些个人问题，是吧？

迟：我觉得有些人身攻击。

定：所以我觉得怎么问，大家都……

迟：说不出太多的所以然来。

邱：其实呢，国际饭店会议组织上采取了一点措施，你们不是闹嘛，干脆，给你们分了得了，把这干部啊，调开。

迟：调整班子。

邱：把原来那书记什么的都调了。

定：调整以后张旭还是当书记吗？

邱：没有，调开了。

定："文化革命"张旭受冲击也比较严重？

迟：那肯定严重。

邱：啊，那严重，很快"文化大革命"就开始了，把他们揪回来。那多少次，我们都检讨多少次（笑）。

定：现在回过头来看，在没调整之前，以张旭为首的这个班子，是比较能干呢，还是像他们说的那样很糟糕呢？

邱：怎么会糟糕啊？本来互相之间就是一点意见。答复蔡平同志啊，很可能就是针对一些具体问题讲的，你不是对我有意见吗，是吧？是怎么回事，怎么回事。工业那部分，很大一部分是张宝泉他们起草的，很尖锐，我给他抹了，全抹了。（众笑）

定：我想问您，除了宣武区，别的区也搞这个吗？还是只有宣武区搞？

迟：好像"五反"都搞吧。

邱：这是全北京市……

定：您觉得宣武区那个时候跟别的区比起来，是不是问题比较多点儿，还是怎么回事儿，好像总是这儿闹得最热闹。

迟：这倒没法儿说，因为别的区我没去过，我没到别的区参加过他们这样的运动。但是别的区，人家改改就完了，没像他们没结没完的，没结没完地斗（笑）。我觉得当时田××他们是想把张旭搞倒喽。

邱：有这个可能。

迟：唉，所以为什么市委单往他们区派工作组啊？就是他们自己搞，搞不下去，而且都偏离了大方向了，那叫热闹。热闹主要是那三个领导，我至今对他们印象太深了，偏激得太厉害。郭华那人说话非常尖刻。

定：这三位领导也是像你们这样民青、民联的，后来留到北京市的吗？

邱：不是，不是，不是。田××是老区的，她比较老。

迟：田××啊，她是老区的，她是河北白洋淀那块儿的吧，她跟我们那个书记。

定：那是不是老区来的干部和学生成长起来的干部之间也有些不和呢？

迟：她不是学生干部成长起来的，我觉得北京市存在一个外来干部和城工部的干部的矛盾问题，外来干部他们认为刘仁同志就信任城工部的干部，城工部不都是搞地下工作的嘛，外来干部不受重用。当然是不是这样，我也没考察过，但是呢，你说刘仁同志他们重用城工部的干部吧，这也无可非议，因为他在地下工作的时候，这些人他都熟悉，谁的什么脾气秉性，适合干什么工作，另外你一进城，这干部可不都是城工部的这些人去接任嘛。但是后来呢，北京也是陆陆续续进来不少这些外地的干部，中央下来的，外省市来的，有的人就有点排斥外来干部的想法，是不是这么回事儿呢……

邱：你跟那些部长差不多都谈过话。

迟：都谈过。

邱：你跟我谈过。

迟：这么一搞，这些干部里头，最能够看出来一个人的正派不正派，从他反映的问题，他看问题的角度，以及说的事儿，谁是正派的，谁是差劲的，都了解了。不正派的人给你无限上纲，正派的人会客观地分析一些问题。但是那时候到区里谈话，也不是大家都说心里话，是吧？有的还可以，有的也不行。后来到"四清"以后，特别是农村，你再去摸情况，你什么也得不着，不说了，都不说了。

邱：有经验了，哈哈，有教训（笑）。

定：后来就当面儿一套，背后一套。

迟：对呀，谁也跟谁不说心里话，我跟你说了以后，在什么场合，你揭发我怎么办？人人自危啊。解放初期的时候，党内的状况还是挺好的，同志之间的关系，批评、自我批评，都没有什么戒心，你像我们开党小组会：哎，你今天忘了锁抽屉了，下次可得注意啊。这些小事儿都提，没有人把它当成你故意对我怎么怎么着。另外你像碰到各人利益问题了，分房了，涨工资了，大家都主动地让，都让，"我不上，那谁应该上"，都是这样的。1957 年以后，不行了。

定："反右"以后是吗？

迟："反右"的时候对党外的知识分子伤害是比较大的，59 年对党内的知识分子伤害也比较大，"文化大革命"甭说了。咱们的运动吧，实在是……损失太大了。

五、"大跃进"之后

[**访谈者按**] 黄宗汉 1957 年由于被定为"严重右倾",受党内严重警告处分并下放劳动改造,1958 年"大跃进"期间又被调回宣武区政府机关,并曾担任过钢铁办公室主任等职。"大跃进"的高热退潮之后,受到当年地下党同志的保护,于 1963 年被调到组织部。下面的口述就从这里开始。

黄:我在下边待这么长时间了,办了这么多工业,领导上下都认为我还做出了点成绩。组织部那些老哥们老姐们呢,担心我在下面嘴把不住门儿,再惹什么娄子,说别让小黄在下边了,调回来吧,调回组织部来。你看我受了处分,我还回了组织部!组织部让我干什么呢,就负责管理科学技术干部,管六级以上的工程师。

后来就发生了那场(关于"大跃进"的)大争论。我在工业部门的经历,和当时的政治斗争是紧紧地搅和在一起的。政治我闹不明白,我在政治问题上啊,上面怎么说我就怎么干,我也不再想这些事,我说从此我就当驯服工具了,我就干实事。我本来就有工业救国思想,不就是要把工业搞上去吗?郑天翔提出来,北京要发展精、光、电,就是精密机械、光学仪器仪表和电子工业,他要重点发展这个,后来也真搞起好多项目。[①] 他说

---

① 1961 年 10 月,北京市委召开工作会议,制定出《关于贯彻执行中央关于当前工业问题指示的若干措施》,提出:"北京工业今后发展的方向是:精兵主义和精品主义。"以后概括为"高精尖,质量第一",即把提高产品质量放在第一位,把提高技术水平、发展新技术、高技术产品作为重要任务,在提高质量和提高技术的基础上争取工业高速稳定的发展。这是北京工业在发展方针、发展方向的一个战略性转变。参见《刘仁传》,415 页。黄宗汉这里讲述的工作内容,正是这种转变的体现。

要干这事，关键是得有人才，组织部应该在这方面下大功夫，选拔优秀的技术人才担任各局的技术副局长，大厂的技术副厂长、总工程师、副总工程师，要选拔这么一批干部，把他们放到主要领导岗位以后，我们才能创造一个发展精、光、电工业的局面。我调组织部以后就让我干这事。后来我怎么成了"黑帮骨干"①？郑天翔是主张用拔尖的技术干部的，我正适应了他的需要，我在他领导下干过选拔拔尖技术干部，以后我又给他推荐过许多拔尖技术干部当领导，他表扬了我们组织部，具体就是我干的，我就成了"黑帮骨干"，这是后话。

我调到市委以后就特别积极，那会儿叫大干事。我就在市委五楼留一个大房间，就选拔技术干部了。当时这摊儿比哪个处的人也不少，就还没给我戴上处长的"桂冠"，虽说没戴上，实际上是处长。我从人民机器厂调来个总工程师，当时要选拔一批大学生做接班人，有学机械的有学政法的，我就领着这一伙人，对北京各工业局和千人以上大厂进行干部考察，我得推荐人呢。我还广泛涉猎国外的技术情报，那会儿中国科技情报所有大量这方面的资料。另外我的叔伯哥哥黄宗甄，在科学出版社，他们每年要出版《国外科技信息》那么个杂志，挺厚的一本。我看了很多书，我不是学理工的，但是我得有各行各业的知识，要不我怎么下去考察呢？我得讲这些人在技术上有什么特长，有什么才干，有什么贡献，然后我还得说在国内外居于什么水平，我得说得是那么回事儿。

这样呢，我把北京各个局各个厂跑了一通，我向市委推荐56位技术干部担任技术副局长、技术副厂长，总工程师啊，等等。郑天翔看了我这个报告以后十分欣赏，就全批了，而且表扬我们组织部干得不错。

---

① 黑帮，原指带有黑社会性质的职业犯罪团伙，引申指政治上的反动集团或其成员。"文革"中指称的黑帮却另有含义，在1966年6月2日《人民日报》发表评论员文章《欢呼北大的一张大字报》中，第一次将"黑帮"的概念引用到领导干部和群众身上，成为对所谓"反党反社会主义分子"、"资产阶级代表人物"、"牛鬼蛇神"的通称。乃至实在找不到整人罪名就给戴上"黑帮"帽子，形成了普遍的恐怖。

当然还得有一套程序，程序就那么回事儿。那会儿真正主持市委日常工作的就是郑天翔。彭真是书记处书记，他是管全国。刘仁呢，应该是主管全面工作的，他也不管那么具体。真正管日常全面工作的市委书记是郑天翔①，具体到工业口各局局长，什么大厂的厂长由谁当，这些实际郑天翔说了算。

当年"反右"的时候，刘仁同志做了一件很有见地的事，就是说这"右派"里面啊有些能干的人，咱们把这些人都给收罗来吧。北京市当年就收罗了一批"右派""右倾"的学生，作为比较年轻的技术干部，到了工厂去。本来他们在大学里就都是高才生，在工厂里干得也不错，我后来去挑人，我就把这些人给推荐去了，推荐以后批准了以后这些人都当了领导啦。②

在这个过程里头我干得最尖端的一件事，就是我建议提拔一个"右派"，是科学仪器厂的一个工程师，叫龚世炎，北航毕业的。他是研究气体光通讯的，当时美国、苏联也都研究这个啊，美国的研究成果，通讯距离是12公里，苏联的通讯距离是8公里，龚世炎搞出来的是10公里，在民族饭店顶层和颐和园佛香阁做了实地通话试验，在当时挺了不起的，这是国际水平了对不对？但这人是"右派"。这时候邓小平有个讲话，鞍山监狱里有一个工程师，这人呢，在电炉冶炼技术上有突出的成果，邓小平就说像这样的人为什么不能用啊，是坏人？坏人有可用之处也可以用嘛。我就以此为例，我跟组织部长说：他不就是个"右派"么，"右派"还得做具体分析。那会儿不是都有档案么，他在北航的时候，当时苏联专家宿舍警备森严，不让进去，他发了句牢骚，说这不是跟那上海的公园，华人与狗不准入内一样么？给揭露出来了。

---

① 郑天翔当时是市委书记处书记兼秘书长。

② 《刘仁传》也提到此事，恰可与黄宗汉口述印证："北京市原来的工业基础薄弱，技术人才匮乏。由于北京不是工业建设的重点地区，解放初头10年，国家分配给北京市的技术干部数量很有限……刘仁对这个问题早就看在眼里，急在心上。全国反右派斗争后，他就主动把中央机关所属单位在这次政治运动中刷下来的一批技术干部接收下来，分到工矿企业劳动锻炼。其中不少人后来都成为企业的技术骨干。"参见《刘仁传》，376页。

我说中苏关系已经彻底破裂了，当年也就是有点不满情绪，发这么点牢骚，都不是个事儿了。而且这个具有世界水平啊。我就写了一个报告，建议提拔他为总工程师。我上边还有领导呢，我这主管领导一看：哎哟嗬小黄，这提拔"右派"！他没给我报上去，给搁他那柜子里了。等到"文化大革命"，这事给揭发出来了。

这 56 个总工程师啊，最后陆陆续续都宣布了，宣布以后南斯拉夫的通讯社就了解这一情况，发了一条通讯，登到《参考消息》上了，说中国实行专家治厂，提拔了这好几十人。这就可以构成我的罪状了。一个是做阶级分析，这 56 个人，除了一位是工人出身以外，55 个的家庭出身都不好，而且好多人多多少少都有些右倾言论，这怎么回事呢？加上南斯拉夫又发了新闻，加上还有一个虽然没有做成但已经被建议提拔的"右派"，那我就是罪大恶极了，这还有跑吗？

我 1963 年到组织部，直到 1966 年"文革"，这三年我的工作成绩，就是受到市委的重用。重视还没用啊，名义上我还是个大干事。其实大家都很明确，指不定哪天我就应该当处长了。可是"文革"爆发了，"文革"爆发就把我拽出来了，拽出来就是这些罪状，"黑帮骨干分子"，决定开除党籍，最后宽大处理，给一个留党察看处分。

定：那时候还有党吗？北京市委不是都被砸烂了么？

黄：砸烂以后军管了嘛。军管了就把我们的副部长任斌抓起来了，在监狱里被迫害致死。王光美就是由他给送到根据地的。我们那儿闹得挺凶的，有造反派，但是这些造反派和别的地方的造反派不一样，也是不被信任的，连当小组长的资格都没有，嘿嘿嘿。最后就把我们这些人都下放到山区去了，到那儿劳动改造去。密云最远的东北角上，有一个番字牌①，没去过吧？

---

① 番字牌村位于密云县冯家峪镇西北部，白马关外，白马关河上游，辖番字牌村、关南村、关北村、大平台村四个自然村。番字牌村村北有市级保护文物番字石刻，1987 年经中国科学院民族研究所的专家们鉴定：石壁上的番字系北方少数民族的文字。其中，有梵文（古尼泊尔文）、蒙文和藏文，文字的内容是佛教的"六字真言"。

定：去过。那儿有番字的符号刻在石壁上。

黄：因此得名叫番字牌。但是你去的时候已经都通车了。那会儿车只到冯家峪，从那儿再走五六里地，蹚二十四道河，才能进番字牌公社呢，冯家峪比我们番字牌就强多了。到那儿我就很难出来了。跟苏联托洛斯基反党联盟的状况似的，流放啊，你反正也出不来。

定：你们有多少人在那儿？

黄：有十来个人吧。番字牌那是公社，底下还有大队呢，分到各个大队。有人就连家属也带去了，当时是准备在那儿安家落户了。我下放那地方三个人吧，我跟国民党区分部书记，算反革命分子，就分到一块儿，算一个待遇了。我想这算彻底完了（笑）。

定：那时候番字牌那地方特穷。

黄：后来仍然也穷，但不像那会儿那么穷。就不说那段生活了啊，一说就说乱了。

定：您在番字牌待了几年？

黄：待了四年哪！够受的，特别艰苦。这样的话呢，最后吴德下台，还没到落实政策，就把我们这些人从山沟里头调到北京城里来了，就把我们组织部的仨人，都分到电子仪表局。这是 1973 年。

第二部分　《红楼梦》与"第一代文化企业家"（1982—1986）

[**访谈者按**]"文革"期间黄宗汉被下放到京郊密云县的番字牌公社劳动，四年之后回到北京，在北京市电子仪表行业的二级公司任政工组长、办公室主任、党委副书记等职。1979 年 1 月，在他 48 岁时出任北京东风电视机厂厂长。用黄宗汉自己的话说，是"开始了我人生的精彩篇章"。可惜他的精彩篇章并没有展开在宣南这块土地上，而且即使在这里展开，也是与宣南无论历史还是文化都基本无关的另一个主题，所以本书只能忍痛将其割爱了。

不过，为了使这篇口述能够上下衔接，为了给黄宗汉的日后活动以及心路历程做一个必要的铺垫，而尤其是，用黄宗汉自己的话说，就是："每次我都从这儿开始说，我看人家的兴趣不大，但是我不能不从这儿说起"，极言东风电视机厂的这段经历在他心目中的重要性，所以，我们依他意愿，将他在东风电视机厂任厂长的这段过程，做一个简要叙述。

黄宗汉在《寻思集》里对这段经历有一个简明的自我陈述：

党的十一届三中全会胜利召开，宣告了一个新时代的来临。在改革开放的大潮中，我毛遂自荐到一个严重亏损的企业——北京东风电视机厂去当厂长。通过阅读战后日本和四小龙经济起飞的资料，加以消化吸收，我们抓住有利时机，与国外电子企业合作，以散件加工引进先进技术，逐步实现国产化的方式，对企业进行技术改造，大大提高了产品质量和生产效率，企业扭亏为盈，成为上缴利税大户。这一成功的实践，被国家经委称誉为"东风方式"。在改革开放初期，这件事引起很大轰动。北京市领导在各方面给予很大支持，但是没有想到在中央高层却为此发生争论，国家广播电视工业总局作为行业上级主管部门，告了工厂一状，说我们这样的做法是摧残民族工业，饮鸩止渴，必须立即刹车。随后，上级派来检查组，我被调离工厂，安排在北京电视工业公司任副总经理。这是明升暗降，坐冷板凳，去接受所谓的路线检查。我心里实在不服气，因而据理写文章作自我辩护……值得庆幸的是，我们工厂引进技术的做法得到当时主持中央日常工作的领导同志的充分肯定，特别是改革开放的总设计师还亲自过问，指出在这件事情上检查组应该做检查。这样我就获得了"解放"，并被提升了职务。但是工厂经过这一通折腾，失去了元气，最终垮掉，实在令人痛心不已。(《寻思集》，1—2页)

[**访谈者按**] 黄宗汉创立的"东风方式"，用一句话概括，就是"利用开放的机会，通过散件加工，引进先进技术，然后逐步国产化，最终打入国际市场"。这条技术引进道路，打破了固有的计划经济体制，被日后的学者誉为"破冰之旅"。

黄：技术引进牵一发动全身，是动这全身，不光是惊动了整个官场，我后来又想呢，就这个技术引进的意义，当时我也没想到就冲击了计划经济体制，一下子就上升到是爱国，还是卖国，什么自力更生，那么多的大问题。这反映了改革开放初期在京城发生的那场尖锐的政治争论。①

[**访谈者按**] 对于这场争论，黄宗汉自己总结："上层是方向路线之争，我们基层是利益之争。没有上下的互动，我就不会有两年半挨整。"对于上层的路线之争，有一个颇为生动形象的比喻，叫作"神仙打架，凡人遭殃"。当然最后把他保下来的也是神仙，就是邓小平。

黄：我想说明我在东风电视机厂的改革是正确的，我就写了一篇文章，(中国社科院)工经所所长蒋一苇给我改了题目，叫《北京电视工业技术引进的成功之路》。

我对自己在改革开放初期办的这件事，始终认为是件意义重大的事，但又是不胜遗憾的事。改革过程是要付出很大牺牲的，确切一点说是改

---

① 2008 年 11 月 10 日对黄宗汉的访谈。

革的代价。但对我来讲不光是代价，我觉得我牺牲了做中国电视大王的理想，本来我应该成为中国的电视大王，这对我几乎是唾手可得。①

[**访谈者按**] 对于黄宗汉在东风电视机厂的这段经历，我看到的所有报道都很短，黄宗汉自己也说，凡公开发表的文章，没有更长的。他说有人写北京的电子工业发展史时，甚至把他们的这段技术引进给安到北京电视机厂头上了。他认为对这个历史事件，迄今还没有人做过系统的整理，但现在需要避讳的事毕竟比过去要少得多了，以后还会更少。虽然其中有些事情的内幕他也不甚清楚，可是作为口述历史可以记录下来。他说："我想说什么呢？就是想让人们通过我在东风电视机厂的这一段经历，来理解改革开放有多艰难。我这是小人物说点大历史的问题。"

以下是我们对他的访谈：

黄：现在写我的人不少，但都是写大观园、天桥乐什么的，这些事当然也值得写一写，但是终究不像这一段。对我来说，我人生中最成功的就是这段历史，最遗憾的也就是这段历史。这是我人生中最精彩的篇章。

你看，你听我这一说，我了解很多官场内幕啊，从上到下的，这些人物我说了一些，你有的知道，有的不知道，你对中国官场不熟悉。中国长期以来就是官本位国家哈，如果不熟悉中国的官场，就很难深入地了解中国的社会，到今天仍然如此，因为整个社会生活是围绕着大小官员的指挥棒在运转着。所以你不熟悉这官员你怎么……这是你这学者的一个大缺陷，就是你没有把中国的国情特点真正闹清楚，你如果研究中国当代史，我觉得啊，大小官员的状况和他们的利益所在，大概是研究中国社会问题一个很重要的方面。这里头的禁忌很多哈，但是也必须研究，否则中国当代史这一段好像说不大清楚。得了啊，我已经说得不少了，我也不想再说了。

---

① 2008 年 11 月 15 日对黄宗汉的访谈。

在东风电视机厂时与日本专家合影（黄宗汉提供）

后来我就不想再升官了，我就觉得这官场啊，斗争太复杂了，我在这场斗争里头擦了个边儿，如果我再卷入更深的话，那更不好办了。我想离它远点，找个避风港，我是到这儿躲着来的。但是躲，我也不是那么消极哈，就是找一个相对比较安全的地方，不在风口浪尖上。所以我就干脆，赶紧转移阵地，你再给我大的官做，我也不做了。这样我才转到搞什么红楼梦大观园，当然，我弄这些也叫文化改革，我又迈出了一步。但是如果我真的当了电视大王，也没有后来的什么大观园啊，红楼梦啊，天桥梦啊，宣南文化，这都没有了。

定：您觉得孰重孰轻呢？

黄：说不清楚。我觉得后来做的这些事呢，我也还是有兴趣的，是吧？我也得到某些满足。

定：也比较安全是吗？

黄：不是！你只要坚持改革，对你个人来讲就几乎没有一个安全地带，但是程度有所不同。

一、介入电视剧制作

[**访谈者按**] 1982 年作为东风电视机厂厂长的黄宗汉被匿名信诬告，被中纪委立为大案而受审查。黄宗汉于被闲置期间"转移阵地"，出任北京电视工业公司副总经理，并接受广电部外聘，兼任中国电视剧制作中心顾问及中国电视剧国际合作公司总经理。这段口述就从这里讲起。

正如黄宗汉在读完本书初稿之后提出的，本段内容有些枝蔓庞杂，如在电视剧制作中心拍《大班》《末代皇帝》时发生的某些纠葛之事，与宣武区关系不大。但我们认为黄老在电视剧制作中心工作的诸多经历，应该视为一个整体，单独挑出与宣武有关的建大观园等内容，反而使原本非常丰满的故事丧失了完整性和生动性。再者，口述史的叙事自有其独特的风格，并不能以学术著作固有的严谨、规范来要求它。因此，本篇采取的方法，一是保留了若干相关的段落，一是对某些过程，以访谈者的身份进行简略的交代。

定：您没离开东风电视机厂就开始鼓捣大观园了？

黄：当时我的想法是什么呢？是从干电视机想起来的，要把电视艺术事业和电视机生产结合起来。我不是有 200 多个销售点吗，我这厂长当然也得巡视巡视，我在销售点就听这顾客反应。人家选购电视机的时候，爸爸妈妈带着孩子，一家子去，那会儿买个电视机好大的事呢。这孩子肯定是特别想买啊，爹妈说了，这电视机咱们倒是买得起，可是这电视节目有什么好看的！这给我一个很大的启发。我说是啊，是没什么节目好看的哈，这中央电视台为什么不多做点好看的节目啊？于是我就找到中央电视台。那会儿中央电视台不是现在这样啊，是在复兴门外广电部楼底下的一溜小平房。去过吧？

定： 嗯。

黄： 我到那儿一看，就我们那电视机厂，比中央电视台牛多了，中央电视台还不如我一个车间呢（笑），甭看亏损，那厂房都建设得挺高级的，比日本人厂房还高级。我就见王峰同志，王峰是台长，那会儿还没有中国电视剧制作中心呢。我就问王峰，你们一年能生产多少部电视剧啊？为什么不多做点好的啊？他说没钱啊！噢，没钱，我说我看明白了，那小破平房，你是没钱（笑）。我回来以后就产生这么一个想法，我要支持电视艺术事业发展，带动电视工业更大繁荣，让这节目丰富起来。我在党委会上宣传这个概念，因为这是个概念化的东西啊，大家也没人反对这个经营思想。

定： 您那时候野心就够大的。

黄： 我雄心勃勃。

那会儿啊，中央电视台的上司就相当于后来的国家广播电视总局，中宣部副部长张香山同志兼国家广电局局长。我去中央电视台以后啊，张香山的秘书，到现在我（也）不知道叫什么，就给我打电话，说香山同志让我跟你联系一下，我们现在遇到点困难，看看你能不能帮助一下。我说什么事儿啊？他说咱们现在召开第一届电视节目评奖大会，原来给财政报上去预算了，可是现在预算又被削减了，我们这个会议就很难召开了。

定： 想跟您借点儿钱？

黄： 是要点钱。我说还需要多少钱？他说还缺两万块钱，香山同志说了，咱们都是搞电视的，你就给帮个忙吧。我说没问题，这两万块钱算什么，我已经是"八百万富翁"了，对不对？我告诉财务，出点什么名目，那会儿还没有广告，不能出广告费，谁知出的什么费，反正不管了。这钱拨过去以后啊，又来电话了，说与会同志啊，都有个愿望，你别看我们干这个的，大家都没电视机（笑）……

定： 又要钱？

黄：二百多台黑白电视机，对当时我们厂来说，是拿小钱儿啊，中国的企业给电视台赞助是我开的头。开头以后就有人告我，说我违反财政制度。可能是我们财务科编个理由把这个钱开销了。这事告到赵紫阳那去了，赵紫阳批到财政部，财政部派了个处长来找我，说你这违反财政制度啊，你怎么把钱给了电视台了？我说我企业得宣传，中央电视台发奖的时候我派了个副厂长去，把电视机给人家，新闻联播里给我们播了，就给我们做了大宣传。全国有这么多电视机厂，我得竞争啊。你回去告诉紫阳同志，我认为这个做法，我没错，我还想继续做下去。这在当时是个事，违反财务制度嘛，我净干违反财务制度的事（笑）。后来就杳无音讯了，就不是个事了。以后电视台正经八百儿搞广告，我这个也算二类广告，新闻联播的时候就说北京东风电视机厂赠送给与会人员每人一台昆仑牌什么型电视机，等于在全国给我做宣传了，有利于产品的推销。

[访谈者按] 关于给电视台二百台电视机之事，张宝泉先生迄今仍然颇有意见，兹将他对此事的看法如实记录如下：

张：像黄宗汉说的这些事儿啊，好些我都不知道，因为我去的时候①已经不搞这个争论了。我就给他擦屁股啊，我给做思想工作啊，尽量的，就算稳定下来了，没闹起来。像黄宗汉干的这些事儿，我还好些都不清楚，如果我知道，我当党委书记，他当厂长，那有些事儿啊，我也会有疑问的，比如电视台给明星们开会，发奖，一人一台电视机，二百多台，是吧？你这个事儿，不小一笔钱哪，黄宗汉一人就定啦？你不经过班子里头研究研究啊？黄宗汉说这是广告费，现在那个广告费，比那个多多了，那是现在啊，当时那二百台电视，合多少钱哪，你厂长一句话就给人家了，很容易引起不同意见。如果我当时在，我也得跟黄宗

---

① 黄宗汉调离东风电视机厂之后，张宝泉曾到那里担任过一段时间的党委书记。

汉讨论讨论，这事儿值得不值得，应该不应该，必要不必要。还有，他电视剧制作中心调一个人，没法开支，叫东风电视机厂开支，开工资，这我也不知道，我看了这个口述才知道。你在那儿给他干事儿，上我那儿拿工资（笑），这个合适吗？当然这个钱也是公对公的，可是都独立核算啊。我说老黄办这些事儿啊，他说他上层路线也走，下层路线也走，我说还有一个中层路线，上中下，他这中层路线，他没走好，没下功夫，往往就后院起火。他干的这些事儿又是打破常规的事儿，人们就有各种不同的看法。你不做思想工作，不统一认识，你就干了，那后院儿还不起火？所以上层路线他善于走，下层路线他也走，中层路线，没下功夫。

定：下层路线指的是什么？

张：职工，职工这是下层路线，奖金高了，当然都高兴。你领导班子这一拨儿人就是中层，你的左右啊，你的左右起火，有的还诬告他，给他起外号儿"黄大吹"、"黄大闹儿"。（众笑）有点儿贬义啊。实际上啊，这黄宗汉还真能吹，吹得神乎其神。（众笑）这两本儿书（指笔者为黄宗汉做的口述）啊，也引人入胜，也有吹，最好你们把他这吹啊，华而不实的东西给去掉。

黄宗汉与阮若琳在日本，与日本签订了《中日电视剧合作协议》

（黄宗汉提供）

黄：反正我这经营方针就这么定了，那时候电视剧本创作什么的，比如拍《蹉跎岁月》缺钱，来找我，还给我送剧本来，我翻了翻，我说行行，给你们……

定：他们也够不像话的，一次又一次勒索你们的东西？

黄：没事。搁现在电视台要东西要得比那可狠了对不对？要钱要得也狠，上亿地要（笑）。这以后呢，从《蹉跎岁月》以后，我就跟他们电视艺术界，就结上缘了。阮若琳那时候是中央电视台副台长，我并不是因为她是小青她三姨儿啊①，那会儿我还不认识她。这三姨儿是个大忙人儿，奉命组建中国电视剧制作中心，这我才和她有了联系，是她先找我。

后来金山同志想拍《红楼梦》，要成立电视艺术委员会，电视剧制作一是缺钱，二呢，是缺剧本，需要组织艺术家们来创作电视剧剧本。那会儿真会写电视剧剧本的人也不多，这写电视剧剧本和写话剧剧本是大不一样的，和电影剧本也不一样是吧。金山同志就给耀邦同志写报告，耀邦同志就批了：同意。这就成立了中国电视剧艺术委员会，金山同志是主任，阮若琳是副主任，我是这时候才认识阮若琳的。他们又找我，请我当电视剧艺术委员会委员，我这经营方针是越来越具体化了，不是光送几台电视机了。我一看这事挺好玩儿啊（笑），那我就参加

---

① 黄宗汉的大哥黄宗江娶了阮若琳的姐姐阮若珊为妻。小青即本书作者之一阮丹青，是黄宗江与阮若珊的女儿，黄宗汉的侄女，同时也是阮若琳的外甥女。黄宗汉在这里强调的是，他与阮若琳虽然是亲戚，但此前没有来往。

阮若琳（1929—2010），女，河北怀安人，抗日战争爆发后，在晋察冀边区和延安从事革命工作。1949年后相继担任《广州日报》副总编导，广东电视台台长，陕西广播电视局局长，中国电视剧制作中心主任，《中国电视》杂志社社长兼主编，《羊城晚报》《大众电视》顾问。中国电视艺术委员会一级编审、副主任。主持拍摄了大型电视连续剧《寻找回来的世界》《西游记》《红楼梦》《末代皇帝》等及数百部（集）中篇连续剧和单本剧，任总监制或顾问。主持召开了8届电视剧题材规划会，组织了11届"飞天奖"的评选活动。在中国电视发展史上，阮若琳无疑占有重要一篇。从火爆中国荧屏的"阿童木"到热播的《夜幕下的哈尔滨》，都与她的决策密不可分。1979年，时任中央电视台副台长的阮若琳到日本考察，将《铁臂阿童木》引进央视，由此"阿童木"成为中国70后观众的集体记忆。1984年，《夜幕下的哈尔滨》被拍成了13集电视连续剧，1985年元旦同广大观众见面，获得了极高的收视率。历时三年的电视剧《红楼梦》的拍摄过程也一直被传为佳话。阮若琳被称为"中国电视剧之母。"

吧。那时候我已经在做检查了①，我跟管工业的副市长张鹏说了一下，说我现在反正也没事干，我给自己找点事干吧。我就去了。

当时我的思想真是特别活跃，做着电视机还想着电视剧呢。这金山啊就想拍四大文学名著，拍《红楼梦》（笑），后来又要拍《末代皇帝》，聘我做委员。当时他们自己另外支了一摊，就是中国电视剧艺术委员会，有马联玉，是儿童文学作家，还有赵寻，文联的党组书记，反正有这么几个人哈，后来中国电视剧制作中心和电视剧艺术委员会基本上成了一套人马，两块牌子。电视剧制作中心专门有人来负责组织剧本创作的事。

当时吴冷西②同志的想法，是想针对当时观众的意见和要求啊，加强电视剧制作。他从中央电视台分离出一个中国电视剧制作中心，和中央电视台是平行的局级单位，叫事业单位企业经营。提出事业单位要企业经营这个不难，现在电视台的人都很懂得经营了，可在当年他们这帮文化人怎么会经营企业啊？有人说从北京调个厂长、经理什么的来帮助干这事吧（笑）。这样的话呢，电视台很自然地就推荐了黄宗汉（笑），因为黄宗汉是中国第一个热心帮助他们的，又给他们发奖，又给他们发电视机（笑）。吴冷西就让阮若琳先找我谈这个事，让我到他们那儿去，阮若琳兼副台长，任电视剧中心主任。后来就让阮若琳找我谈，我说我不想到你们那儿去。她说为什么呀？我说为什么，就因为你们那儿太穷，我到你们那儿去看了，那一溜小平房还不如我一个车间呢！确实电视剧中心成立的时候真穷，穷得当当儿的。刚成立的时候连一辆车都没有，当时不是每个单位都有车，不过像一个局级单位一辆车都没有，那条件也真是太差劲了哈。我说你不就是缺钱吗，我可以兼职，我在你

---

① 这里指的是黄宗汉 1982 年在东风电视机厂任厂长时因被匿名信诬告，中纪委立为大案而受审查，被责令检查一事。

② 吴冷西（1919—2002），广东新会人，1938 年 4 月加入中国共产党。曾任新华社社长，广东省省委书记，中央文献研究室副主任，广播电视部部长，中华全国新闻工作者协会名誉主席和中国广播电视学会名誉会长等要职；是中共第十一、十二届中央委员会候补委员，第三、四、五届全国人大常委会委员，全国政协第七、八届常委会委员。

们电视剧制作中心成立个公司帮你们挣钱就是了。于是乎呢，阮若琳觉得还可以哈，不用给你掏钱，还可以给她干活。这样的话，广电部接受我的意见，就是我人不调过来，聘我为顾问，不是电视剧制作中心的顾问，是部里聘我做顾问，我这样就介入了电视艺术工作。他们选这时间也挺好（笑），也没跟我打什么官腔。那时候虽然检查组检查我，但是我在厂子里头，把我的秘书，把我的车什么的借出来，我还是能做得到的。我的继任者对我还挺好，厂子里的人也都还买我的账，因为我终究把厂子从亏损大户变成了千万富翁。那会儿啊，一个厂子趁两辆上海车也是挺阔气的，对不对？

于是乎呢，我就带着我的司机，带着我的秘书，还有经理基金，也就5000块钱，那会儿规定我们经理每个人可以有5000块钱，我就带上那钱过去了。到广电部电视剧制作中心当了国际合作公司总经理，位居中心二把手（笑）。

那会儿还谈不上市场经济，大家就是缺乏市场经济的基本观念，缺乏办公司的基本知识吧。原来三年前就有个电影合拍公司，这个合拍公司有胡耀邦的批示，是部里成立的，也照样开展经营活动，干了这么多年，没有办理过合法的登记手续，没有办过执照（笑）。严格讲他就不是一个合法的存在，他要办什么事，如果主管部门跟他较真，他都应该是办不成的，可是这么多年，他也就这么过来了哈（笑）。

［访谈者按］下面黄宗汉谈到，由于他有办企业的经验，所以比照企业办工商执照的做法，把应备的官方文件一一报批下来，于是成了中国第一个领有营业执照和有关批件的涉外影视公司，当时电影合拍公司和中央电视台的国际服务部还没有报批执照的意识，所以黄宗汉就成了老大："因为我成了第一，我拥有那么多权力，我就开展活动了，开展活动人家就认为我侵犯了人家的地盘了。"

据黄宗汉说，当时中国电视剧制作中心领导层一共四个人，除他以外，还有阮若琳和一个管技术的，一个管艺术的。靠着黄宗汉带过来

5000元启动资金开始开展业务。其间拍摄了电视剧《末代皇帝》、电影《大班》等等，黄宗汉对这一段经历也有很深的感触，由于与宣武区关系不大，只得忍痛割爱了。

黄：我在中国电视剧制作中心工作的一些情况，反映了中国文化艺术改革的一些状况，但反映得不太完整，因为我不是在那儿当什么头把手，而是给人家当助手，但是呢，也挺有意思。当然这个事也很难公开发表哈。反正我后来慢慢体会，就是赵丹讲那话：党管得太多，文艺没希望。这是他临死时说的，他最后终于讲了出来，我可以用我的实际经历来印证这话，党，管得太多了，管得实在太多了，而且党管，还一直到政治局，他管那么多干吗？管大方向就行了，管得太具体，实际上会严重妨碍中国文学艺术事业的发展。

定：现在电视剧审查还是挺严的吧？

黄：审查挺严。要是依法审查，第几条规定，什么样什么样你不能拍，什么样什么样的东西得加以限制，这也算有法可依啊，是吧。现在审查的人呢，有的就是糊涂蛋，你怎么能让糊涂蛋去审查呢。

工作中的黄宗汉（黄宗汉提供）

《红楼梦》是我正式进入文艺圈的第一个行动。然后我到香港，我的一个朋友叫陈玉书，后来成了统战人物，原来是印尼爱国华侨，回国以后在大学读书，正赶上"文化大革命"，折腾半天又去香港做生意。我记不清我们俩是怎么认识的。后来我去电视剧中心，他问我那儿怎么样啊，我说：哎呀，真没想到穷得那么厉害，什么都没有，刚弄辆车，那连台复印机都没有呢。他说：那我送你一台吧。这电视剧中心有复印机了。（笑着说）就是说当年起家的时候，我进入以后，这都是同时干的事，拍《红楼梦》也就在那个穷单位张罗的，所谓企业化经营是这么开头的啊（笑）。

现在给人的印象就是我进入电视剧艺术中心以后，就拍《红楼梦》建大观园，这宣武区大观园就成了我的最后归宿哈。但事实上呢，在我盖大观园的时候张罗拍《红楼梦》，那我赚不着钱，是广电部给我75万块钱置景费，在那儿滚出个大观园来是吧。我当年要支持电视艺术事业，要带动电视工业发展，我给他办公司，我得给他赚钱啊，那就得跟国外合作拍片是吧，等于给人家打工，最后挣点小钱。当然这小钱的钱数也不少，一共挣了好几百万美元，好几百万人民币。跟卢燕拍戏，挣了一辆面包车，但这件事情最后也引来一些麻烦，就是人家拍《天葬》以后，不知道什么人把这个问题反映上去了。（上面）就没批准这部片子出口。封存了。其实从人类学的角度来讲，这部片子拍得是很有价值的。

定：为什么呢？

黄：因为艾知生部长说这事应该征求一下阿沛·阿旺晋美的意见。于是乎呢，有一天艾知生就请阿沛·阿旺晋美来看这部片子，问他说，把这部片子给国外的科研单位作为人类学研究的资料行不行。结果阿沛·阿旺晋美一看：不行。不行就出不去了，卢燕折腾半天没用。卢燕跟宗江挺好，差点儿结婚对不对，但对我这小老弟还挺有意见，她说我要钱要得狠，最后她赔进一所房子。其实要是这片子出去啊，她能挣回不知多少所房子呢，可是这片子没被允许出去。这是第一场纠葛。但这对我没什么大了不起的，我反正一分钱也没花。

二、《红楼梦》和大观园

1. 大观园①的建成

黄：阮若琳为什么叫中国电视剧之母呢？就是中国大型古典电视剧的拍摄应该算她领的头，把这事情做起来了，而且做得都是高水平的，当年是高水平的，今年回过头来看还是高水平的，非常了不起的这么一个人。拍《红楼梦》的时候呢，她是电视剧中心主任，应该就是总制片，当然她没挂这名。当时讨论剧本啊，选演员啊，都是阮若琳在那儿亲自抓。但拍戏总得有个地方啊，得有摄影棚，得有外景地，这在当时是挺难的事。《红楼梦》中的大观园有四十景呢，当然用不了那么多景了，但是导演提出来需要八个景：潇湘馆、怡红院、滴翠亭、沁芳桥、藕香榭、大观园园门、曲径通幽、垒石群，这都是必不可少的。那怎么办呢？到苏州拍去吧，这队伍浩浩荡荡拉到苏州，也不见得就那么合适，因为曹雪芹撰写的《红楼梦》里头，这个大观园是个梦幻的园林，你若是把现成的园林硬往上套，有时候也不是那么好套。另外拍摄还有很多特殊要求，你就说这潇湘馆，是个挺小的庭院，要打镜头，得从窗

① 大观园位于右安门西护城河畔，原址为皇家菜园，地名南菜园。1984年根据我国古典名著《红楼梦》中对大观园的描述建造仿古园林，1988年竣工。占地约13公顷，建筑面积约2万平方米，水面近3公顷。园内有大小景点40余处。其中庭院景区含贾宝玉怡红院、林黛玉潇湘馆、薛宝钗蘅芜院、贾迎春缀锦楼；自然景区含"林潇湘魁夺菊花诗"的秋爽斋，卧水双层湖心亭滴翠亭、"稻香老农"李纨的稻香村；佛寺景区含妙玉禅房栊翠庵；殿宇景区为顾恩思义殿和大观楼建筑群，即贾元妃的省亲别墅。园内还有暖香坞、芦雪庭、红香圃、嘉荫堂、翠烟桥等建筑，错落于山水之间。全园设计精巧别致，独具匠心，展示了我国古建筑艺术的魅力。

黄宗汉与阮若琳在日本北
海道（黄宗汉提供）

户那儿把镜头打进去，你把人家窗户拆了，人家那原来都是文物，人家干吗！苏州那些东西，不是要拆这个，就是要拆那个，有诸多困难。

我当电视机厂厂长的时候去过日本，人家不能光跟我谈生意，也让我到处逛逛是吧，看看日本迪斯尼啊，游游箱根①，我知道迪斯尼就是华特·迪斯尼公司拍动画片之后，搞出的主题公园，是世界上最有名的大游乐园。他们还请我去看了一次东映太秦村②，日本东宝映画的外景地，那也是一个大旅游点，跟现在大观园是个旅游点似的。东映太秦村是个古村，东宝映画要拍古典戏，就把拍戏需要的那些景一个一个地建在那儿，最后留下来，下次拍古典戏还可以再用，挺大的那么一块地，搞得挺好。据说这是东宝映画下属企业中最赚钱的，他们每天拍戏都登报，就跟登电影广告似的。所以我对这些东西早就有印象。我那天去东映太秦村，正好赶上栗原小卷③在拍戏，后来在火车上我就跟她聊

① 箱根位于神奈川县西南部，距东京90千米，是日本的温泉之乡、疗养胜地。约在40万年前这里曾经是一处烟柱冲天、熔岩四溅的火山口。现在的箱根到处翠峰环拱，溪流潺潺，温泉景色十分秀丽。由于终年游客来来往往，络绎不绝，故箱根又享有"国立公园"之称。

② 东映太秦映画村，是位于京都的一个"时代剧"的拍摄基地，也可以称为电影主题公园。"时代剧"是日本对古装戏、历史剧的称呼。"东映"是日本的一个大电影公司的名字，"太秦"是所在地的地名，"映画"是指电影。1975年11月1日正式启用。

③ 栗原小卷，1945年3月14日生于日本东京。日本著名表演艺术家，日中文化交流协会常务理事。1963年毕业于东京芭蕾舞学院，并就读于俳优座演员培训所。是一位优雅美丽，广受喜爱的国际明星。她主演的影片《生死恋》《望乡》在中国引起轰动，一度掀起"栗原小卷热"。

上了。

定：您会日语？

黄：我不会日语。有日文翻译啊，好多东西就都是栗原小卷讲给我听的。因为我有这个印象，什么迪斯尼，东映太秦村，所以我想，拍《红楼梦》就不能学学美国和日本的经验么，咱们也搞个外景基地。《红楼梦》不就八个景儿么？咱就把这八个景儿建起来。我还算了一笔账，我说建八个景，比把队伍浩浩荡荡地拉到苏州去还省钱，当时我这账还算得挺具体的，这是一。第二呢，那会儿我们从中央电视台分出来个技术部，技术设备主要靠的就是这个部，你要是把整个技术部门拉到苏州去，再要动人家窗户什么，都是挺复杂的事。我就想咱们干脆学习国外先进经验，就在北京选址，盖一个大观园景区，这回盖起来，下回拍电影还可以用，从经济上讲咱们也合算。说完了我就写了个书面意见，报到部党组去，党组还真挺重视，开党组会就把我这个建议也列为议题之一进行了讨论，党组多数人同意。

定：还有少数人不同意？

黄：不同意也有不同意的道理是吧？后来我的建议也发生点变化，我本来是想搭布景，这布景用不了几次也就完了哈，后来想干脆搞个永久性的，建实景。部里财务司（司）长对我挺好的，他说老黄你提出来盖实景，这就涉及基建了，没有基建立项就盖起来这是违章啊，将来这责任怎么负啊？我说这北京市的事我去解决，我负责。他说你负责也不行啊，违章这是很麻烦的事。他提的是挺合理的哈。当时吴冷西老生病，主持日常工作的是谢文清。谢文清在香港新华分社当过社长，香港有个宋城，也是外景地，是永久性的哈，他见过这玩意儿，所以挺支持，说行啊，我看就批准黄宗汉这个建议吧，有什么问题我负责。他负责，司长不好说别的了，就把制景费一共 75 万块钱，得，就委托我来办了。

这 75 万块钱委托我办，要是搭布景当时能搭，要是说真盖大观园就不止这 75 万了，后来我们一共花了 2300 万。

最初选址选在陶然亭公园，陶然亭公园你进去过吧？有些现成的景观就可以利用，比如云绘楼，我说把它当大观楼就行，慈悲庵就当栊翠庵，我说你们看着行吗？他们说行，挺好的。我说就围绕这周边再盖几个景，（把）拍这部戏的几个景拿下来。这样我就找公园的总支书记，总支书记是我在市委组织部干部处的同事，我们俩一拍即合，他说行，就盖到我们这儿吧。我说盖在你们这儿有一个问题，我那75万块钱不够，我得向银行贷款，贷款得还。怎么办呢？我说将来你们搞个园中园，收门票。当时陶然亭的门票很低，可能是五分钱。我说你们收了门票去慢慢还给银行。他说行。他答应了就行呗，我就打算这么干了。

可是借钱得我出面去借啊，后来有一天，我就把中国银行行长，姓牛，当时是信贷处（处）长，现在可能该退了，还有信托投资公司的经理，叫蒋寿清，我约他们出去玩一趟。他们说到哪儿去啊？我说带你们看看《火烧圆明园》的那个景，挺好的，咱们一块照个相。《火烧圆明园》那大水法景搭得非常好，花了40多万块钱，拍完戏以后一拆了之，就卖了四千块钱废木料儿，我觉得非常可惜。我就跟这些经理、行长们说了，我说今天拉你们来，找你们有点事：你们看《火烧圆明园》这景不错吧，你们在这照相照得挺高兴，过几天就得拆了。他们说为什么拆了，我说不拆怎么行呢，还得给农民腾地，人家还得接着种地呢。我说我现在张罗着拍《红楼梦》，这回我不能再干这个事儿了，这多好的景儿啊。

黄宗汉与其子在《火烧圆明园》大水法景处
（黄宗汉提供）

杨： 是是，看那个电影里特别漂亮。

黄： 我说我要搭实景儿，拍完以后都留着，打算盖八个景，钱不够。为什么钱不够？我说我要盖永久性的，我说我就想这回拍《红楼梦》，什么潇湘馆、怡红院这些，我想找个地方盖永久性的。广电部给我75万块钱，钱不够，我还需要借点钱。银行当时都表示支持，他们问我需要多少钱，我说广电部给我75万块钱，我说还缺75万。75万人民币对中国银行来说太小意思的事了，他说那好，贷给你。我说将来由公园慢慢收了门票，还给你们。他说行啊。我说这时间得长，他说没关系，75万块钱人民币算什么啊。这个事情我以为就算成熟了，结果陶然亭公园向市园林局一汇报，市园林局说，他要在这儿拍戏搭布景，最后把这景留给咱们，咱们没意见，占咱们的地，咱不收钱都可以哈，到最后还钱，还得咱们还，这75万块钱，就你这门票，什么时候能还上它啊？他不同意。

他不同意这事就挺麻烦的，我怎么办啊？那会儿宣武区的区长住在我楼下，叫李瀛，我吃完饭没事，坐他那儿聊天去，聊来聊去，就聊到这儿了。他说陶然亭公园不干，我干。我说你干，你有地儿吗？他说我有地儿。第二天他就让副区长陪我去看。象来街那儿有个宣武艺园①，已经在这儿做了一些仿苏州式园林，他问我再往里面加点景观行不行？我说不行，我一拍，把后边的楼拍进去了，叫穿帮吧，这地方不行。他又领我到现在这个大观园的地方，当时这儿一片荒凉，大小也合适，我说这儿还行。看完后，回来李瀛问我行吗，我说行，他说你要说行就行。我说我还得跟银行借钱，你负责还。他说你干吗还跟银行借钱啊，本来这地方我就要拿出150万修公园，得了，广电部给你75万，我再给你150万，封你个大观园公司经理，你就干去得了。就这些钱，这点

---

① 宣武艺园，位于宣武区槐柏树街12号，占地面积8.37公顷，原址为善果寺，重建于明代，至清顺治时为京城第一胜地，被列为京师八刹三山之一。20世纪50年代末由林地逐步改建为宣武公园，后因地震被毁。1985年9月28日，宣武公园改造工程竣工，改名为宣武艺园，占地7.37万平方米。

水和这点泥儿，你总体上按照《红楼梦》书里写的做规划设计，这些钱能盖多少算多少。咱们这辈子估计把整个大观园盖起来不可能，那子孙后代还接着盖，我估计这地儿也够了，你就给我弄规划去，行不行？哎，我一听这挺好，我原来只想盖八个景，他提出来要盖整个大观园。

[**访谈者按**] 黄宗汉这里提到他盖大观园，得到李瀛的全力支持。我们与李瀛、张宝泉的座谈中也谈到此事，记录于此以相对照。

定：您是支持他（指黄宗汉）的？

李：对，一直支持，这是一个非常好的创意。他原来说要建在陶然亭，陶然亭没成。我说：你到我这儿来吧，我给你找地儿。因为我们俩楼上楼下住。晚上没事儿（就）聊天。

定：对对对，他的口述里说到过。

李：我说很好，盖。

张：这个大观园好在哪儿啊？原来拍电影啊，都搞布景儿，拍完了，这布景儿就撤了，就烧了，那多可惜啊，只有拍《红楼梦》电视连续剧，把布景儿留下来了。它那制景费，70万吧？

李：对，75万。

张：制景费。再加上大观园，是一边盖着一边就开放，这样子滚，滚动式的，用这个钱搞起来的，国家并没有多少投资。这《红楼梦》的大观园变成人间啦，变成实景儿，这是个创造。

李：我插你一段儿啊，第一个提出这个来的人，就是黄宗汉。在什么场合呢？我们俩上下楼住着，晚上他到我那儿聊天儿去，他说他想建一个大观园，你想干吗？我说好啊，干啊。他说他想要一块地，我说我给你找地儿。开始找的是另外一个地方，是个医院，他说这个地方不行。他后来找的这个地儿，这地方有150万园林费，他有75万，合起来，就这么个数。这数也不够。当时呢，他说他们剧组没钱，搞几个景就得了，我说不行，只搞几个景，那我不搞，我说要搞就搞全的，就搞整个的大观园。没钱，没钱咱们想办法，咱们这一辈子搞不了，咱们儿子、孙子，下一辈子接着搞，准得搞个全的。这个当时我给陈希同汇报了，他特别支持。

定：您那时候是区长？

李：我是区委书记。没钱怎么办？我想就这么办，以园养园，搞一部分开一部分，开了有了收入，有了收入再反过来投进去，这样再搞第二步，再搞第三步，这么搞。为这事万里追我三次。

定：为什么？

李：万里说你哪儿来的钱？我说啊，中央没给我拨，市里我没要，我自己我也没出（笑），他说你挺厉害的啊，你不花钱能搞啊？我说我花钱了，我自己的钱，他说你哪儿来的钱？我说园子的钱。我说这儿有150万，加上黄宗汉的75万，我们先搞两个景，这两个景搞完了，我开，你来参观，参观我就收钱，收了钱以后，我就搞下边的，那去的人很多啊，然后我再搞三个景，三个开了我再搞四个，四个完了搞五个，搞六个，搞七个，整个儿就搞下来了，滚动的，滚动性的发展，是吧？人大会上也提这个问题，个别人也有找我的，也有找区长的。有说反对的，说咱们古迹还少啊？这么多古迹，你还搞这个人造的古迹？我这都跟陈希同汇报了，他说别听那个，他挺支持的，他不支持，你不好办。搞了以后，他经常去。

定：既然有那么多古迹，你们为什么还要造一个人造的古迹呢？

李：当时要发展宣武区啊。你要搞好这个宣武区，你得有像样的一个景吧。我是这么想的，你得给后人留点东西，你做几年，你得留下点什么东西啊。

定：政绩嘛。

李：你得给老百姓办点事儿啊。北京有景山公园、天坛公园，可那都没宣武区什么事儿啊，这么想的。当时呢一说，我和黄宗汉我们俩挺投的，谈得特别好。

定：您当区委书记的时候"文革"已经结束了，那原来宣武区的重点不是发展工业吗？这个时候怎么就突然地转变成发展文化了呢？

李： 那还是城市特点，那时候我们对发展那么多工业已经有看法了。

定： 那时候已经有反思？

李： 对，已经有看法了，搞那么多工业，那么多污染，你搞点公园，搞点景致，搞点对人民身体健康有好处的好不好？

定： 这个想法是谁开始有的？

李： 陈希同。

定： 就是说当时，"文革"以后，他已经开始考虑到，北京应该发展文化，而不是一味地发展工业？

李： 对，他跟我说，别发展工业了，那个张旭，搞那么多工业，不是刘仁同志说了嘛，张旭你别当区委书记，你当厂长去吧，刘仁说这话，我没在场，陈希同跟我说的。他说那时候搞工业，太污染了，污染这不行。

定： 从搞工业转到搞文化，宣武区是不是算比较早的？

李： 别的区也都转了，像海淀，张蔚深当书记的时候，还有西城，陈元当西城书记的时候。

定： 那别的区都没有像宣武区搞得这么好啊，文化成了宣武区的一张牌了，你们怎么能搞成这样的？

李： 根儿还是在陈希同那儿。

定： 他怎么就那么重视你们宣武区，他怎么就没重视别的地儿呢？

李： 我老给他汇报啊，他老上我那儿去。因为一上别的地儿去啊，大饭店，宴会摆上了，到我这儿就吃我们食堂的饺子啊（笑），家常便饭。我说：希同，对不起了啊，家常饭。他说：太好了，就这样。他跟铁英那么说："走，到他那儿吃饺子去。"他不愿意铺张，所以我对他印象挺好。

定： 你们俩也比较投缘是吧，谈得来。

李： 对对，那是，还有李锡铭也是。

黄：《红楼梦》我看过啊，要盖大观园这么大的一个梦幻园林，设计起来可复杂了，谁会设计啊？我找谁去啊？有一天我和《红楼梦》顾问委员会的清史专家朱家溍在一块儿吃饭，坐到一块儿聊。我说朱老，我现在遇到个难题，宣武区要盖整个的大观园，哪位红学家能给我从整体上设计这大观园啊？周汝昌也好，吴世昌也好，冯其庸也好，对红学当然都深有研究，但谁也没有可能给我做大观园建筑设计啊！朱家溍说这还真巧了，你看啊，那儿坐着的那位叫杨乃济①，是专门研究大观园的，认得这人吗？我说不认得，您给我介绍介绍。这么着，我和杨乃济就认识了。杨乃济怎么就专门研究大观园了呢？1964 年的时候，周总理给梁思成交代个任务，让他搞一个大观园模型，送到日本参加《红楼梦》展。梁思成接了任务，就具体交给清华建筑系的戴志昂教授，让他先画出个图来，这就不是一般红学家干得了的活儿了，就得由建筑学家们，当然是对《红楼梦》有研究的建筑学家干哈。戴志昂教授就绘了图，然后得做成模型送去展览啊，就把这活交给了当时的青年教师杨乃济，这人在清华建筑系也是梁思成年轻的高徒之一。他那会儿是右派，也没什么事，小右派，还能留校哈，特别聪明。他做的模型在日本展完以后运回北京，就放在故宫的午门上展览，红学家多数都认为这个模型比较接近于曹雪芹书中那个大观园的原意。因为大观园的模型在此之前已经有好多了，各式各样的，但是人们都觉得跟《红楼梦》有些对不上号。

我和杨乃济认识以后，就说了我的想法，当然他挺高兴啊，还送了我一本书：《大观园》，是红学家顾平旦编的②。顾平旦这个人对我来讲

---

① 杨乃济（1934—　），著名红学家、古建筑学家。1955 年毕业于清华大学建筑系，在中国建筑科学研究院建筑历史研究所从事中国古代建筑史研究。后任北京旅游学院教授，北京旅游学院旅游科学研究所名誉所长，中国紫禁城学会常务理事。参与撰写《中国古代建筑史》《圆明园》《紫禁城行走漫笔》等著作。

② 顾平旦（1930—2003），笔名京人、阿蒙等，江苏苏州人。中共党员。1951 年毕业于国立社会教育学院。历任共青团苏州市委宣传部干事，北京宣武区街道委员会总支书记，北京出版社编辑，北京社会科学研究所历史研究室研究人员，中国艺术研究院红楼梦研究所资料室主任，国际红楼梦研究资料中心主任、研究员，中国楹联学会会长，中国红楼梦学会理事，《〈红楼梦〉学刊》编委。1947 年开始发表作品。1986 年加入中国作家协会。著有专著《红学散论》《大观园》《红楼梦研究论文资料索引》，主编《红学稀见珍本》丛书等。

也很重要，刚一进城的时候我在宣武区区委，我们区委里边还有个青委，就是青年团，青委里边有个干部就叫顾平旦。后来搞来搞去，他就变成红学家了，编了这本书，但他不是建筑学家，他就把杨乃济写的有关大观园模型的那篇文章就收到他这书里头了。我一看这个，我说行啊，你到我这儿来得了。杨乃济当时在中国建筑研究院工作，而且做着课题，他说我要真帮你设计这个，那得下大功夫，得好多时间，不是业余就能干了的，可我又离不开。我说我想法儿让你离开不就完了吗？北京市的领导，大多数人我都能说得上话，这时候张百发调到建工部当部长去了，我就找到张百发，把这事说了，又让副市长张健民给张百发写了封信，请他把这个人支援给我。

我干这个的时候啊，我是北京工艺美术品公司副总经理，已经成了副局级干部了。那时候北京市已经很清楚地知道邓小平在支持我，他们要把我从处级干部提拔成局级干部，单位让我自己挑。我说我正在鼓捣大观园呢，把这事干完了再真正去任职吧。这样我就得找一个单位，这单位既能接受我在那儿任职，又不能派我干活。那会儿薄熙成在这个公司当经理。这公司不小，三万多人呢。我跟薄熙成说，在我最困难的时候，中纪委还检查着呢，人家广电部就让我当了顾问了，现在我给人家张罗大观园景区，我得把这活干完了再去上任。他说那行。他愿意接受我，而且还挺热情，给我配了办公室，秘书、车都有，薄熙成有那么一段，挺照顾我。我在那儿当副总经理，但是没在那儿干，只是挂名领工资而已。我又跟他说，我还想调一个人来。他说调谁？我说现在我们得找个总设计师，可这人在原单位还有课题，要是把他调到宣武区来，这么一个建筑专家，怎么安排他啊，也没个合适的地方。我得把他调进咱们公司，但是就只让他给我设计大观园，这件事还得请你支持。薄熙成挺慷慨，说可以，说我们工美公司本来就有总工程师办公室，他不介入那个。这样的话，这杨乃济就成了我的专用工程师了，他也不用到哪儿上班，在家里干就成。

我再往下说，这就越来越具体了。

笼而统之，那块地方盖大观园挺大的，苗圃180亩地呢。可是大观园应该是多大呢？《红楼梦》里写的是周长三里半，在第十七回中写贾蓉勘察园址，走一圈下来说是三里半。这就有一个很大的问题，要真是三里半，这大观园得多大呢，大概相当于中山公园的三分之二，中山公园可是社稷坛呢！那东边是太庙。大观园只是个私家园林，怎么能有这么大规模？一个恭王府的花园才多大啊，对不对？这就是红学家们争论的问题了。后来戴志昂画图的时候说，他认为《红楼梦》最初传播的是手抄本，在抄写过程中可能有误，他认为二里半为宜。红学家们也接受他这说法，总之是把它缩小了。二里半要折算出来呢，大体上是11.5公顷那么大，就150亩地吧，宣武区拨给我这块地是180亩，足够了，那就照这个进行规划设计吧。但现在我住到养老院以后，我还一直在想这个事，我觉得曹雪芹写得也对，戴志昂这个论述也对，这个《红楼梦》在传抄过程中发生笔误的可能性有多大啊？既然都那么重视它，即使有笔误，您是不是还会发现一个版本，它写的是二里半的呢？怎么就一直都写的是三里半呢？后来我想，会不会是这样呢：《红楼梦》里写大观园是三面环山，贾蓉在勘察园址的时候，如果是顺着山坡走，可能就走出三里半来了，如果放到平面上，它就是二里半。我这意思你能听明白吗？我旁边那个公寓楼上住着一个清华学土木的，我就跟他探讨，我说：贾蓉当年探勘园址的时候，把荣、宁二府周边那些小山坡什么的都圈进去了。我说：我当年勘探这园址的时候，站在高处往下望过，走出三里半来，是完全可能的，你给我算算行不？他还真给我算了，他说：你说这样也是可以的，摆在平面上进行规划是按二里半设计，这也是合理的。

我对红学没有很深研究，但是我对大观园呢，还是很慎重的。这样呢，75万加上150万，一共是225万，我就当起这经理了。开始启动的时候用的是我这75万，后来建设过程又用了94万，是从宣武区政府那儿拿的。等用到第94万的时候，我已经不需要再向宣武区政府要钱了。我原来想拍完戏以后把这园子交给宣武区经营就完了，等于拍戏是拍

大观园内土山俯瞰（黄宗汉提供）

戏，开放那是以后的事。我没想到，我这么一盖大观园呢，全国来了这么多"刘姥姥"，要来逛这个大观园（大笑）。那时候中国还是第一次拍大型古装电视剧，人们蜂拥而至，老百姓非要看不可，说不让看就把你园子给砸了，这当然是气话啊，不会有人有这种举动的。后来就报告给陈希同，问这事怎么办。陈希同说：那怎么办，开始收门票吧，定个高价的门票，人不是就来得少了么，你们也就可以拍戏了。那时候我们剧组还不适应让人这么围着看他拍戏，当然现在哪个剧组都能适应了，其实那会儿围着看也没什么问题，我们不是同期声拍摄，都是配音的。就这我还给剧组做工作，我给他们讲日本东映太秦村，我说栗原小卷这样的国际明星拍戏都让人看，咱们怎么就不能让人家看了？你得慢慢适应这个哈，演员都是一帮小孩儿，小姑娘，小小子，说说也就行了，这就拍开了。这么一来，老百姓那儿每人一块钱，一年下来就是上百万的收入，我们从开拍，最高的一年收入 250 万，不需要宣武区政府的钱了。后来我就告诉园长，我说咱们把这钱退给宣武区政府，咱自己钱够花的了，咱落个白手起家。这样国家没花一分钱，宣武区白捡了个大观园。

定：您还挺有政绩的。

黄：这政绩都成了政府的。最后有人写篇报道，什么八竿子打不着的官员全给写上了，就没提我名，官场就是这么回事啊。可是他不写也没用，大家都知道这事是黄宗汉张罗起来的，对不对？写不写无所谓。那回《光明日报》来采访，讲我拍《红楼梦》建大观园的事，那会儿还实行审稿呢，区委审查通过了，采访的时候俩记者还"啪"给我照了张相，发稿的时候把我那张照片也搁上了。好，这区里影响大了，说我太突出个人。我说稿子你们不是全看了么，我也不知道他会把给我照的相登上啊。现在人家报社根本就不找你审稿了，也就没这事了。过去左审右审，最后光剩下骨头没肉了对不对？反正这事啊，这样就引起很大的轰动，按照袁宝华同志①的话说，这是中国文化改革的开端，这评价可能过高了啊。但是我说啊，这《红楼梦》无疑是优秀的文化遗产，它既是巨大的精神财富，又是巨大的物质财富，我们不仅要发展文化事业，还应该开发文化产业，所以我既可以追求文化的高品位，同时还可以争取获得文化的高经济效益。

定：现在都会拿文化卖钱了。

黄：但是要卖得高雅。

那时候重要的是，我已经形成一个文化产业的概念。文化产业这词儿我也不知道，过去我也没把它当问题进行研究，我也是从大观园的实践中，做出一些带有理论性的概括。其实国外这个概念早就有了。我的

---

① 袁宝华（1916— ），河南省南召县人，1949 年后，先后在东北工业部、重工业部、冶金工业部、物资总局、国家经济委员会物资管理部、国家计划委员会和国家经济委员会担任领导职务。1985 年被国务院任命为中国人民大学校长，并兼任党组书记，1991 年 11 月卸任。为中国企业管理科学领域的著名教育家及学者。2004 年 12 月，中国设立了由中国企业管理科学基金会推出的中国企业管理科学领域的最高奖项，并以袁宝华的名字来命名，即"袁宝华企业管理金奖"。

想法是优秀的文化传统是一个巨大的精神财富，又是一个巨大的物质财富，应该把那些能推向市场的文化，尽可能推向文化市场。就说大观园这些文化哈，咱要发文化财，可比发电视财容易得多。我在电视机厂的时候，得一分一厘地算账才能赚钱，这儿可好，这门票一收就一块钱，一人一块钱，就这么轻易地就进来了，是吧。所以我就提出要发文化财。我这是说白了，其实没有这么简单哈。

后来市委政策研究室啊什么的，就到处请我讲话，写文章，就是讲文化产业，我就形成了这么一种概念，就是把文化事业和文化产业区分开，用文化产业贴补文化事业，省下钱去支持真正需要国家财政贴补的文化事业，比如文物修缮等等。市委政策研究室就把这个东西编成书，给我正式发表了。

北京社科院的高启祥院长，后来跟我说，这个文化产业，日本早就有这方面的理论专著，是日下公人写的《新文化产业论》。哎哟，我说

黄宗汉在大观园（黄宗汉提供）

你快给我找找，我干了半天，都是从实践里头自己提出的一个文化产业概念，但是我没有把它理论化。现在看起来，要把这事情真正推动起来，还应该从理论上把它理清楚。①

这样，我又干了一件至少当时在北京别人没有干过的事。哎！后来我挺满足这事。

2. 大观园背后的故事

定：您把做大观园的过程都讲了，可是没有讲到背后的东西，如果背后没有太多波折，那咱们就接着讲宣南，因为我对宣南这些事还有一定的兴趣啊。那后来是不是还有一些波折呢？

黄：我那时候鼓捣什么红楼梦大观园，是把它当一个避风港的，但是它也没真正避开风，没有大风浪，小风浪还是有的。

当时弄这大观园啊，有几种反对意见。有一种意见就认为现在放着这么多文物啊，不花钱去修，要修什么大观园，这很不妥。这我得做出解释对不对？我说文物确实应该保护修缮，但这个大观园啊，是拍戏制的景儿，这是两码事，各有各的财政支付渠道。文物修缮费那是由财政局专拨的，电视剧的制作费和制景费是广电部拨付的，我要没这景儿，我也拍不成这戏，我不能用拍戏制布景的钱去修文物，对不对？我说您这意见提得很好，应该加强文物保护修缮工作哈，我完全赞成，但是这

---

① "文化产业"这一概念是在20世纪80年代末时进入中国的，以日本学者日下公人的《新文化产业论》（1989）的译著问世为标志。该书1979年在日本出版，一年之内再版9次。书中提出了许多崭新的观念，如文化具有符号价值之后完全可以高价出售，文化可产生高额利润，文化输出应先于商品输出，21世纪的经济学势必由文化与产业两部分组成。在此基础上，作者给文化产业下的定义是：1. 创造某种文化，2. 销售这种文化，3. 文化符号。与此同时，作者一方面以西方发达国家为例，力陈日本发展文化产业的重要性，另一方面也拿中国说事，论述仅为生存而进行生产的落后性："人们始终抱着陈旧的观点，恰恰说明那种把为生产而生产和抑制消费奉为美德的时代延续得太长了。正因如此今天已经到了重新予以评价的时代。如果像中国那样全民皆穿人民服、住宅均为小区、高中大学采取严格的筛选制度，反而会使人们丧失为维持生活所必需的劳动意欲。何况今天已进入根据大众喜好进行生产的时代，仅为生存进行生产的理论已不能完全说明问题了。"这种说法应该也对中国学界构成了一定刺激。参见赵勇：《未结硕果的思想之花——文化工业理论在中国的兴盛与衰落》，载《文艺争鸣》2009年第11期。

钱没法儿花到这上头去啊。持这种意见的人里，也包括比较大一点的人物，比如说钱昌照，全国政协副主席，在国民党的时候就是大人物了，咱后来给他的安排也不小，但就只是政协副主席，没什么实权。[①] 我在东风电视机厂的时候，他是很支持我那套做法的，还到我们厂去过，可是我搞这个他反对。

还有持类似意见的，说我不修真古董，却造假古董。这多出自于学者的声音。这学者的声音倒好办，你也可以做点解释，你也可以不加理睬，说实在的，提了就白提（笑）。但是我还应该做点解释，都反对我，我也不好干这事。

然后呢，还有出自于老百姓的意见。这老百姓说啊，那会儿住房如此紧张，有这钱盖几栋宿舍不好吗，盖几栋居民楼不好吗，非盖什么大观园，当务之急是赶快解决职工住房困难问题。这意见也很强烈，在北京市人民代表大会上有代表提这建议，我们宣武区政协、人大代表里头也都有这种意见。为此呢，我也专门做过解释哈，我说盖职工宿舍和修大观园，这不是一笔钱，盖职工宿舍单有盖宿舍的钱，我这是拍电视的钱，咱不能拿拍电视的钱来解决住房困难是吧。这是第一。第二，你们觉得那块地拍《红楼梦》给占了，可那块地本来就是苗圃，那苗圃经管得并不怎么样，一片荒凉，城市规划它就是块绿地，不修这大观园，它也得像现在这么荒着，不如就着这事把这地方好好修整一下，修一个以《红楼梦》为主题的主题公园，这园子将来不是更吸引人么。我还专门在宣武区政协全体会议上就为什么要修大观园，做了一番演讲（笑）。

总之呢，当时是有些反对意见，但也没有太坚决的。那钱昌照虽然属于国家领导人，政协副主席么，他也就是说了就是了。那会儿小青她妈（即阮若珊，黄宗江夫人、黄宗汉的嫂子）是市人民代表，在文化

---

① 钱昌照（1899—1988），字乙藜，江苏常熟人。1919 年赴英国留学。1923 年参加北洋政府派出的考察团，到英国、美国、日本考察。回国后在工商界任职。1932 年至 1947 年曾任国民政府资源委员会主任委员、委员长，国民党中央候补执行委员等职。1949 年 6 月应中国共产党邀请由香港到北平。1980 年 8 月至 1988 年任政协全国委员会副主席。

组里头。她还专门跟我谈过一次话。她说：宗汉，你在那儿鼓捣什么大观园啊，闹得大家都对你有意见。我又跟她讲理，我说：你们人民代表不了解情况，我又没花市政府的财政拨款，我这是广电部的制景费，等于北京市还白拿了人家的 75 万块钱，作为修大观园的启动经费。我让她开会的时候好好帮我解释解释。其实啊，开人代会也好，有什么意见也好，这些对陈希同来讲都不起作用。陈希同是非常热衷于盖大观园的，他的北大中文系没白读。

定：他是北大中文系的？

黄：虽然他就读了一年，但陈希同还是挺有文化素养的那么个人。他还是蛮支持这事的。当时他有过交代，说这事你悄悄干就完了，多做少说，别一个劲地吆喝啊。

在盖大观园的过程里边，除了需要大观园这个景以外，还需要再张罗个荣国府，这样大观园的地就不够了。大观园本身就需要 150 亩地，宣武区给我们提供的这个场地 180 亩，多少有点富余，但是也盖不起荣国府啊。先是打算在一个部队的大院里头搭这荣国府的假景，后来当时河北正定县领导听说这事以后，说：你何必搭在部队大院呢，就盖到我们正定去吧，我给你提供各种支持，虽然离北京稍微远点，也不算太远哈。得了，那就把荣国府盖到正定了。这不是陈希同要的少说多做么，开头陈希同不知道我在正定那儿还鼓捣个荣国府哈，等到开拍以后他知道这事了，就批评我，说黄宗汉，你怎么把荣国府盖到正定去了？我说，我在北京盖挺困难，又是政协，又是人大的都有意见，你就让少说多做，悄悄地干，现在人家正定那儿提供各种支持，我就在那儿干呗，对不对。他不满意，始终对这事感到遗憾。后来他就向北京市规划局领导交代，说要把大观园周边都严加控制，不准搞高层建筑，将来要修建与它相关的建筑。当时他没跟我说，但是我也知道这一大片地都被控制着，以为是规划局主动干的。后来规划局分工管我们这片的干部，叫杨××，有一回有人要建一个楼层较高的建筑，他说要盖这个楼啊，陈希同说了，得先问黄宗汉。这我才知道，噢，我在这一片还有控制权呢

（笑）。那会儿宣武区政府都有方案，酝酿着在周围建大观园街等等哈。我说这曹雪芹一生穷困潦倒哈，我们却靠大观园发了财哈（大笑），总收入以亿计呢！现在我也不知道多少了，日子过得还不错。

定：看来这事能办成这样，主要是您的人脉特别广。

黄：当然，因为我在组织部干过，所以我认识的人太多了，我的特殊经历，使我上下都能够得着。有人说我是走上层路线的，我说从中国国情出发，上层路线、下层路线都得走。

定：要是学者，像您说的只有嚷嚷，可以不理睬？

黄：可以不理睬。这是一个。就是理睬了，你也只能在你那一个层次上运作是吧？比如上面大官批了，可是你还得把计划经济体制下的那套管理，各个管理部门，上上下下都得走通了，你又不能用行贿这样的烂办法，对不对？你得把人家都说动了，一直到基层的那小领导，最后你要把他拱出来帮你干活，这才能办成一件事儿。

你比如说杨尚昆在位的时候，他说大观园是建国以来咱们建造的第一个大规模古典园林，这是国宝啊，应该好好保护。[①] 他说一天来这么多人，不把这园子踩坏了？得订个高票价，五块钱一张。那会儿啊，五块钱不得了啦，陈希同当年给我们定的一块钱票价，已经是高票价，五块，陈希同也不敢干。万里就跟陈希同说：你啊，尚昆同志说了，你得办呢。陈希同说：现在物价上涨了，老百姓都有意见，我把大观园票再涨上去，老百姓更该有意见了，这怎么弄啊？后来憋出个主意，说大观园拍戏是八个景儿，借着这个机会赚了很多钱，那咱们就还接着往下盖。我说：现在不是正盖着二期工程么，二期工程完了以后，我们就把票价涨到两块钱，所谓二期工程就这么出来的啊。等到最后我们把大观园全盖得了，就按尚昆同志说的五块钱。就这么着，万里向尚昆做了个

---

① 据《北京市宣武区志·大事记》，大观园一期工程基本完工于 1985 年 6 月。同年 8 月 23 日，当时任国务院副总理万里即到大观园视察，9 月 30 日时任中央军委副主席的杨尚昆也来视察大观园，并题词"红楼再现"。1986 年 9 月，大观园正式开园，国务院副总理田纪云出席。见《北京市宣武区志》，72—73 页。

交代。我们各级党员对上级指示是很认真的，说了话就是个事。我们大观园的票价是这么出来的。既然有这么个来历，北京物价局谁能管得了我们？我们爱定多少钱定多少钱。国家主席发话了，市委书记发话了，对不对？那些社会议论也就渐渐消失了。

定：现在去大观园的人还多吗？

黄：还多。大观园对中国人还是充满魅力的，"刘姥姥"太多了。

电视剧《红楼梦》确实起到了很好的普及作用。电视剧是在这儿拍的，人家到了北京，那些重要的大景点都看完以后，怎么也得想办法到大观园看一眼到底什么样。我盖了大观园以后，我没有满足这180亩地一个小局面，我认为这是个小、局、面。我就说呢，红学家们都希望给曹雪芹搞个纪念馆，原来想把恭王府弄成曹雪芹纪念馆，文物部门不同意，王府就是王府，到现在也是如此啊，认定香山那个是曹雪芹故居，很难成立，这红学家们都知道，那是胡德平吆喝起来的，胡德平人缘又挺好，大家也不想太什么他，但是没有人同意在那儿搞曹雪芹纪念馆。

定：那不是也弄起来了么？

黄：弄起来了，可是很小嘛。江泽民也去过，但（香山那个曹雪芹纪念馆）也没闹腾起来。

那时候我想拍个《曹雪芹传奇》。怎么说起来的呢？就是台湾著名

大观园的游客们（黄宗汉提供）

作家高阳来北京，高阳是小说家，也是红学家，也是历史学家，应该是台湾很了不起的一位文化名人。高阳写过一本《曹雪芹别传》，给我看过的，我觉得写得挺好。周汝昌写过一本《曹雪芹新传》，这都经不起历史学家考证，但是都写得挺好。正是因为与曹雪芹有关的历史啊，谁也说不大清楚，有各式各样的揣测，他们做一些描述，看起来就挺吸引人的哈。

我觉得我是靠曹雪芹发的财，我应该给曹雪芹建个纪念馆。曹雪芹出身于江宁织造曹寅这个世家，在我的戏里头应该有江宁织造署这个景。那时候南京已经把江宁织造署旧址规划建大宾馆了，后来据说他们又觉得这么干不合适，后悔了，又想把它改回江宁织造署，是在原址盖还是怎么盖就弄不清了，反正南京又想盖。我那会儿想他拆我盖，我说江宁织造署比较大，它的外壳可以是江宁织造署，里边是个大摄影棚，然后围着这个景儿周边再搞一些建筑，这就足够搞一个曹雪芹纪念园，不是个馆，是个园。这园子搁到哪儿呢？就搁到我这个大观园附近，我说将来大观园是外景地，这个景儿是摄影棚，将来拍古典戏，内外景儿，我就全都有了。另外江宁织造署是以南方的景为主，大观园的景基本上是北方风格，南北兼容。这样我就有两个园了，《红楼梦》的大观园和曹雪芹纪念园！

有些大事啊，它能和小事联系到一块。就在这时候，杨尚昆和万里到我们大观园打桥牌。我们大观园里有一个资料馆，是一个大四合院，挺好的，他们在那儿打桥牌。正好旁边紧挨着汽车修配五厂和七厂，就是北京造公共汽车的那个厂子，喷漆车间就在旁边，还有大烟囱啊。杨尚昆就跟万里说：这大观园旁边怎么出个大烟囱啊，把它薅了好不好？那烟囱要是薅了，那工厂还怎么干啊，对不对？（大笑）

他们打桥牌的时候，陪着在边上伺候的是我们那区委副书记，叫王火，他完了就跟我说这事，他是当个笑话那么说的，没有当个正经事，说杨尚昆说要把旁边这个烟囱薅了。我就借题发挥，我说咱们就真把它薅了行不行呢？①

　　我这样说，是因为旁边还有个541制币厂，中国的人民币全是在那儿印的，本来它那烟囱我也瞧着别扭，可咱们薅不了，咱哪儿能拱得动这个厂？这是国家的经济命脉所在（笑）。那会儿我想搭一座大山，把它挡起来，后来牵扯的事比较复杂，也没弄成，我不细说了。

　　于是我就去找李志坚②。李志坚当时是宣传部长，王火当年调到宣武区来的时候，他是宣传部的研究室主任，李志坚就说这王火怎么没汇报呢？他完全用上级对待下级那么个口吻讲。我说我现在报告也来得及啊，这烟囱薅了太好了，大观园旁边有个烟囱实在碍眼，我说这尚昆同志讲了，我完全可以借题发挥把它薅了。他说你薅了以后干什么啊？我说我不再扩大大观园了，我建个曹园，曹雪芹纪念园，曹雪芹生平的东西根本也找不着多少，但是也可以布置得比较像样，反正弄点相关的东西。就那么一个构想。李志坚说挺好啊，那你就规划规划吧。于是在我们大观园的档案里头，就有了一个我关于建设曹园的建议。

　　我还请了古建筑学家王世仁③，让他把江宁织造署的复原图做一下。他最后把这些东西都弄完了，结果没办成啊，只变成一篇论文（笑），他也觉得挺遗憾。图做好了以后我就写了个建议报给市委，陈希同特别欣赏，就签了一个"同意"，批给市委常委所有市长、副市长

---

① 据大观园内部刊物《大观园文化简讯》，所谓"薅烟囱"一事，是万里在1985年做的指示："大烟囱、大厂房，大煞风景，要拆迁"，并且说："宣武区不错，真没想到宣武区破破烂烂，搞出这么个好东西来"。参见《近几年党和国家领导人及有关领导同志对北京大观园的评价和指示》，载北京大观园文化协会主办《大观园文化简讯》专刊（第二期），1991年9月16日。

② 李志坚（1940—　），天津市人。1961年9月加入中国共产党。1957年入中国人民大学工业经济系学习，研究生毕业后，任中国人民大学工业经济系教师。1971年后，任北京日报社记者、工商部副主任、评论部主任、理论部主任、副总编辑。1984年11月后，任中共北京市委宣传部副部长、市委整党办公室副主任。1987年3月任中共大兴县委书记，12月任中共北京市委常委。1988年9月任中共北京市委常委、市委宣传部部长。1992年12月任中共北京市委副书记兼市委宣传部部长、市委党校校长。1994年3月任北京市委副书记兼市委党校校长。2000年4月任国家体育总局党组书记、副局长。中共第十五届中央候补委员。

③ 王世仁（1934—　），原籍山西省大同市，1955年毕业于清华大学建筑系，从事建筑历史、建筑美学和文物建筑保护工作。曾任北京市古代建筑研究所所长，研究员，国家一级注册建筑师。

宣武区消失之前——黄宗汉口述

什么的，让大家签阅。陈希同都签"同意"了，按照中国惯例，大家都得签"同意"对不对？这一大圈儿，这些人就都同意了。这时候呢，陈希同出事了，他要不出事啊，我又盖起曹雪芹纪念园了。

曹园到陈希同出事就夭折了，但是我还念念不忘哈。我就问李志坚这事还干不干了，找机会咱琢磨着还得干，李志坚还蛮有兴趣，后来当然他也越来越明白，他自己在北京的官位都保不住了，先要给他调出中宣部，最后给他弄到体育总局去了。要论北京市当年啊，就是陈希同下台以后，留下的北京干部里边最能干就是李志坚。可能就因为他太能干了，不敢用他，最后还是把他打发了。反正一个一个都走了，原来陈希同时代的那些，包括年轻的高级领导干部一个也不剩了。其实那还是一帮子干事的人，是不是啊？你听我说的这些事，在北京市工作全局里头，它应该只是很小的一点，但是他能重视。他并不是说现在整个经济增长，有那么多事情需要去关注，社会治安有这么多问题需要去解决，你蹦出一个要拍《曹雪芹传奇》，他还肯理你，肯帮助你，支持你，这就不简单。就说明这些官员还是有文化素养，有头脑，想干点事，是不是啊？他那圈儿可不是白画的，画完以后，我就要跟他们要钱、要地，那都是很具体的啊，比如把工厂搬到哪儿，要 200 亩地，等等，我心里都有这些内容，现在我记不清了，翻档案就可以看到。

3. 后来的大观园

定： 他们现在又拍《红楼梦》了，是不是还用这个大观园啊？

黄： 不，他们又另外，不知道怎么个弄法哈。现在这个《红楼梦》啊，据那个什么经理韩三平说，他要拿《红楼梦》打入国际市场，然后就选秀。选秀没什么不可以哈，其实我们当年也在选，只是没有像现在这么大张旗鼓地选。当时我们的这些小姑娘是从四千多人里选出来的，大部分是戏曲演员，邓婕就是外地的戏曲演员。现在选的规模更大一点，最后用投票来决定谁当林黛玉、贾宝玉，这就太难为这导演了，这导演怎么能干呢？现在换上个李少红，李少红也拍过一些戏，拍得还不错，据说她要突破，不知道要怎么个突破。

就说这事情，韩三平现在夸下海口，说我们一定会拍好这部《红楼梦》，打开国际市场！妈耶，说要靠《红楼梦》打开国际市场！这事我干过哈，《红楼梦》拍完以后，我真想把《红楼梦》推向美国三大电视网。那会儿正赶上在法国戛纳举行第一届国际电视节，就是专门举行一次国际性的会议，各国来展示自己的电视剧作品。我当然也带着片子，带着我的电视剧中心的秘书，马连良的儿子马健，我们俩去了趟法国戛纳。我就向美国人推销，华纳公司的副总经理，是管营销的，我谈完了，他说："黄先生，这个《红楼梦》我看过，美国没多少人看过《红楼梦》，你想把这个推销给美国三大电视网，这是没有可能的。"我说："怎么就没有可能呢，样片不是你也看过了吗。"他说看了，拍得也不错，但是美国这老百姓他们没法接受，你说他们是中国的罗密欧与朱丽叶，这不行啊，你们贾宝玉、林黛玉从头到尾连个 kiss 都没有，那怎么叫恋爱了呢？这些美国人是没法理解的，咱们东西方文化的差异很大，你现在非要向美国三大电视网推介这个，这就太难了。

定：现在难道就容易了吗？

黄：不。我跟你讲这意思啊，你比如说，如果这新版电视剧让黛玉和贾宝玉 kiss 了，不就突破了吗，恐怕把《红楼梦》就糟蹋了。

定：中国人也有中国人的审美。

黄：人家剧本什么样我不知道啊，我就是说不知道他们要怎么去突破，它才能赢得国际市场。我不讨论这个，我没有资格讨论。人家曾经想请我做顾问，我说顾问不了，我现在生病了。另外我也是担心啊，当年我们提出所谓的忠实原作，我们尽可能从《红楼梦》里所涉及的方方面面，把它挖掘出来进行开发经营，我觉得我这方向没问题，但是要想做好经营，他的领导人员和他那个部门的管理人员都需要较高的文学修养。

定：还有一个主要的，游客也得有文学修养。

黄：是啊。何鲁丽走了以后，主管文教的副市长是林文漪，清华教核物理的，这人也不错，是著名红学家吴世昌的儿媳妇。她逛大观园，我找我们那儿最好的解说员给她解说，说着说着，解说员就说不下去了，为什么？她那《红楼梦》的诗倒背如流。我说：得了，你别说了，林市长对《红楼梦》比你还熟悉得多呢。我能和她说到一块去，她挺支持我。

我们原来还专门做了十二金钗酒，挺好玩的，都是小瓶，谁喜欢哪一位（金钗）就要哪一瓶哈。现在他们又讲他们的开发战略，搞了红楼梦酒，大瓶子的，还是五粮液厂做的，应该是名酒哈，就叫红楼梦酒。我说：小酒瓶呢？他们说：小酒瓶没有了，黄老。（对定）：我送你一瓶吧！

还有红楼宴哈，拍《红楼梦》的时候顾问们都说，《红楼梦》里头自然有吃喝玩乐的东西，所以得吃。那这一桌上要摆点什么啊？说咱们还是从书里找吧。找了以后就交给"来今雨轩"① 做。一些红学家，包括周汝昌什么的都来过几趟，大家尝尝菜。来今雨轩做菜还是不错的，挺好吃，又能在《红楼梦》书里头对得上号。后来来今雨轩根据经营需要，就把所谓的红楼菜肴给发展了。比如《红楼梦》里最有名的一道菜叫茄鲞，叫我说哈，茄鲞本来就是高级咸菜，就是把茄丁鸡油什么的一拌啊，那么一小碟儿，明白吧？书上就是这么写的，它是路上带的一个方便菜，说这摆到桌上着给您，也就是一口。后来他弄弄，就不是小碟咸菜了，而是一大盘子，为了要撑着这大盘子，又往里头装了腰果，《中国烹饪》杂志就大篇幅介绍这腰果，而且把这一盘菜照了相，作为封面，烹这个茄子反而不突出了。

定：他为什么想到要突出腰果呢？

黄：腰果贵啊，茄子不值钱。另外它这色儿，茄子黑不溜湫的看不出什么来，腰果这色儿比较新鲜好看。我跟他们经理说：你这走板儿了

---

① 来今雨轩，始建于民国四年（1915 年）。原为中山公园里最有名气的一家茶座，在 20 世纪二三十年代是京城文化圈凡遇重要活动的首选之处。一些文化人的婚礼，也往往特地选择在此举办。已故学者邓云乡曾说，发生在来今雨轩的重要文化活动，"足可以编一本很厚的书，足见一个时代的文化气氛"。但对于老北京的普通顾客来说，最有口碑的恐怕还是冬菜包子。20 世纪 80 年代以后升格成为饭庄，以经营红楼菜肴和川贵风味菜肴为主。"其中红楼肴馔先后于 1983 年和 1987 年两次经国内著名红学家鉴定，并获科技进步奖。"该店已于 2010 年 12 月停业。

（指违背老规矩，变坏了），你这不是茄鳖了。

我们大观楼的红楼宴强调的是忠实原作，但是光凭书里那些东西还凑不成一桌席，我们就从袁枚的《随园食单》里头又找了些东西，给凑齐一桌红楼宴。这也算有所依据啊。袁枚说他那随园就是大观园，当然没有人认同，他儿子都认为是他瞎说，但是袁枚的《随园食单》是很精彩的。我们这个红楼宴是分餐制，确实是个雅宴。

定：这雅与不雅怎么区分？

黄：我们这个是您慢慢吃，然后我们的解说员会告诉您这道菜出自《红楼梦》的第多少回，是贾母吃的还是谁吃的，给你这么讲一回，中间再不定期地穿插一点红楼游戏，击鼓传花什么的。最初还请了些人，有红楼曲艺的演奏，等等啊。

定：京韵大鼓？

黄：京韵大鼓，什么都上，还弹弹琴什么的。可是这样经营起来比较费事，而且能有这样雅兴的人，说实在的也并不是很多。后来慢慢就精简了，先把那些表演取消了，后来服务员上菜的解说也没了，报个菜名就算完，在《红楼梦》第多少回她就懒得给你说了。当然我在场的时候她还得表演一下，给你说说这个第多少回。到现在呢，就成了围着大圆桌吃，也说不上红楼宴了。那天我去，我说：你这是潮鲁川粤兼容并蓄，什么都上来了。红学家们坐到这儿，觉得还挺好吃，因为他们来吃这红楼宴的次数太多，吃点别的口味反倒觉得挺好。

2012 年的大观园票价

（杨原摄）

我在这么一个特殊情况下跨入了影视圈，应该说我干得也还不错，我突破了，我那个"电视大王"的梦没做成，但是在这个领域里头，我还是取得了一些突破，我有收获。

4. 文化与企业

黄：阮若琳太了不起了，我跟你说，那么个机构，就穷到一辆车都没有。后来弄了一辆，是阮若琳租的一辆苏联破车，后来我想法儿给她整了一辆车，不是一辆车，是 100 辆车。

定：这是怎么说的呢？

黄：听着啊，在修建大观园的过程中，就是说大观园在这儿修着，戏也开始拍了，我这就雄心勃勃了，我没有满足这 180 亩地这一个小局面，我认为这是个小、局、面。我那会儿就想在大观园西边这一片，布展我的一个更大的规划。

我说大观园的建成，首先应该归功于曹雪芹，是曹老爷子这本书写得好，典型人物、典型环境是吧，天上人间诸景备，都给糅和到这书里头去了。我建了地面上的大观园诸景，但《红楼梦》还有一个天上诸景，就是个太虚幻境，红学家讲大观园就是那太虚幻境，我想象太虚幻境是一个很虚幻的太空景色，这太虚幻境怎么去营造呢？我说就得玩蒙太奇，要借助于迪斯尼鬼屋的技术，他闹鬼闹神。这文章做到哪儿呢？做在大观园地底下。于是我就让我的设计师搞一个地下太虚幻境的设计方案，他还真给我做了，里面讲的都是《红楼梦》里发生的故事。

就在这时候，《根》的作者哈利来逛大观园。他不仅仅是逛大观园来的，是想和我合作拍《中国的故事》，是由若干人物把它串起来，他最想拍的就是《孙中山》。这时我还在电视剧国际合作公司呢，当时我是身兼数职，也说不清楚有多少个职啊（笑）。那我怎么跟他去展示我的实力呢？也没别的，我在前门饭店租了个大会议室。作家嘛，咱们就海阔天空地谈吧，我就天上地下什么地谈开了。哈利是迪斯尼的董事，我说我非常赞赏迪斯尼，希望有机会能够跟迪斯尼合作，然后把我这个大观园跟他神说一通，我说我想把迪斯尼营造鬼屋的技术引进到中国来，放到我的地下。他听了很有兴趣。后来他又来了，说是带来了一个图书馆，就把美国有关孙中山的资料全带来了，那时候我还不懂得光盘什么的，我说你这个在哪儿？他说在我计算机里头（笑）。有了这么几次交往，哈利他挺愿意跟我合作。我说要在大观园搞迪斯尼，哈利就真的在迪斯尼董事会上提出来。迪斯尼董事会讨论以后啊，认为中国的市场条件还不够成熟，没同意合作，这事没干成。拍《中国的故事》，先拍《孙中山》，又受到台湾方面的强烈干预，向美国国务院提出，你们不能跟中共合作拍孙中山，它意味着对中国政策倾斜的一种表现。

定： 也没干成？

黄： 没。哈利已经都坐着大游轮去写剧本了，最后在美国国务院的干预下放弃计划。但是哈利觉得挺对不起我的，就让他那制片人想办法给我找个合作项目，跟他合作一把，电视剧中心就跟他们合作拍《大班》。《大班》知道吧？按我说拍《大班》收获最大的是陈冲，她由此就进入好莱坞了，要不华人影星进入好莱坞能演个角色还挺难的事哈。

定： 鬼屋的事呢？

黄： 迪斯尼不是拒绝来投资，拒绝合作么？那会儿我也没想让他们投资，我主要是想要他的技术，因为我也知道要花不少钱。后来外贸部（部）长郑拓彬来大观园，那时候我这大观园真是挺招人的，郑拓彬来了以后问问情况，我就把这些想法说了，他说这个想法挺好，于是给我请了一个奥地利专门搞地下工程的专家给我研究方案，这都是外贸部花钱邀请的。后来这位奥地利专家说这个工程规模太大，而且它地下是流沙层，做起来太困难了，只好放弃。大观园的人间诸景我把它备起来了，天上诸景我没鼓捣出来。后来我们有一个园长，也在大观园里头搞了一个动感式电影院，有晃动的感觉，但那做的距离我的想法太远了。

郑拓彬想帮我搞这太虚幻境，没搞成，他觉得还是得怎么支持支持我。问我有什么困难，我说没什么别的困难，就是我现在想法这么多，我需要钱！（众笑）他说我（外）经贸部也没办法直接给你钱，你又不是外贸企业，得了，最近有一批从埃及转口的小轿车，马自达，原来是埃及人买的，付不起款就转给咱们了，挺便宜，一共500辆车，我批你100辆吧，你再开个汽车公司挣钱。你明白吗？好大的面子啊！这一下子就从塘沽新港把车开回来了，这大车队，全部警车开道，把这500辆车，开进北京城。就是在今天，开500辆车也是不得了的事啊，人家都闹不清楚黄宗汉是哪位领导的儿子（大笑）。于是我又有了汽车公司，我是董事长。100辆！这个事情，我跟郑拓彬没别的关系，就这么一次参观，我就跟他说了这么几句，人家还是真是支持我。

这100辆（车）的钱，那是我挣的。刚才说哈利的制片人丹尼斯给我介绍《大班》，我落实到珠江电影制片厂去拍，跟好莱坞合作啊，劳伦·蒂斯公司合作，是用珠影提供的各种劳务服务，总金额是460万，经过经贸部特批我可以收10%的佣金。我这公司，我就中介一下，我就赚46万美元了。

定：我没闹明白，那460万是谁付的？

黄：美国人要在这儿拍戏，珠江电影制片厂得给他提供劳务，提供群众演员啊，给他搭布景儿啊，等等。美国出460万，经过法国里昂银行支付，然后经过中国银行给我贴现，懂贴现吧？这套是我办的，然后我派一个中方制片人跟他们制片人一起合作哈，我得了46万美元。

定：跟那100辆汽车有什么关系？

黄：等于我做外贸了啊，那执照里头有。国家外汇管理局给了我全额外汇留成。过去你挣了40万美元，你只能得额度，自己能留的钱是很少的。我到处哭穷去啊，国家外汇局说反正这是电视界头一个跟国外合作搞的公司，过去他们都没办过这手续，我到国家外汇管理局办了手续，全额都给我留成。全额留成以后，现在百分之百全归我了。我需要美元，我要这些车得有美元支付。

我这会儿赚美元了。你闹明白了吗，这是我鼓捣大观园的时候，我的中国电视剧制作中心的国际合作公司，9个人的小公司，三折腾两折腾，我就赚了46万美元，合200多万人民币，是经贸部工贸结合企业里头人均最赚钱的，其实我也不是什么工业，反正归到这口上吧。

定：然后呢，您拿这钱？

黄：我拿了这钱，从中只花了一部分美元买了100辆车。那会儿我没那么多人民币啊，宣武区政府也没有我那么多美元，就用我的美元额度，他付人民币。当然我的美元额度本身就能卖钱，一个美元额度，我现在记不清了，反正挺贵的啊。我趸40万美元，那挺牛的，一个区政府也拿不出几万美元来哈。这样的话，我就买了这100辆车。

定：然后你又把那100辆车转手卖出去？

黄：我怎么卖啊？我就经营了，叫大观园汽车公司。我当董事长，宣武区派人当总经理，因为人民币是他拿的，美元额度是我拿的，额度等于也就是钱，对不对。结果他经营得不好，最后可能垮了吧，我也没怎么管。当时我得到最大的实惠，就是在我进口的100辆车中间，包括了两辆高级皇冠，我坐一辆，区委书记坐一辆。我坐得是稳稳当当，第一我是公司董事长，第二呢，我坐这车啊，我是付款的，就是我这电视剧国际合作公司支付包用这辆车的费用，包括司机，那会儿我也不知道怎么就长了这么个心眼，反正我当时认为跟宣武区经济上扯得清楚点。区委书记把车拿走以后，他没注意这些问题，就这么坐上了，后来海关检查这两辆车，我这车坐的是合法的，他那车是不合法的，让他把车给退回我们汽车公司去，后来可能还补交税款什么的，反正把他罚了一下。

黄：那会儿宣武区封我一个大观园公司经理，你明白么？我不能再以大观园公司经理的名义去扩展，我下属还应该有企业啊，这就搞了个大观园汽车公司，这大观园汽车公司是我第一个企业，也是我最后一个企业。

开始我算董事长吧，实际上是宣武区弄了几个人在那儿管，还招了一拨儿司机，净出事故啊，一会儿碰了人，一会儿打官司，找我汇报，我说这事儿我管不了，得得得得，你们另外派人干吧。那会儿大观园还搞着房地产开发什么的，另外我在广电部还有个外贸公司，这我跟经贸部就挂上钩了，经贸部批汽车就可以批给我，我算是它的工贸结合公司，那会儿要是想赚钱，我是很容易赚的。当然也不一定啊，也许就胡噜出问题来了，面儿铺得太大，也会出问题的。

定：您就是一分钱不往自己怀里掏。

黄：我当然我得警惕了这事儿，因为我还是大案要案人物啊，我知道我一分钱不往自己兜里放，后头还有人老盯着我呢，我要真往兜里放，我就是合理合法地收入点儿钱，也许最后还被人告得你说不明道不白的。

定：黄宗英跟我说，你们家里人买一台电视都要开发票留着，连他们家买电视她都让人开发票（笑）。

黄：背后老有人盯着你，这是另一回事儿。

5．其他尝试

黄：现在概括起来说，当时我那个梦想，比我现在写到书上的要大得多。我那时候的想法就是把文化资源和金融资本得结合起来，才能赚大钱。我当时设想大观园是一个文化事业单位啊，应该有一个大观园公司，这应该是个多功能的大企业，哪儿赚钱咱们到哪儿赚钱去，干什么能赚钱就干什么，是这么个大企业。

小平同志大概也知道我这个大观园，反正邓楠来了，和国家体改委主任童大林①一块来的，来看了一下，听了一下，都觉得挺好，最后问我有什么问题。我说就是缺钱，我这么多想法，你们听着也都挺好，就是没有钱，没有足够的资金。我当时缺钱，缺的不是什么小钱儿，几百万满足不了我这个愿望，我需要大钱，我需要能够借大钱，赚大钱。我在电视机厂的时候已经这么干了，几千万美元从我眼前走过，不是几千万人民币。童大林说，好，我们国家体改委批准北京市可以试验发行股

---

① 阮丹青注：童大林跟我家关系特别好。他同我四姨（阮铭夫人）是中宣部的多年同事，虽然是上下级关系，但关系非常好。后来又成了黄宗英的好朋友。

票，批准你发行股票。这是我没想象到的，要一发行股票钱就多了。我说批准我发行多少钱的股票啊？他说3000万。3000万！你想想80年代初期，3000万的放利，现在得多少钱啊！如果我手里有3000万，比如我旁边有个做羽绒服挺有名的企业叫伊里兰，他们有一栋楼在大观园旁边，我瞧上那楼了，我派人去跟他们联系，问他们那楼值多少钱，他们算出一笔账来，说要275万。买那么一栋楼要275万，那在我这3000万里还算什么了不起的事啊？

那么我把3000万拿来想干什么呢？我想把大观园西边儿这一片都占了，就比我现在大观园的地方还要大得多。我大观园的旁边有个菜站，是北京市的一个菜蔬大仓库。我想先要搬这个菜站。陈希同支持我，说你要想让这菜站搬家，咱就可以搬，让区委书记做菜站的工作。这就谈得很具体，在丰台给他们征200亩地，再盖一个菜站。那就搬家吧。搬走也得有钱啊，陈希同特别看重我，支持我，就因为我这"大观园方式"可以不跟他要钱，还可以给他干点事。

大观园西边还有个宣武机械厂，当时生产机床，一个区里生产的机床更卖不出去是吧。其实我在电视机厂的时候就已经把那儿占了，把我淘汰的生产线安到那儿去，因为那都是些没什么生命力的机器，但是当时我还得顾到国家任务还得完成，我就把它们挪到那儿了。后来也没有国家任务了，把那些破机器都卖完以后，那时候那车间有走天车（的设备），那里还有办公小楼。这时候我已经在拍《红楼梦》，我就把它变成我的《红楼梦》的摄影棚。那时候我又想干什么呢？我不是非常欣赏迪斯尼乐园，想搞中国迪斯尼吗？我说为什么中国的动画片老发展不起来，人家是个什么经验呢？就是把动画片制作、儿童玩具生产和游乐园经营三位一体，做开发经营。于是我就在那儿搞了一个动画片制作部，制作了中国第一部电视动画片，这是中国最早的动漫产业，是我们那会儿搞起来的。

定：叫什么名？

黄：叫《断尾巴的老鼠》，是想搞个中国造型的米老鼠。上影厂请了一个美术家给我设计。但这老鼠形象制作得不好，也没引起什么轰动，不算很成功。可是这是第一部啊。当时电影学院有一个动画系，系主任是阿达，阿达现在已经去世了，一共培养了12个学生，让我要过来8个，制作中国第一个动画片，这8个就是这里头的人，都是挺棒的。这个动画片制作室就归宣武机械厂管着，摄影棚也归到宣武机械厂管着，我已经在那西边占了一大片了。

但是这个地方是归人家宣武区（生产服务合作）联社管着呢，联社主任人挺好的，也是小八路，瞧我这么干着干着，心想最后这个地方大概再让我干下去就得给丢了，就成我的了，他就不愿意了。我原来想在那儿接着盖房，把它搞成中国电视制片厂什么的，他不愿意，他非要跟铁路合作，搞什么制造铁路火车用的小集装箱，这怎么办啊？没办法。最后就把这交给中央电视台了。现在中央电视台搞动画的骨干就是我那拨人。中国动画制片的开始是我们拍《红楼梦》的时候，这拨人对我都挺好，现在还来看我。

定：您这段事是在设计曹府之前，还是？

黄：之前。那会儿还没想这曹园呢，我想的比曹园规模要大得多。我就想有3000万，就能把周边一片都给吃过来，然后再进一步布局。

后来我就要发行股票。这股票怎么发啊？童大林就把我叫到中南海去，他指定两个处长给我讲股票是怎么回事，我也买了书。然后又把我介绍给中国人民银行，教给我怎么办手续，怎么填表，反正就进入实际操作了哈。这些东西都见之于我向宣武区区委的一个汇报资料里。

可是因为就这事也碰上政治障碍，要鼓捣股票，这就进入姓资姓社的问题了，结果区里领导讨论之后给我否了。

定：结果又没办成？

黄：是啊。都到了最近这几年，我问区委书记，你们当年怎么就不同意搞股票啊，你们谁不赞成啊？他说不是我不赞成，我一直支持你，我跟你一块儿去中南海的，是区长不赞成。区长跟我关系其实不错，说实在的就是认识问题，他说这黄宗汉滚着滚着，公司怎么就发行起股票了？这大观园得盈利呀，他不盈利，他发股票，最后把大观园赔进去怎么办啊，这片地赔进去不就没了嘛。有这类顾虑。

实际上那会儿的股票跟现在不一样，跟国际市场上的惯例也不一样，那东西不该叫股票，应该是一种债券，就是必须给买股票的人保值，跟买债券一样。在那个时候如果债券 3000 万到了我们手里，那肯定是能干大事的，那就发老了，把那一块地都拿过来，搁到现在是发大财了，即使你什么都没干好，你就靠卖地就发老鼻子钱了。没发成。

定：公司就完了？

黄：对了。拆庙，送神，干脆不弄这大观园公司了。大观园西边不是有个大观园宾馆吗，你去过啊？那是酒店，挺高级的，开发商是陈希同的儿子陈小同，他判刑与这里边的经济上有没有问题我也不清楚。

原来中国银行主动提出来要在这儿盖宾馆，用这个招待他们那些海外经理回来，所以甭搞那么复杂，什么谁占多少股份啊，反正我占你的地，我花钱盖，盖完以后一年给你 200 万，帮你们经营大观园，你也甭管我挣了赔的。其实挺好的想法，人家。可是这宣武区呢，觉着这个事不过瘾，怎么也得搞个合资企业啊，结果就跟香港大公报费彝民的侄女费明仪合作。费彝民是香港大公报董事长，香港著名的报人企业家，费明仪是香港著名歌唱家。公司经理是某市长的女婿，这位女婿签合同的时候，因为是占了我们大观园的地，说是给 200 万美元的环境补偿费，据宣武区经贸委主任说，起草的过程中还有这条，等到签字的时候没了，成了一笔糊涂账，现在查不清。这位音乐家也不是个正经搞企业的，搞来搞去就把这个搞赔了。这最后怎么办呢？区里决定不干了。

这时候杨××，北京市主要领导的女婿、公子，他看上我们大观园公司了，就找区委书记说他想到大观园公司来干，区委书记我们俩挺熟，一块儿长大的，住楼上楼下，他说你一天也挺忙的，要不然你把这摊子让他干得了。我估计啊，人家没跟我说，他们觉得市长一起来之后，去市里办事可能就方便了，我琢磨他们是出于这个，但是跟我说是你事太忙了，要不你甭干了，交给他干得了。我就把这个大观园公司经理拱手相让了。

定：是这大观园汽车公司么？

黄：不。汽车公司太小菜了，是整个大观园公司。

定：这个公司就没你的事了？

黄：没了。

定：他让您不干，您就不干啊？

黄：我那会儿对这些无所谓。这件事弄得我特别不愉快，我也就不想干了。这个大观园公司经理，本来就是个空头经理，他也没什么资金给我，而且他还没我有钱呢，当然整个财政他比我钱多，可是要想干这类事的钱他没多少，比我穷。本来我就弄得挺懊恼的，所以市长女婿想要，那拿走呗，哎，就拿走了。（此处删去二百字。）

那时候我就想，我这套运作到底是什么机制在起作用啊？中国官场的规则、计划经济体制的运作和市场经济机制都在这儿混合着起作用呢。你如果脱离了中国的实际情况，尽管有人大代表、政协委员提出的好多好建议，上面也有人表示支持，但以后再往下做，做不动啊。中国整个体制，要想办成点事，实在是太难了。我只是个过渡人物，你能感觉到吗？

现在写我，没人写失败的事情，但是我也不在乎，失败就失败了。但是大观园现在日子还过得去，大观园的人还都念叨着我这个创办者给了他们发展空间，一直给我保留着书房，有什么大事还都跟我通通气。但是我也觉得难以有作为。我现在提出走出大观园，开发大观园，一个是深挖大观园的文化内涵，来充实大观园，吸引更多的游客到大观园来，这就得下功夫，把各方面的文化人才吸引到大观园来。再一个要走出来，现在他们已经走出来了，跑到大兴占了一片地，搞些什么，我还没去看呢。反正日子过得还可以。

三、"京都文丐"与天桥乐

1. 调至宣武区政协

黄：等我到广电部鼓捣《红楼梦》这些玩意儿，又有东风电视机厂的匿名信，以为拍《红楼梦》得跟文化部有关系，把这匿名信发到文化部去了。文化部一看，这是告黄宗汉跟《红楼梦》什么的，就转到广电部，广电部一看，这黄宗汉是北京市的干部，在我们这儿兼职，我们也没法儿查他，就给转到中纪委，中纪委就告诉广电部，说他呀，早查清楚啦，没事儿。唉，这算没事儿了。没事儿不代表我就从此消停了。珠江那个（指与珠江电影制版厂合作拍《大班》），我派了个制片人到广州去，珠影的人每天补助是 10 块钱，我们的人到广州去呢，是 5 块钱，后来就有人提出，说我整天跟人家在一起，这补助跟人差着一半儿呢，能不能跟人家珠影那儿取个齐啊。跟阮若琳说呢，阮若琳觉得有点儿为难，最后，得，那就比咱们北京高点儿，比珠影又低点儿，（每天补助）8 块。这不要紧，就这 8 块啊，差两块钱，这就告到广电部，说这公司经济有问题，任意发补助费什么的，这就在广电部又查了一下我们那公司，但时间很短，查了几个月。查完以后，这广电部的纪委副书记、监察局（局）长姓赵，查完他也调深圳工作去了，去深圳以前他跟我说，他说老黄啊，我们已经把你们公司的情况都查了，我们向部党组啊，正式给你写了报告："经查黄宗汉同志，无任何经济问题，建议提拔重用。"你知道吧？这两块钱高于我们中心其他人员的补助费，就是外勤的补助费，就引发了人们的告状，谁告的不知道，好像也是我那班子里的人，据阮若琳讲是我那副手，然后又调查什么等等。后来我就挺烦这个的。

后来广电部想升我官儿，让我当秘书长，说你暂时先当这秘书长。我说你们不是查清楚了，我没事儿了，得了，我说这事太复杂了，我体会了，这行不能干，一弄就弄到政治局去。得了，我不跟他们玩儿了，我到政协那儿，找点自己愿意干的事干。那地方自由自在。我不是在这儿编故事，真的有这事。我就说这些事儿，各种诬告，这不是一种正常的社会监督。因为啊，如果真是在一个民主社会，你告我也不要紧，咱们打官司啊，比如我在电视机厂当厂长，你说我有这问题那问题，你告我，正式到法院告我，我可以出庭，我可以聘律师，但厂长我继续当着，凭什么把我厂长给我调开了？那会儿说对我还是比较客气，没说给我来个停职检查之类的，还算比较客气，调公司当个副经理去了。所以那个社会环境，使我不得不倍加小心谨慎。但是就有这些东西，也使我倍加小心谨慎。

定：您那时候就想干天桥了？

黄：天桥是后来。大观园还跟我有关系呢。好多东西都乱乱哄哄，都在我脑子里装着哈，一会儿干点这个，一会儿干点那个，我挺忙的。

我回到北京市，陈希同要提拔我到文物局当局长，这就变成正局级，已经正式跟我谈了话，但我写信婉言谢绝了，挺不识抬举的哈。后来市委组织部的人找我，我说陈希同找我谈了话，让我当文物局长，我不去。他们说那怎么办，你想干什么呢？我说找个自由点的地方。他说那您说哪儿自由啊？我说我瞧那政协就挺自由，没什么硬任务，想干点什么干点什么。我跟你说明白了哈，到政协去不当政协主席，你给我平调就得了，当政协副主席，还是副职。我跟市委组织部的人也熟，当时谈话我就这么说，我说甭升我官，当正职每年至少得开112个会，我忘了当时怎么算出来的啊，我干吗整天开会，我烦，我说我就任副职。因为这正职和副职当年差10块钱，我说我也不缺这10块钱。他说您要去哪儿？我说就去宣武区，我家就在宣武区，等我退休以后领工资，我溜达着就到了。

定：您到宣武区任什么职？

黄：就是政协副主席啊。回到区里以后我跟区委书记说，我就干我自己有兴趣的事情。他说那可以，你愿意干什么干什么吧，可是你多少得给宣武区干点事，你要不干点事，将来我也不好交代。我说那干什么呢？他说现在估计要修复天桥，你张罗张罗这个。这都是吃完饭聊天，口头的啊，没有什么很严肃的谈话，他说你张罗张罗这个行不行，你做过一个"雅梦"，再做个"俗梦"，天桥民俗文化。我说这个也行，民俗文化挺好玩儿的。这就回宣武区，我就抓开了天桥了。这就进入另一段故事，天桥的故事。

2.《天桥往事录》与《北京老天桥画册》

黄：我到宣武区的时候，正好市人民代表提出要恢复重建老天桥，陈希同对这事兴趣挺浓，他说我支持你搞天桥，我给政策。

定：不给钱？

黄：他说你要用大观园的经营方式来开发经营。我说听明白了，你不就是不给钱嘛。这时候宣武区来了一位新区长，叫刘敬民①。

定：刘敬民不是现在的副市长吗？

黄：是副市长。这人挺好学，工作也特别努力。当时陈希同给他那任务也挺重，就是说你得像你的前任一样，你的前任建了个大观园，你得把这天桥给恢复起来。这讲话还登报了，头版。陈希同给的指标，刘敬民当然得认真贯彻，他得抓人给他干啊，他说大观园不是黄宗汉张罗着干的吗，我还找黄宗汉干天桥吧。这样我就干起天桥。

---

① 刘敬民（1952—　），河北定州人，1969年3月参加工作，1972年11月加入中国共产党，大学学历。曾任北京市六建公司党支部书记、党总支副书记，共青团北京市委宣传部部长、副书记，北京市文明城市建设协调办公室副主任，1990年11月任中共北京市宣武区委副书记，1991年3月—1994年2月任北京市宣武区区长，1994年2月—1996年3月任中共北京市宣武区区委书记，1996年任北京市人民政府市长助理。1998年1月任北京市副市长、市政府党组成员。

我说要发文化财，还要高雅地发文化财，要追求文化上的高品位，经济上的高效益。李志坚就特别乐意。他后来当了文教书记，最苦恼的就是文化没钱，日子难过，现在有人居然想拿文化发财，这当然就太好了。李志坚说那你先踢一脚给我看看。这就在天桥搞了个天桥乐茶园，这是个企业，不像大观园。大观园本身在体制上是事业单位还是企业单位，是说不太清楚的，你要说事业嘛，区政府到现在为止一分钱事业费也没拨过，都是靠自己养活自己，你要说它是个企业嘛，它又不具备严格意义上的企业机制。

我对干天桥还有兴趣，但我也不真正了解天桥，我以前没逛过天桥，解放前解放后都没逛过，怎么办呢？首先搜集天桥资料吧。第一，原来的天桥办事处曾经搜集过天桥老照片，但是在"文革"中有些散失了，不太全，我们就先从这入手吧，看看照片，看老天桥啥样。再一个，搜集文字资料。文字资料可以到图书馆去搜集，但这么一点一点搜集太难了。首都图书馆有个文献部，是专门搜集各种资料的，我想还是找人帮着弄吧，我就委托他们把所有有关天桥的报刊书籍资料全部给我复印。我哪儿来的钱呢？我也没钱，我们政协穷着呢。正好原来国民党王牌军的一个军长叫戴坚，戴坚是当年要派到日本去的占领军的军长，后来打内战他没去成，但是是蒋介石的亲信，后来他定居美国，他闺女是学建筑的，想要在唐人街盖个牌楼，就为这事他陪着姑娘来了。来了以后就打听有没有人鼓捣仿古建筑，我弄了大观园了，戴坚将军经人介绍，谁介绍的我忘了，说鼓捣这古建筑找黄宗汉。他来找我，我俩还能谈到一块。这戴坚将军就说，他想拍个《秦始皇》。你说这世界上什么人都有啊，他要拍秦始皇！他说你能帮我找人先写个剧本吗？我说可以啊。他当时就开了1000美元的支票，说先给你这钱，你去张罗这事。结果把钱给完就发生那场80年代末的政治风波啦，这事就黄了，没法弄了。但是我把他的钱一部分捐给弱智学校，剩下的钱就给了首都图书馆。

我让首都图书馆把有关天桥的资料都给我复印，他们就给我复印了，有报纸那么大版面，16 开，这么翻开，就这杂志这么大的本子，这样装订了三大厚本子，都是原始资料。我一看挺有意思哈。这个东西我得把它摘出来给刘敬民看啊，这工作量挺大，我再找个老头老太太吧。就找了原来我们区委书记的秘书，两口子都是秘书，俩人帮我摘，摘出来以后我又分类，我们市委宣传部老部长一看说挺好，就支持我出了一本《天桥往事录》，正式出版了。明儿我想法给你找一本，挺有意思的哈。① 然后呢，我跟宣传部部长王立行说：首都图书馆里所有的资料我都复印了，其中的照片最好印成一本画册。他说那行啊。我说：照片还不够，还能不能再从哪儿找点儿。他说：北京出版社有个摄影编辑部，交给他们办吧，说跟左汉桥他们说说帮你编。这样又编了一本《北京老天桥画册》。但是北京出版社说出这样的画册恐怕没人买，让宣武区自费出版，可我这宣武区自费出版还挺费劲，我说得了，北京出版社出一部分钱，我再借一部分钱，我就跟我们电视机厂借了钱，把它出了。那会儿新来的区长挺支持我，区委书记有所保留，主要是因为他不明白我瞎折腾什么。按最初的打算，这画册不明码标价，根据市场行情内部定价，能卖多少钱卖多少钱。结果最初按内部定价每本 70 块钱，最后卖到 120 块钱，仨月就全部卖光了，在各大宾馆。本来是北京出版社出的，让外文出版社全给捡走了，卖光了，接着又出第二版。那在当时这样的画册能再版，是很稀罕的，成了一本畅销画册。

定：赚了？

黄：赚了。我把钱也还给我们厂子了。北京出版社给了我 1000 块钱编辑费。后来王立行说：你们也太抠门了，画册赚了这么多钱，你们才给黄宗汉 1000 块钱。后来出了第二版，又给我 2000 块钱。我一看天桥的事蛮有意思啊。

---

① 《天桥往事录》是黄宗汉主编的一部资料汇编，由北京出版社 1995 年出版。

3．筹拍《天桥梦》

黄：李志坚这时候已经当部长了，他说你又有文字，又有图像资料，天桥这个地区你将来怎么弄，得有个全面规划，分几期实施，先踢一脚。这脚怎么踢的呢？陈希同说就按大观园的方式。大观园是根据《红楼梦》做出来的，我再做一个"天桥梦"。就编《天桥梦》。

这回我会编了，因为我有这么多资料。但是我没写过剧本啊，这写剧本和写报告两码事，这官样文章是我所擅长的哈。我为什么说我所擅长的？我写的东西啊，都能适合领导的需要，除了公文格式以外，你还得摸清那些领导阅读文件的习惯，容易接受的文字格式什么之类的。也许有的人就得给他来点半文半白的，他再批个半文半白，你迎合他的文字，他就容易接受哈。有人的需要长一点，有人的需要短一截。这是一门专门的学问，我估计古代有人专门研究过，现在实际也有这问题。宗英（黄宗英）她就不会写哈，她根本不知道这怎么写。还有《北京日报》的副总编初小玲，那会儿她们帮着我们影视公司搞什么报告材料，我一看就不行，连格式都不对，另外还加那么多形容词，你要解释什么问题，你写明白不就得了。

可是我不会写电视剧本，我不知道怎么编织这戏剧矛盾，我就请了人艺（北京人民艺术剧院）的梁秉堃，他的话剧剧本写得不错，还有周楷，是我们电视剧中心写电视剧剧本的，我把他俩捏鼓到一块儿，把这堆资料全给他们，文字的，图像的，三大本儿都抱过去送到旅馆，让他们住在那儿，写《天桥梦》的剧本。他们就天天写，写了好几十集。写完了我看了，可我没完全看明白里面都是些什么矛盾。这是什么原因啊？梁秉堃原来是搞话剧剧本的，周楷呢，原来都是人家从总剧本里分给他一集两集地这么写，没有从总体上驾驭过，比如二十集以上的连续剧，没这个驾驭能力，现在当然有写得好的了，当时等于大家都得试试怎么弄。

另外还得找个好的导演，找谁呢？就找了现在总政话剧团的副团长宫晓东，这宫晓东是留美的，在美国混了几年。还得找个制片人，我找了鲁齐，就是拍《渴望》那帮子人里头的一个，跟冯小刚他们都是一拨人，龙新民把他推荐给我，这人还不错，跟我一直不错，我就让他来组织这事。

这导演宫晓东吃了点洋饭，当然他看电视剧比国内人看得多，我说你看这玩意儿怎么样？他说不行啊，这个不好拍。导演有权改剧本啊，对不对，就再搞改编本。宫晓东是留洋的，他不了解天桥，那怎么办啊？鲁齐说你们俩住一屋，就聊天桥去吧。他改剧本，我跟着他一块儿改，等于我也学着，我说你改完，我给你抄，我抄就知道你怎么编织这戏剧矛盾了。就黑夜白（天）儿地坐那儿侃呗，我除了跟他讲那些天桥史料以外，还得跟他一块琢磨故事，编来编去，我说这电视里头没爱情故事看着没劲，我说你琢磨琢磨，当然也不能瞎编啊，不过我是看《红楼梦》看出来的，我觉得脂砚斋批注的《红楼梦》里头有这么一句话，把爱情写到家了："来自情天，去自情天，生为情人，死为情鬼。"生死之恋。我说你把这个给我写进去怎么样？你要比这个写得再生动点，那你比曹雪芹还曹雪芹了。《天桥梦》的故事纯粹是新编，反正这片子后来一播出，热播了。

定：《天桥梦》啊？我怎么没看过啊？

黄：你可能没看过。你这学者不看这种玩意儿。热播，翻来覆去地还播了多少回呢，这样我们就赚了钱。我们那个不叫剧组了，我们叫天梦影视公司了。

4. 天桥乐茶园与万胜剧场

定：你们这个天桥，除了这个电视剧以外还干什么了？

黄：听着，还没完呢。我这个天梦影视公司得有根据地啊，租旅馆也不是常事是吧？我还得找找老天桥遗迹啊。老天桥有个戏园子，这个戏园子叫天乐戏院，后来成了天桥办事处的礼堂，那过去可是天桥的大戏园子啊，什么新凤霞啊，梅兰芳的夫人福芝芳啊，都在那儿演出过，我推测它的前身可能是个茶馆。我说得了，就把这个办事处礼堂改成摄影棚吧，拍天桥老戏园子。我就找办事处主任，说你把这地方腾了给我用得了。他说那我上哪儿开会去啊？我说你开会还不好办？你现在维持这个礼堂一年还得花不少钱，好几万哈，还得有人给你看着，漏了什么的你还得去修，你天桥办事处里那么多单位，到哪儿不能开会去？我一月给你1万块钱租会场还不够啊？用不了，有一半钱就够了，剩下那一半发奖金吧。12万块钱一年，他把这地方交给我了。我重新把它修了，这就是我拍戏的一个主场景。这是1992年。

定：您哪儿来的钱呢？

黄：这天桥乐茶园算是我扶植的一个天桥的残疾人企业——华君公司。那钱从哪儿来呢？是银行给我贷的款。按说当时银行是不能向文化事业贷款的，怎么办呢？就搞了个什么工业项目，找了工商银行的副行长，以工业项目的名目借了钱，弄了250万。

我修这个场子，得有人做设计啊，我就跟于是之说，我要拍《天桥梦》。他说那好啊。我说剧本有了，可是拍戏得有个戏园子，这戏园子是啥样儿呢？我说老舍先生写的《茶馆》，可能就是天桥那个大茶馆，天桥最大的茶馆就是天乐戏院，掌柜的也姓王。应该有点像那茶馆，那味儿就挺浓的。

定：那时候就叫天桥乐吗？

黄：天乐戏院。戏院的前身就是个大茶馆，这个茶馆儿有个外号，叫王八茶馆。

定：为什么叫王八茶馆？

黄：掌柜的姓王，行八。

定：大名呢？

黄：不知道。这是拿他逗闷子啊，天桥那地方什么浑话不能说啊。老王，王家茶馆，称呼上不会那么雅，干脆就王八茶馆儿吧。（众笑）那时候这个破戏园子啊，新凤霞跟我讲，说我当年就在这天桥演出，就在王八茶馆儿这儿，说当年在那儿一靠上——演戏靠上，懂吗？就是穿戏服靠上以后，那得多厚啊，夏天一靠上就得一个小棉袄那么厚，实在热得受不了，她说她在台上都晕过，掐人中掐过来的哈。她说那是个大棚，到冬天沙子一吹进来，满嘴都是沙子，张不开嘴啊（笑），这戏怎么唱啊！但是呢，新凤霞对她在天桥的那段生活，回忆起来，还是有对天桥儿的一些美好的回忆，就写了一篇儿文章，叫《天桥乐》。

定：是啊，那时候都是穷人去的地方。

黄：是穷人去的地方。但是已经算比较大的茶馆了，天乐那个地方在我的资料里就有，《天桥往事录》里有记载。后来我跟舒乙讨论过这个事儿，他说老舍先生对天桥早就有印象，后来还准备写一部小说《天桥》，为这个他还专门去采访，自称是东北卖药的商人，真到那小店里头，就躺在那大炕上，那个大通铺，去体会去了，到底待了多长时间我不知道，但这事儿有，这是舒乙跟我说的。他还找我们当时街道的工委书记叫刘瑞祺，是个老区干部，约上他，还有我们那儿财贸部的一个副部长谷子禾，约他们两个人，在现在的北京邮局，虎坊桥那儿，那会儿是《大公报》，约到那儿去谈谈天桥街道的情况，做创作准备。老舍后来给天桥乐茶园对过儿的万胜剧场题的名，还给万胜剧场和天桥茶园中间的红星楼饺子馆写了一段曲艺段子。

杨：还写了个段子？

黄：这说相声得有段子啊，在《老舍全集》里，你翻那"曲艺卷"就有，段子写得并不很精彩。这就是说老舍和天桥这块地方的关系啊……

杨：他好像跟好多天桥儿艺人都挺熟的。

黄：就是说如果写老北京的茶馆，而且是三教九流聚会的这么一个茶馆，那天桥当年最大的茶馆就是这个王八茶馆，我说咱们得好好把它归置出来，现在老舍先生不在了，手稿也找不着了，舒济（老舍的长女）说"文化革命"这些东西全给抄家了，都给弄没了。我对于是之说这么着行不行，那茶馆的影子就在天乐这个地方，你就让茶馆那套班底，从舞美师到道具师全找到一块儿给我帮忙，把这个场景给我设计出来，然后我再找建筑师把它进行改造。于是之就找到《茶馆》的舞台美术师，中国第一流的舞美师王文冲，我就到他家，我让他根据他对天桥的了解，把那舞台上的茶馆儿啊，给落在这戏园子里头。王文冲就给我画了图，只能画效果图啊。有了这个图，我又找了古建筑专家，现在挺有名的，叫王世仁，当时他还没那么大名气啊，我就跟他说，我说这过去是街道开会的一破礼堂，虽然比老天桥那个棚子强点儿，但是还是不行，你照着这效果图，给我设计成建筑结构图。这样我就请王世仁把建筑结构给设计出来了，这是我找于是之干的。这点事办起来挺长的一段时间。但是用他这图只能搭布景，要成为建筑物我还得找建筑师。

可是还得找个名人给我写匾啊，我跟梁秉堃说这事，他说你既然都求到人艺了，舞美设计、做道具、设计服装都是人艺，这儿快变成人艺分号了，他说那你就请曹禺写吧。这时候正好新凤霞在《北京日报》发表了一篇文章，题目叫《天桥乐》，当然她光讲快乐的一面，不快乐的一面她不讲哈。那会儿曹禺在医院呢，他说哎，前两天凤霞写了一篇《天桥乐》，这题目挺好的，得了，这茶馆就叫天桥乐茶园吧，他就给我写了，叫"天桥乐茶园"，这名字就这么出来的。有了匾，我说门口还得有对联啊，我就跟于是之说，我说大哥，你给我写一对联吧，你给我琢磨个词。

杨：就那个"酒旗戏鼓天桥市"？

黄：不不，"酒旗戏鼓"那是舞台上的，那不是我写的，人那是原来，老天桥就有这个："酒旗戏鼓天桥市，多少游人不忆家。"于是之说：写什么啊，你先给我琢磨琢磨。我就寻着那个"酒旗戏鼓天桥市"那儿琢磨，我们俩在一块儿琢磨的啊，但是以我为主，于是之就给我写了："集粹天桥民间艺术，纵览故都风土人情。"

我跟于是之说，这茶馆拍完戏以后就是一个浓缩的小天桥，是一个全方位的剧场，我这话把这位大戏剧家都听蒙了，他说什么？什么全方位剧场？我说将来在这儿演戏的时候，台上台下都是一台戏，整个这戏园子就叫全方位。他说没听说过。我说这有可能，咱们琢磨琢磨。政协有个文史资料委员会，我跟他们说我这想法，有一位民盟的宣传部长，是个中学的语文老师啊，我跟他念叨过，我说我想把台上台下弄成一台戏，我把它起名全方位剧场，你说这想法能行吗？他说你这想法不新鲜，这事情波兰人过去干过，就搞过这么个剧场，演老沙皇侵略波兰的故事，还有个剧名，我现在想不起来，那台上台下就成了一台戏，那儿演着，这下边就喊口号什么的，后来苏联人一看，这剧场不能老这么控诉俄国人啊，就不让演了。我说我又不控诉什么，我就让他热闹，台上台下一台戏。后来我把想法跟人艺的作家蓝荫海说，让他给我写成脚本，就叫"逛天桥"，到这儿来啊，先在戏园子逛一通，吃一通，然后打开大幕演出，台上台下能够互动。他就给我写了个剧本，给了他5000块钱（笑）。然后人艺的道具师就给我做（道具），卖什么的都有，卖豆汁的，卖驴打滚的，卖艾窝窝的，两廊里都是。然后我把什么说书的，说大鼓的，摔跤的，吞宝剑的，什么全都有，乱七八糟地拣了一台，给他搁到那儿，弄成一个浓缩的老天桥。结果成了当时北京最轰动的一个戏园子，成为当时北京剧场里头演出场次最多，盈利最高的，当时我那票价算是挺贵的了，可是好多人呢，还舍不得吃光了，就留作纪念了，那我就更赚了。（众笑）所以这个地方呢，当时就很轰动了，那会儿长安戏院还没修啊，比那长安戏院还要热闹得多，一年能赚200多万，长安戏院一年才赚50万，我这跟他对着干呢。

定：就是我们社科院对面那个长安大戏院么？

黄：哎。它费用太高，成本太高。我成本很低，很快就还了贷款哈，一共跟办事处签了十一年的条约。现在归了郭德纲了，郭德纲就在那儿起家。我现在去一看，他把曹禺那块匾摘了，安上他那"德云社"了。

反正当时挺轰动的，好像那儿就是北京特色，当然现在有特色的地方多了，那时候还是唯一的啊，文艺界的、方方面面的人士都到那儿去，在北京城，也成了个外事活动的重要场所。后来尼克松到北京来，

尼克松到天桥乐茶园参观
（黄宗汉提供）

中央外办的主任刘华秋，就安排尼克松到这儿来了，当时开场是跳加官，加官进爵的那个加官。

　　杨：不是跳财神？

　　黄：不，是财神捧着这个，然后呢，财神下了台，就把金元宝给了尼克松了。那时候我还有那数来宝呢，是用那牛骨头的……

　　杨：哈勒巴？那不是叫哈勒巴嘛，肩胛骨？

　　黄：对对对对，叫哈勒巴啊，我还不知道。反正是数来宝用的这个，过去都是叫花子打的，后来尼克松一高兴，他拿起来噼里啪啦打起来了。后来尼克松说，说我来了这么几次中国，最高兴的就今天晚上。

　　咱们净讲这热闹事哈，当时我们有个工人，是残疾人企业的，他就爱捏泥人，我们说你就甭上班了，天天捏泥人吧，然后咱们卖泥人啊。他把（话剧）《茶馆》里所有人都捏了，捏得很像，捏完以后就摆在我们柜台上，刘德华来了非要买不可，我说这个不好办，怎么能把人家的肖像卖了呢？那怎么办呢？得了，那就卖我哥哥吧，你把黄宗洛买了得了，把黄宗洛卖了200块。（众大笑）后来尼克松来了，给尼克松也捏了一个，那都是事先准备好，他来了以后再给他找补两下，就送给他了。这个人现在成了泥塑家，后来到中央工艺美院深造，现在我一看电视，哎，人家正规大学毕业了，成了专家了。

我第一脚先拍了一个《天桥梦》，拍《天桥梦》和建天桥乐茶园①这是一码子事，李志坚觉得我这一脚踢得挺不错。

那会儿我弄了一套方案，在老天桥这个规划范围里头啊，我准备保留下24000平米，基本上是天桥的核心地带，把老戏院园子、老茶馆、老书茶社这些东西都保护下来，其他地方该怎么改建怎么改建，我不管了，但总要和它的风貌相协调。在我的构想里头，天桥保留下来的东西是什么？是三教九流，五行八作，什样杂耍，百样儿吃食，无所不全的那么一个民俗博物馆，但它不是集中在一个大建筑物里头，天桥没有这玩意儿，我就是要把那些老旧的房子改建加固，尽可能保留历史的痕迹和符号，然后里边是涉及老天桥民俗这些东西。

我对贫民窟的改造也很重视，也曾经领着李志坚，我说天桥乐茶园周边那地方你看看去，那是住人的地方吗？现在郊区那猪圈都比这儿强，这还住人哪！这地方要是不改造，还能叫共产党吗？李志坚就同意了。后来他们也觉得有可行性。我不完全是坐在那儿异想天开，我有幻想的时候，但是渐渐成型，渐渐把理想变成规划，再把规划变成实施方案。我修了一个戏园子，接着又修第二个戏园。

天桥乐茶园对面是万盛轩②，掌柜的可能被定为戏霸，所以把它没收了，没收以后就改成国家管，国营剧场，老舍先生还给题了块匾，题成"万胜剧场"这么四个大字，大概是老舍先生一生里唯一给剧场题过的一块匾。这剧场后来改放录像，经营上非常惨淡。我说这不行啊，咱还得把它修复了，这是老舍先生题了匾的剧场。我张罗着找市领导区里头，说你们掏钱修吧，这剧场是属于国家的。整修以后，我说北京杂

---

① 天桥乐茶园开业于1992年12月。

② 万盛轩始建于1931年，称作"万盛轩戏园子"。当年主要是唱评剧，也出了很多有名的评剧演员。后来成为著名中国评剧表演艺术家的新凤霞就是在此主演了《刘巧儿》。1964年万盛轩戏园子被翻建后更名为"万胜剧场"，但地方没有变。老舍在1965年亲笔为剧场题写"万胜剧场"，郭沫若也亲自到场为剧场题词。此后万胜剧场又经过数次翻建，2004年更名为"天桥杂技剧场"，是北京杂技团的专业杂技演出剧场。

技团没个正经的演出地方，我就把它改建成为北京杂技团的专业杂技演出场所。天桥乐茶园是在原址修建，我没拆它，万胜剧场我也没拆，但是我把地基深挖了，把舞台池座都按照杂技演出的需要改建了，挺适合。我也希望它能跟天桥乐一样成为高盈利的一个地方，它的节目也可以叫座么。但是实际上，现在基本上成了一个排演场，为什么？因为这北京杂技团现在常年到国外去演出，那个挣的钱多。我就折腾了这么俩剧场。

5. "京都文丐"与天桥地区文物保护工作

黄：于是之给我写这天桥乐茶园（的对联），完事儿了中午在那儿吃饭，坐那儿闲聊。我说，你给我也写一个吧。于是之说，都说天桥儿有八怪，你呀，你是那第九怪。（众笑）我说：我在天桥，我就是个叫花子头儿，是个文化乞丐。我折腾这天桥，可我一个钱都没有。我就跟那个天桥撂地的一样，有钱的帮个钱场，没钱的帮个人场，大家帮忙给我鼓捣起来的。我说：我跟武训一样，武训是文盲办教育，我是艺盲办文化教育，如此而已，武训没钱，我也没钱，我是要饭，不过我是个高级要饭的，哈哈。"京都文丐"就这么来的。

杨：哦，您这名字我听说过。

黄：于是之就说，得，给你也写一个吧，给我写了个小中堂"京都文丐"。后来我把这印成名片儿了，还有人收藏这名片儿。看看我这有没有，有给你一张。

杨：您要有，您给我一张，我也收一张。

黄：这很难得的啊，"京都文丐"，这纯粹都是于是之给我搞的，他说你又是京都文丐，你又是艺坛怪杰。（找到名片）还真有，这成稀罕物儿了，我背后再给你签上我的名字，那更有价值了，明儿等我不在人间的时候啊，到潘家园还能卖两块钱，现在大概不值钱。

杨：现在也值钱啊。

黄：现在能值钱吗？两块钱，两块钱不能卖，好赖得卖个十块二十

块的吧，得，留个纪念。（笑）

杨：哎，谢谢您！

黄：本来我还想接着往下弄哈……最后这贾庆林来了，他就根本不管我这一套。

定：就是说您做整个天桥就是一个靠文献，弄了好多材料，还有一个就是靠你们自己的想象？

黄：我组织了这么多人呢。

定：你们访问过当年老天桥的人没有，就是了解他们的生活？

黄：我用不着采访他们，是他们都来采访我，人家不是采访，是人家都来这儿。老天桥恢复了，呼呼呼那些人就全来了，就认识了，后来我有事也求他们。我了解那些人太容易了。我跟你说，像我们天桥乐管经营的副经理于庆文，他爸爸就是天桥那个最大戏院万盛轩的掌柜。所以用不着那么系统地讲啊，平常我就跟他们生活在一起，什么说琴书的关学曾啊，魏喜奎啊，说相声的孟凡贵什么的，我跟这帮子人混得熟着呢，不用像你说的咱们约个采访。我也去找过这些人，你来了咱们聊大天呗，但不是为我的《天桥梦》啊。新凤霞算高层的，当年那都是我们这儿的常客。

定：她也不能算高层吧。

黄：现在她成高层了。叫评剧艺术家，当年就在这小戏园子唱小戏，这些事我跟你说说就完了呗，她还过来，她坐轮椅还过来呢，我还到她家去看她。我不需要像社会学家似的费那么大劲儿去找这个找那个。资料是比较系统的东西，接触这些人就更容易了，摔跤的我请来，你给我摔，吞宝剑的什么，我跟他们混在一块对吧。我没专门研究啊，就一下子进入民俗领域了。后来王立行说挺成功的，写篇论文吧，我就出了一篇关于北京天桥民俗研究的论文。[①]

别看不起这些小破院小破庙。现在舞蹈学院旁边有一个小庙宇

[①] 即《老北京天桥的平民文化》，载《北京社会科学》1996 年第 3 期。

群，有三官庙、城隍庙、东岳庙，你别看庙小，庙小意义大啊。1838年，林则徐支持黄爵滋禁烟的建议，被皇帝召来，到北京以后就住在三官庙，现在一讲就是1840年的虎门销烟，但这事的开始是黄爵滋他们上书，上书以后林则徐支持，在湖广总督任上推行这些取得成效。这比莆阳会馆什么的都重要是吧？没啦，没有定为文物保护单位，拆啦。

还有一个很重要的，江南城隍庙，在中央歌剧院那儿，这是民间传说，说江南城隍庙的第一位城隍爷，是文天祥。是文天祥就义以后，老百姓非常怀念他，就把他当成正义的化身了，皇上后来为了收买人心，就把这个文天祥封了城隍爷，这是《民间诸神》书里讲的，有多大历史可靠性咱们不好说，但民间就是这么传的对不对？这是对历史人物的一种崇拜吧，这种崇拜还是可以的。后来呀，又给文天祥找了个接班的，谁呢？杨椒山，就是状告严嵩十八罪状的那位，最后也被迫害致死，所以老百姓也崇拜他，最后皇上又改封了杨椒山。民间传说里有这么个故事，说为了祭奠这两位城隍爷，每年都要举行庙会，要把杨椒山的塑像抬出来，一个泥塑的，还有一个籐编的。这游街的队伍，也就是赶庙的队伍，就是天桥民俗文化产生的源头，这是我的分析。天桥为什么组织个花会啊？什么耍钢叉，这都是祭神的。在祭神的过程中，有一次有个姑娘，她看杨椒山挺英俊的，就看上这杨椒山了，杨椒山也看上了她，结果第二天这姑娘就去世了，民间说后来就要让他们成婚，给他们举办了婚礼，这花轿和举行仪式的一些器物，都放在江南城隍庙里头。这是宣武区房管局的一位副局长，当年我在街道办公室的时候他是我的副手，他跟我说的。他说他见过这些东西在庙里放着。这个民间传说真的是有鼻子有眼啊。原来祭神的这套活动，像走花会什么的，是不能去拿它卖艺的，但那时候人穷得也没办法，庙会一散，就在天桥找个空地方，敛俩钱呗，解决解决生活困难呗，早期的天桥，这套玩意儿是和这个故事连着的。[①] 我编《天桥梦》的时候，就把这个故事编进去了。

后来美国来了一个学者，对天桥发生了兴趣。这是何许人也？他叫韦毓华，原来是专门负责为蒋介石做知识分子工作的一个人，到台湾以后曾经当过国民党的中常委，后来是美国芝加哥大学的哲学教授。我一看来的是学者，那咱们也"学者"一下吧，我就给他我那篇论文看，请他指教。我觉得哲学家也得介入民俗研究，要不然这哲学太空渺了。结果呢，他特别有兴趣，他说明年在富兰克林学院举办一次中国问题研讨会，你就以你现在这个，我原来写的是关于天桥民俗的一篇文章，他说你整个讲讲北京的民俗与中国文化的关系得了。给我出了这么个题目，给我发了邀请函。我就向市委汇报，就接受了邀请。到美国开会我得有英文文稿啊，我又找人译成英文，再找一个发音好的录成音，我对照人家那个背下来，到时候我去念。这样我就去了。[②] 我觉得这事挺有意思，挺好玩儿。

你说这人生有多少好玩儿的事？我去了以后正好碰上马英九，我们俩是同时获奖的，杰出贡献奖。富兰克林市给我们一人一个荣誉公民称

---

① 江南城隍庙，位于宣武门外南横街东口外路北，始建于元朝初年，称为佑圣王灵应庙。明万历二年（1574年）加封大都城隍，为护国保宁王。明永乐朝为大威灵祠。清代改称江南城隍庙，内有城隍行宫。筑有戏台，但清末以来，从未见演戏。庙东有东岳庙，西有三官庙，庙南多为义地。该庙建筑一直保存到1956年，后来由于修建先农坛体育馆游泳池才被拆掉。北京的城隍先是文天祥，后为杨椒山。杨椒山在宣武门外另有专祠，位于宣武门外达智桥胡同12号，明朝时也曾作为城隍庙，但与此城隍庙不是一个，地点也不在一处。

杨椒山（1516—1555），名继盛，号椒山，直隶容城（今河北容城县北河照村）人。明嘉靖二十六年进士，官兵部员外郎。明代著名谏臣，因疏劾严嵩而死。杨椒山故宅曾为城隍庙，清时改为松筠庵。清乾隆时一些官员寻访此庵，得知其为杨继盛故居，因将其正屋辟为杨祠，名"景贤堂"，为宣南最大的专祠，此后祠寺合一，成为清末士大夫集会议论时政之所。近代史上著名的"公车上书"就在这里发生。有人说康有为等人在这里上书光绪要求外御强敌，内行变法，选择杨椒山祠举行这一活动，无疑是借用历史人物的气节来营造现代悲壮的氛围，使这里的文化内涵发挥出巨大的激励作用。参见王世仁：《雪泥鸿爪话宣南》，《宣南鸿雪图志》绪篇，22页。

② 据黄宗汉在《寻思集》中篇"开发文化产业"中称："在改革开放中北京文化事业的发展引起海外文化界的重视，1997年我应邀到美国富兰克林学院参加'中国问题研讨会'，以北京市对外文化交流协会副会长身份发表《北京民俗与中国文化》演讲并获奖。这篇论文收入《北京社会科学》1999年第1期。从此，我在文化界的活动渐渐沾了学术色彩。"（20页）

号，还有一把大钥匙，一个奖牌。从此我认识了马英九，然后又认识了马英九他爸马鹤龄，成了忘年交。

天桥这篇文章应该说我做得很漂亮，我觉得做着比大观园还过瘾。大观园是雅，必须忠实于原作，或者原作精神，这是它的优点所在，也是它受约束的地方。天桥本来就是个三不管的地方，所以历史上就是谁想在那儿怎么干就怎么干。我觉得做一下《红楼梦》这个梦，再做一下《天桥梦》这个梦，把雅俗两种文化往一块儿捏鼓，大俗大雅也好，大雅大俗也好，做到雅俗共赏，这是文学艺术的最高追求。曹雪芹就做到了，是不是？你这大学者也看，我们这儿送饭的她告诉我她也看，不都看嘛，是吧？甭管是一部文学作品也好，一部戏也好，一个区域的建设也好，大家都喜欢，那才是好东西，你说呢？那就得有高水平是吧，能做到雅俗共赏，得有曹雪芹那样的才华才行呢，第二个曹雪芹还没出来呢。王朔讲他一不小心也许就成了王雪芹，当然他这是玩笑话。谁能一不小心成了曹雪芹呢？现在还没有，像他这样可以跨越时代的大作家，中国还没有出过第二个呢。但是要把一块地方，利用它原有的历史文化资源，再加以充实发展，使它具有很浓厚的民俗特色、文化特色，是完全有可能的对不对？如果不是按照他们现在这个干法哈，那我可以把天桥搞成一个很有特色的北京民俗文化区，我原来叫它民俗文化园。非常可惜，就让这些没有文化的人把这地方给糟践了。盖这点破楼，管什么用啊？哪儿不能盖啊？

后来他们又搞什么雕塑八大怪，我说戳八个雕塑就能把天桥文化保存下来？一边儿待着去吧！挺可惜的。日本人对浅草①就是很慎重的……

---

① 浅草寺是东京最古老的寺庙，也叫浅草雷门观音寺。江户时代德川家康将浅草寺指定为德川幕府的朝拜场所，浅草寺一带因此逐渐繁荣。除浅草寺内堂外，浅草寺院内还有五重塔等著名建筑物和众多史迹、观赏景点。每年元旦前后，前来朝拜的香客，人山人海。浅草寺前位于雷门与本堂之间的街道名为"仲见世"。这是由雷门通向宝藏门及正殿的一条300余米长的参道。聚集了约90家商店，有着大大不同于其他寺庙的独特光景。熙攘的人潮加上五花八门的商品，人们逛街与来寺庙拜神进香一举两得。

定：什么地方？

黄：浅草。类似咱们的天桥。我觉得还是要再认真借鉴一下国外的经验，于是我就到日本去看浅草。我问日本人对浅草这儿有什么规划，他说今天一下子和您也谈不清，我们已经研究几十年了，但轻易不敢动，就怕把这地方动坏了。哪儿像咱们，呼噜推土机一推，全都盖起楼来了，真是遗憾哈，从来没人把我的遗憾好好写写啊。

这日本人后来看了《老天桥画册》，他说你们还能保留这么多的好地方。我说不是啊，没剩下几样，这都是照片了。

后来一些人又要恢复琉璃厂，保护历史文化区，说应该把名人故居恢复，这又和展宽马路发生了一些矛盾。说要易地保护，到现在也没保护。后来因为我已经生病，就不大清楚这事了。

宣南文化馆内老天桥微缩景观

第三部分　宣南文化
（1986 年以后）

一、参与重建宣南文化并
进入学术研究领域

1. 宣南文化的提出与定义

黄：提出宣南文化命题的是宣武区区委书记，他一来的时候是区长，后来当了区委书记。

定：叫什么名字？

黄：刘敬民，是管奥运的副市长，后来调到市里了。这个人很有头脑，他也没家庭拖累，工作很勤奋，又好读书，他读书挺多的。星期六星期天他也处理一些公务，基本上是自己在机关里读书。我也在机关里读书，但我没他读得那么多，也没像他下那么大功夫。他读书是为了研究宣武区的文化，想给这区做个文化定位，在 90 年代的区委书记中，肯琢磨这个的，他可能是唯一一个。一个区还文化定位？你一个区委书记，说是一级政权，实际上是派出机构，上边布置什么你就干什么得了，没哪个书记说是干这个的啊。可他还颇有独创性，他通读了孙承泽①的《春

---

① 孙承泽（1592—1676），明末清初的书画收藏大家。字耳北，一作耳伯，号北海，又号退谷，一号退谷逸叟、退谷老人、退翁、退道人，山东益都人。明崇祯进士，官给事中；李自成克北京，任为四川防御使；入清，官至吏部左侍郎。富收藏，精鉴别书、画。孙承泽所撰有关北京史事的重要作品，有《春明梦余录》和《天府广记》。在北京历史上，专写北京史地的文人和书籍中，孙承泽的《春明梦余录》和《天府广记》占有重要位置，完全可以和古代著名的北京史地书籍如：[元] 熊梦祥的《析津志》，[明] 刘侗、于奕正合著的《帝京景物略》，蒋一葵的《长安客话》等相媲美。而清康熙年间朱彝尊的《日下旧闻》、清乾隆年间官方主持编纂的《日下旧闻考》，及光绪年间官方主持编纂的《光绪顺天府志》等，都是孙承泽以后的书籍。

孙承泽在京城的居住与活动区域以及这两部著作对北京的记述，都不仅仅限于宣南。

明梦余录》。这玩意儿要搁我，到现在我也没读呢。这区委书记真是绝无仅有。

刘敬民为什么要读《春明梦余录》① 啊？就因为那孙承泽，那孙公园②。孙承泽在此居住，写了一部《春明梦余录》。他说：这是研究北京史的巨著，我得读它。他就跑到中国书店买了一套《春明梦余录》，就读开了。他没白下功夫，研究来研究去，就提出一个宣南文化的命题。

他这个宣南文化命题开始的时候不是很明确。他从研究孙承泽的《春明梦余录》开始，就想研究宣南的士子文化。我们俩第一次就概念进行讨论，我就跟他说别叫士子，叫士人听着更顺耳，但这没有什么本质的不同，士子就是士人。后来他就想呢，他想把宣武区所有涉及士子文化的历史文化古迹全部进行拓勘测绘，编辑成册，然后根据宣武区的经济条件，逐步地、一个一个地修复。他自己在建筑公司干过，跟着盖过高楼大厦，这玩意儿他都懂，但是他并没有盲目崇拜这些高楼大厦，他居然重视了深藏在胡同里边的这些名人故居、会馆什么的，每条胡同都钻了。

刘敬民当时想给宣武区一个文化定位，他并不满足只着眼于在宣武区的那些民俗文化，但他很重视，那会儿是他让我鼓捣天桥这些事啊，

---

① 《春明梦余录》70卷，孙承泽著。该书详尽记载了明代北京的情况，体例似政书，又似方志，分《建置》《形胜》《城池》《畿甸》《城坊》《宫阙》等门，其中官署类四十卷，篇幅最多。该书是研究明朝典章源流沿革的重要材料。春明，原系唐代都城长安的春明门，后人因以指代京都。

② 孙公园，一指孙承泽的宅第和园子，后人将其称为孙公园。一指地名。位于宣武门区南新华街西侧、梁家园以北。孙承泽在北京有好几个住处，如金鱼池、樱桃沟等，但主要住在前门外藏家桥西，通常叫做"孙公园"。这里藏书很多，建有"万卷楼"，上下共14间，存放他费心收集来的书籍。万卷楼的对面有一大厅，即"研山堂"，是孙承泽会客写书的地方。中间有一大戏楼，那是从前他宴客演戏的地方。同治八年（1869年）由李鸿章兄弟提倡，淮军诸将出资，购得孙公园部分房产辟为安徽会馆。戊戌变法期间，这里是维新派重要的活动场所之一—强学会会址。民国时，徐悲鸿领导的美术学校设于此。会馆东侧日伪时期，在日寇卵翼下的朝鲜人生产毒品海洛因，后失火烧掉厂房。抗战胜利后在此开办龙门酱油厂。新中国成立后为小学校至今。只有后来改建成为安徽会馆的大戏台至今还存在，现在是北京椿树整流器厂的仓库，楼栏建筑还保存完好。晚清光绪时期，孙公园分为前孙公园、后孙公园两地。久而久之演绎成了街巷名称。前孙公园胡同在南面，后孙公园胡同在北面，两胡同间有窄短的夹道相连。

我们俩不光星期天读书在一起，还有工作上的密切关系。他的兴趣不限于什么天桥啊，大栅栏这些东西，他觉得宣武区文化底蕴特别深厚，这些会馆是宣武区文化的一个重要载体，最后他就提出"宣南文化"这么个概念。历史学家过去没提到过宣南文化这个概念，这是今人提出来的，是刘敬民提出来的。

刘敬民要把所有的名人故居和会馆都测绘了，编一部很厚很厚的大书，准备将来重点恢复，让宣武区一代一代的领导把宣武区这些历史文化遗留都保护下来，说这才是宣武区的特色，做历史文化定位。后来天桥他就放手让我去干，他就越来越多地重视这个。后来他找王世仁，编了《宣南鸿雪图志》一部大书，这部书后来获奖了。

到底什么叫"宣南文化"，对"宣南文化"应该怎么去定义？这是不统一的，我认为也无须统一，干吗非得统一啊。但前些日子宣武区宣传部书记说得有个统一的说法，然后他们也不知道从哪儿找了个什么公司，把这定义给统一起来了，那公司也根本不懂得历史学。

他们后来又找了些人去讨论，越讨论越不统一（大笑）。现在宣武区的宣传部常务副部长原来是我的秘书，他倒也接触了一些宣南文化，他原来是人大的硕士，也读博士学位呢，他是从社会学的角度去研究的，我说不统一挺好，你把各种意见都拿到那宣武报上去登，借此你也宣传宣传宣南文化。

后来应该是上面交代了吧，说这《北京大百科全书》非得有"宣南文化"这么个词条，2000 字，让宣武区写，宣武区弄了半天谁也写不了，说这玩意儿，还是找黄老写吧。我说我也写不了。他说怎么写不了？我说什么是宣南文化，意见都不统一啊，你现在定成词条，那就得有个比较统一的说法了。

我说，宣南文化，从大的方面讲就有三种意见。一种是源头说，是历史地理学家侯仁之院士提出来的，说宣南是北京历史文化的源头，后来不是还立了纪念碑么。但这种说法还是有争论的。第二种说法来源于刘敬民，说宣南文化是北京历史文化的缩影，皇家文化，士人文化，平民文化都有。对这种说法也有不同意见，吴良镛院士①就说过，许多研究北京历史文化的学者认为北京历史文化的源头在宣南，至少是士人文化、平民文化的一个集中地。我说你注意这个，他那意见在"至少"那儿呢。确实作为皇家文化的一个代表性的区域，它不典型，但是它也有点，你不能说没有哈，先农坛在那儿，对不对。还有一种意见，就是我的导师戴逸②说的，宣南文化是北京历史文化的精华。

定：这个有人反对吗？

黄：精华说现在还没有著名学者反对。我说：有这三种说法，你让我按什么写啊？他说：你就都写了得了。好，都写，那我就客观讲三种。他说：你能不能捏鼓到一块儿啊？我想：这怎么捏鼓呢？我就找王汝丰老师③商量。王汝丰老师说这三种说法啊，是从不同的角度去论述这个宣南文化，其实三者并无矛盾，如果把三种说法综合到一块，就可以窥见宣南文化的全貌。我说行啊。这就成了《北京大百科全书》里头关于宣南文化的定义：

> 宣南文化是北京历史文化的源头、缩影和精华，综合三说可以窥见北京历史文化的全貌。

王汝丰这说法挺聪明的。不管怎么说，北京市和宣武区注意保护在这个区域范围里头的这些历史文化遗迹，都是一件功德无量的大事。至于学术上怎么定义，从来都有各式各样不同的意见。我现在就是把它综合起来说而已。

---

① 吴良镛（1922— ），城市规划及建筑学家，教育家。长期致力于中国城市规划设计、建筑设计、园林景观规划设计的教学科学研究与实践工作。注重理论联系实际，倡导建筑与城市规划相结合。为北京、桂林、三亚、深圳等城市的规划，特别是旧城区改造整治规划设计工作做出重要贡献。专著有《广义建筑学》等。

② 戴逸（1926— ）江苏常熟人。中国人民大学清史研究所名誉所长、教授、博士生导师。主要研究领域为清史、中国近代史。为黄宗汉先生的博士生导师（与王汝丰并列）。

③ 王汝丰，（1927— ），云南人。中国人民大学历史系教授。主要从事中国近代史、近现代思想文化史的教学与研究工作。曾主编《清代宣南人物事略》（2006 年出版），为黄宗汉先生的硕士生导师、博士生导师（与戴逸并列）。

2. 侯仁之与《北京建城记》

说宣南是北京历史文化的源头，这是侯仁之侯老提出来的。他说北京建城就是由这儿开始的，就在广安门外这一带。根据《礼记》记载，周武王伐殷返商，还没下车就封黄帝之后于燕于蓟。[①] 解放初期从白云观到广安门这一带还能看到古代的丘陵，还有些蓟草，这一带古代称为蓟。后来因为大兴土木搞建设，又建北京钢厂，又建宣武钢厂等等，包括我那个北京带钢厂，当年叫北京特殊钢厂[②]，就这些工业建设，在当年"大跃进"里头规模是相当大的了，就把这一带的地形地貌都破坏了，莲花池的水系也遭到严重破坏。我说：侯老，无知者不罪，破坏这一带的地形地貌，我还负有一定的历史责任呢。（笑）

我说现在既然说这里是北京历史文化的源头，那怎么做这个文章呢？他说立个纪念碑吧。我说那好，咱们就立个纪念碑，您来撰写这个碑文，我去张罗立这个碑。我就去落实这件事，请人做设计，看看根据这一带的地形现状和周边环境，可以立起多高的纪念碑，写多少字。我就告诉侯老，说您写这碑文吧，最多别超过五百字儿，字儿再多写到碑文上的字就小了，人也看不清了。他说好。后来就写了。就是现在广安门外戳的那个大碑，叫《北京建城记》。

那时候我还不知道为这事有挺大争论呢。要写《北京建城记》，要戳个大纪念碑，我得先向北京市委宣传部报告啊，当时的市委宣传部部长是王立行。听说过这人吗？他本人也是个学者，老北大的，北京日报社的社长，市委常委，后来调市委宣传部当部长，是学者型的领导，为人非常正派，是北京市数一数二的廉洁干部。我把碑文给他送去

---

① 蓟国，今北京地区最早形成的"国"之一。殷商时期自然形成的小国，或系黄帝部落之后裔所建。西周时，蓟国成为周国的封国。黄宗汉这里提到的《礼记》原文出于《礼记·乐记》："武王克殷反商，未及下车，而封黄帝之后于蓟"。又《史记·周本纪》载：武王褒封"帝尧之后于蓟"。蓟国都于蓟城，在今北京市区西南广安门一带，约公元前 7 世纪为燕国所并。

② 北京特殊钢厂建成于 1958 年 9 月。9 月 17 日陈云到该厂工地视察，29 日正式投产。

广安门外《北京建城记》碑
（杨原摄）

了，请他审查。他看完以后说，这事可有难处啊，北大这是一派，但还有一派呢，是曹子西他们[1]，他们主张北京建城之始在琉璃河的董家林。一个说北京建城之始始于蓟，一个说建城之始始于燕，各自都有著作。曹子西他们出了个《北京通史》，北大也出了一本书，没他们那么厚，但是已经挑明了，说他们之间这场争论已经持续半个世纪了。这两派争论得挺激烈的，你过去不了解这情况，这碑要是一戳起来，就意味着咱们支持北大这一派啦。啊？我说还有这事哪？那怎么办呢？他说要

---

①《北京通史》，是由北京市社会科学院组织编撰的一部系统叙述北京历史的多卷本学专著（中国书店出版社 1994 年出版）。叙述的时间，自 70—20 万年以前出现"北京人"活动起，至 20 世纪 80 年代末止；地域范围大体上以当前北京市行政区划为准，并参酌历代的城区、政区和历史地理环境变迁情况适当伸缩。主编曹子西（1929—　），天津市武清县人。1949 年华北大学毕业，北京市社会科学院研究员。主编《北京历史纲要》《北京史研究资料丛书》（8 种）等。

不然调和调和，我说这怎么调和啊？他说按照他们的观点啊，始于燕、蓟，燕不是灭了蓟吗，就按这么着改几个字，两头都照顾了："始于燕灭蓟之后"。结果呢，王立行在世的时候大家可能都照顾着这位领导的面子，包括侯仁之在内啊。王立行去世以后，这又成个事儿了。

侯仁之写《北京建城记》的时候我跟他说过，我说这《建城记》您写，赶明儿建都记您也写吧。他说好吧好吧。那时候距离建都纪念那时间还挺远的呢，这事说完也就完了。后来真的到了2003年，到了纪念北京建都八百年的时候了。我就又找了新上任的区长卢勇，这区长原来是房山县的区委副书记，调到宣武区当区长。这新上任的区长也挺有意思啊，是个经济学博士，对这个没什么研究。我说这《北京建都记》得写，当年是刘敬民请侯老写这个的，侯老答应过刘敬民，咱们还得登门造访，我陪您一块儿去侯老那儿，请侯老写，我和他是私交，你是政府官员。结果去了以后侯老就跟他说，说：我可以给你写《建都记》，但我这《建城记》的碑文被改了，那不是我的学术观点，我现在怎么想怎么觉得还是个问题。这区长一下子也没听明白，我就跟他讲，我说既然是侯仁之署名的《建城记》，就应该按照人家的观点，哪个官员也不能改人家的观点啊。这是我现在这么看，当年我还没这么看啊，当年我觉得改就改了吧，只要侯老同意就行。

侯老那会儿就九十多岁了，我说老先生提出来非改不可，那就改吧，从一家之言吧，是人家署名的嘛。您是从房山来的，这事您要是不办，就给人家一种错觉，认为因为你是房山来的，你是房山的官，你就支持这个（房山董家林）。这事其实跟房山、宣武没什么关系，都是一个历史，而且这个历史到底应该怎么去评定，应该以他们专家学者的意见为准，咱们都没有发言权。咱们请人写，然后又给人改，现在我回头再看，是不对的。还是把那碑撤了吧，再立块碑。这样的话就写了两块碑。撤下的那块碑现在搁在宣南文化博物馆。

这段历史叙述我想了一想，得写一写。要是让我讲我的想法，我倾向于侯老。北京历史的源头要追溯到明清，要和现代城市联系起来看，北京作为一个具有相当规模的城市，城市建设的开始，就是在广安门外头，要说房山董家林，那么老远，和现在的城市有什么关系呢？

现在回想起来，我也不赞成王立行作为一个领导，去修改人家的碑文。如果他自己再发表一篇学术论文，说北京建城之始始于燕灭蓟，这也可以说得过去，但是不应该改。侯仁之的碑文是侯仁之署名的，他爱怎么写怎么写。现在这块新的碑已经戳起来了。后来侯老又写了《北京建都记》，又立了一块碑，比那个还大，还高，非常高大的一块碑，碑文都弄好了，准备要戳这碑的时候，王岐山当市长了。王岐山是西北大学学历史的啊，别的市长从来没过问过这东西，他过问了，他说这有没有争论？我说《建城记》有重大的争论，《建都记》基本上没有大争论，大多数学者都认为北京建都之始应该在 1153 年，就是辽南京、金中都的这一段，在这个时候，北京形成了作为大国之都的这么一个观念。当然也有学者说，你把大国之都作为建都之始，那些小国你就不把它当回事啦？蓟都、燕都怎么就不能算建都之始啊？他们想把北京的建都之始再往前追溯，北京建都的历史不是八百年，而是可以往前追溯几千年。

定：那就没完了。

黄：就没完了。北京建都八百年召开了一个学术研讨会是吧，那时候王岐山刚到北京来，就组织了这么一个规模比较大的活动。那几位学者呢，也都对大国之都、小国之都发表了意见，北京社科院有一位研究员，是个女同志，但没有人呼应她。别人都围绕着八百年来讲。这个碑的揭幕式，也作为纪念北京建都活动的一项，由市委副书记龙新民主持，还让我去把这个事儿讲了讲。

定：您那时候是什么身份？

黄：何鲁丽当副市长的时候，我是市政府文化顾问。我退下来以后，在市、区活动也得有个身份吧，有时我是民间身份，有时候我时不时地，还得代表官方。修广德楼那会儿，那是属于文化局管的，我要找他们那局长，我就是作为市政府文化顾问找的，我不能以宣武区政协老

218

主席的身份去啊，宣武区的老主席你凭什么找人家？我这身份对我的作用是这个。当然这身份特不值钱，一天一块钱，一年三百六十块钱。文化顾问不光是我一个人啊，春节时候何鲁丽请大家在一起吃个饭，然后给我们每人 360 块钱。后来事儿太多，我就辞了，最后成了顾问组组长，但那以前很长一段时间是顾问。

定：就是说您请侯老的时候是以文化顾问的身份请的？

黄：我不用什么身份，侯老和我们的家族的关系处得都挺好的。侯老比我大二十岁，也是潞河中学的，是我的老学长。他和我相处感到特别亲切，小学弟么。他足球踢得好，所以他现在长寿。侯老的《北京历史地图集》是他一生的代表作，以前只有中文版，我张罗这些事的过程中，侯老就想出英文版，他可能是把我当市政府文化顾问那么看待了，意思是要出英文版的地图集，这从商业角度根本谁也出不起。他说给我听以后，我当然就当个事儿了。我说侯老要出地图集的英文版当然是个大事，他既然要出，就得有很大一笔钱，请市政府财政拨款，市委宣传部还专门开了部务会，就决定责成北京出版社出版这本书，费用由市委宣传部报销。市委宣传部自个儿还有一笔钱么。

后来我又跟侯老提出来，我说《北京历史地图集》里边就有宣武区，您不是说这是北京历史的源头么，关于宣南文化有这么几种说法：源头说、缩影说、精华说，源头说就是侯老首倡的，既然这么重要，能不能把这个部分单独提出来，再适当地加以扩充、细化，出个宣南历史地图集？侯老同意了。这事决定下来以后，侯老就责成岳升阳①牵头干这个事，干了好几年，干成了。岳升阳让我写序，他说这个序得你写，我说不行，我能给侯老主编的书写序吗？那成何体统啊？他说就你写合适，我说实在不行的话，首先提出宣南文化命题的是刘敬民，就找刘副市长写行不行？他这几天正鼓捣奥运会，等奥运会完了让他写。岳升阳

---

① 岳升阳（1954— ），北京人，历史地理学者。1983 年毕业于北京大学一分校历史系，曾在海淀区从事文物工作，并在北京市第二次文物普查工作中负责海淀区的文物普查。现为北京大学城市与环境学院副教授，主要研究方向为城市历史地理和环境考古。

说不行，不要做官的写。我说我大小也是个官，就是官小，七品芝麻官。他们还是坚持不找做官的，就说我写合适，我难死了，我不是给别人写，我得给自己找一个合适的位置，为我的师爷写序。还总算写完了。

3. 修复会馆

定：您前次讲 50 年代宣南那些会馆怎么变成工厂的，特别有意思，那后来您恢复了多少（会馆）？您做了多少（工作）？

黄：湖广会馆是完整地恢复了，为修复湖广会馆我前后折腾了八年。① 安徽会馆是局部恢复的，那个正乙祠本来是个行业会馆，没有遭到什么挺大破坏，原来被当成招待所，后来把它的演出功能恢复了。今后还能恢复多少，保存多少，很难说了。②

---

① 有关湖广会馆修复一事，黄宗汉在口述中所述相当简略，我们查阅当时档案得知，其中经历颇为曲折，黄宗汉在 1991 年 1 月 14 日就曾给陈希同写信，就修复湖广会馆，将其建为北京戏曲博物馆事提出建议。此后又多次致信当时的北京市委领导，急切之情溢于言表。如 1991 年 7 月 3 日给王立行、李志坚的信中称："修复湖广会馆事已列入市委办公室议程，市府讨论文件是各方面酝酿基本成熟的意见，但是市里紧急的事很多，一直未能上会，希望您们催一催铁英同志尽快给安排一下。目前李××先生从美国来，问我：修复湖广会馆戏楼的事还办得成吗？如果办不成他就打算把钱拿到天津去投资了，没有李××这笔修戏楼的二百五十万元，咱们可就难办啦！"1992 年 2 月 18 日、1994 年 3 月 18 日又曾多次写信，终于得到北京市委的重视，并将湖广会馆基本按照黄宗汉提出的要求修复。

王世仁在《雪泥鸿爪话宣南》中亦记，湖广会馆的修复，是经过政府决策、企业投资，历时十年才得到修整的："1987 年市政府决定全面整修湖广会馆，作为北京市戏曲博物馆对外开放，经过五年搬迁。于 1993 年开始修复工程。保护利用的方针是：保护中路，用作剧场及戏曲文物展陈；完善东路，用作剧场、博物馆的管理服务部分；开发西路，改造为饭庄；展开北面，用作博物馆和饭庄入口。值得大书一笔的是，这次修缮耗资 2000 余万元，除政府在启动阶段投入部分资金（不足 200 万元）外，全部由天桥地区开发公司独家投资，自主经营管理，集博物馆、京剧演出和传统风味餐饮于一处。这种由企业投资修缮文物，运用市场机制保护文物，在中国文物保护史上是一创举，它的经验很有现实意义。"见《宣南鸿雪图志》，22 页。

1996 年 4 月，湖广会馆修复工程宣告竣工，同年 5 月 8 日湖广会馆大戏楼正式对外开放。1997 年 9 月 6 日，北京湖广会馆作为北京市第一百座博物馆（北京戏曲博物馆）宣布成立。湖广会馆是宣武区区委、区政府定的首批宣武区爱国主义教育基地。

② 现存宣南会馆中有三座保存完整又有特色，一个是安徽会馆，一个是湖广会馆，一个是正乙祠，即浙江绍兴钱业会馆。后者于康熙五十二年（1713 年）重修，以戏楼为主体，规模不大，保存完好，于 1994—1995 年得到抢修后即对外开放演出。

黄宗汉在湖广会馆里向人介绍子午井，据说这个井在子时和午时出来的水是甜的，因此得名（黄宗汉提供）

　　我接着说，刘敬民首先重视的是孙承泽那后孙公园的安徽会馆。起初我也不知道那是孙承泽的宅子哈，我以为是我的外祖父（家的），就是我大姐的妈妈（我的亲生母亲是续弦）娘家孙诒让的呢。孙诒泽是孙诒让的弟弟，孙诒泽是大书法家，我的外伯父孙诒让是大学问家。我说这是我们家的（笑）。后来我忘了在什么场合就随便一说，刘敬民就给我递个小条，说安徽会馆是孙承泽的故宅，不是孙诒泽的故宅，你搞错了。哎，这说明我们俩的关系还是挺好的哈，要不干吗给我递那个小条啊。我一想，哎哟嗨，这出大错了！孙承泽是怎么回事啊？他就给我讲孙承泽《春明梦余录》就摆在他办公室，他说你看看吧。我说现在没工夫看，天桥的东西还一大堆呢，我也看不过来。你不是让我弄天桥吗，我先弄天桥。

　　我当时弄天桥也不光是弄天桥乐茶园，我要鼓捣的天桥是以天桥办事处为中心划一个范围，做一个链接。在这个范围里头就有湖广会馆，这天桥和湖广会馆是相联系的。

　　定：在虎坊桥那儿？

　　黄：虎坊桥那一片叫天桥办事处。我说我在天桥不光是恢复天桥的什样杂耍什么，在我那个规划里，天桥地区的历史文物建筑也要修复。我以前跟前任的区委书记说过，要把这个湖广会馆修复，当时我还在政协提了议案，他们答复我说要千方百计促其实现，但这是一个空头的许诺，这千方百计，没说怎么个百计。现任的书记那会儿是区长，我说：要修复湖广会馆，现在就靠你实现了。促其实现，你来扶我。他们原来想把这地方搞成商业大厦，文物局不同意，我说那咱们就修吧。

这事后来具体一运作困难挺多，区长他就跟我说：这事是不是暂时放一放。我说：放不得，前任都能提出千方百计促其实现的承诺，到你这儿怎么给我往后出溜啊，不行，咱们还得接着往下干。他看我坚持，他说那好吧，你接着干。后来他还真是支持我的。

于是我就开始鼓捣宣南文化了。修湖广会馆让我开始介入近代史很关键的那一段：辛亥革命，推翻帝制，对不对？这样我就对湖广会馆做了很多的调查研究。说到湖广会馆，这里头应该感谢两人。一个是刘敬民重视这事，还有一个很重要的推动力，是我们政协的一位民主党派人士，当时他是文化局的干部，后来当了政协副主席，是南开学历史的。他给了我一本《黄兴年谱》，说这年谱上记载着孙中山 1912 年 8 月 25 号在湖广会馆参加国民党成立大会。他问我说，这个湖广会馆是不是就是你现在弄的这个湖广会馆啊，噢？我就把这书借过来，赶快复印了。然后我又找宣武区图书馆馆长，他原来是北大图书馆系的，让他给我想法找相关的资料，北京图书馆的，首都图书馆的，然后都复印下来。结果在北京图书馆找到 1912 年 8 月 27 号的报纸，就记载了这件事情：1912 年 8 月 25 号下午 3 点孙中山先生在此参加主持国民党成立大会。而且记载得很详细，就是在虎坊桥的湖广会馆开摧——开会叫开摧，摧毁的摧。

定：为什么叫开摧？

黄：不知道。那会儿可能就是那么一种文字表述，就是这么一种写法，叫开摧。然后还记了到会多少人，孙中山得了多少票等等。我一看这事挺好玩儿哈，修着修着会馆把孙中山的事迹挖掘出来了。为什么说是挖掘出来？孙中山在湖广会馆参加国民党成立大会这件事，《北京日报》和中央电视台都做了报道，在台湾国民党他也当个事了，宋楚瑜就托付胡金铨去大陆看看，问问他们修这会馆有没有什么困难。那意思是要掏钱。

在湖广会馆的配电室，右二为黄宗汉，左一为马英九的父亲马鹤凌（黄宗汉提供）

　　发现这事以后，我除了告诉刘敬民，还报告给了陈希同，陈希同一听，这事大了。他就对我说，这么大的事，你代市委起草一个报告，给瑞环同志和丁关根同志请示一下。所以我就替市委起草了一个报告，报告他们二位，二位一看这事大，报中央。中央当然对这事持慎重态度，没有做文字批示，但有个电话。那时候我就想，要光修这湖广会馆规模太小了，干脆在湖广会馆旁边盖一个中山大厦，要能那样就得要上亿元哈，那我就过瘾了。那时候宣武区还没有个像样的文化馆，就此改善一下吧，后来中央办公厅电话答复说现在北京的孙中山纪念物已经有香山的衣冠冢，有中山堂了，是否需要再建一个中山大厦，这是不是再慎重研究一下，这事就搁下了。

　　那会儿我一直找不到孙中山主持成立大会的照片，报纸的报道说台湾的国父纪念馆里，有展示那个历史画面的大幅油画，但没照片。此前我曾经两次想去台湾，都让人家给打回来了，我那会儿的身份是政协副主席，按台湾的规定我去不了。后来北京市档案局局长到台湾去参加学术会议，他没有这类身份啊，我说你给我找找看，有没有这方面的照片。他就去翻国史馆的目录，翻着了，但还是没看见照片。他也没去国父纪念馆参观。后来我的老师王汝丰到台湾去开学术会议，哎，他说找着了，带回来了，我一看是油画。这些事情让我认识到这历史研究和现实生活，联系还挺密切的是吧。

223

我自己啊，说实在的我过去就比较崇拜孙中山，我觉得孙中山挺了不起的，领导辛亥革命，建立共和制度，但我没有对他做过系统研究，后来在王灿炽①的帮助下，以他为主编出了《孙中山与北京》② 一书。后来我又看了孙中山的《建国方略》③《建国大纲》④，哎哟，我说这孙中山太了不起了，咱们现在改革开放的好多做法，什么利用外资，人家孙中山早就提出来过了，真是个了不起的人物啊。我说我什么时候也把这近现代史研究研究，这时候我就想读书，学历史，读硕士学位，这事后来还是办成了，这是后话。⑤

这时候我就想把孙中山来湖广会馆这事立块碑。这块碑谁写呢？我不能写啊，我写就不值钱了（笑）。而且我说必须要写明他来过五次，以前《孙中山年谱长编》写的是四次，我们查了还多一次，这是史实啊。我就请戴逸老师写了这块碑，写好了就搁到湖广会馆一进大门的地方。

然后 1998 年纪念戊戌变法 100 周年，北大的王晓秋⑥在那里张罗。认识王晓秋吧？遇到困难，开会钱不够，还差 15 万块钱，找我。我跟

---

① 王灿炽为北京市社会科学院研究员，时任北京市宣武区政府顾问。

② 《孙中山与北京》，黄宗汉、王灿炽编著，人民出版社 1996 年出版。全书 42 万字，共分五章，上自 1894 年，下迄 1929 年。

③ 《建国方略》是孙中山于 1917 年至 1920 年期间所著的三本书——《孙文学说》《实业计划》《民权初步》的合称。《孙文学说》又名《知难行易的学说》或《心理建设》，是《建国方略》的"心理建设"。《实业计划》是孙中山为建设一个完整的资产阶级共和国而勾画的蓝图，最初是用英文写成的，原名"The International Development of China"，1919 年 2 月完稿，发表于 1919 年 6 月号《远东时报》，后编为《建国方略之二：物质建设》。《民权初步》是《建国方略》的"社会建设"，是一本关于民主政治建设的论著，又名《会议通则》。

④ 《建国大纲》即孙中山于 1924 年 1 月 23 日起草后提交中国国民党第一次代表大会审议的《国民政府建国大纲》，共 25 条。大纲具体规划了用革命的三民主义、五权宪法以建设中华民国的方案。建国大纲的目的是要实行三民主义。孙中山把建国程序分为军政、训政、宪政三个时期，并把三民主义、五权分立和权能分治等内容订在三个时期内分别实施。他满怀热情地希望："宪法颁布之日，即为宪政告成之时，而全国国民则依宪法行全国大选举。国民政府则于选举完毕之后三个月解职，而授政于民选之政府，是为建国之大功告成。"这是一个建设资产阶级民主共和国的方案。但是，因不切合中国的实际情况，而未能实施。

⑤ 关于黄宗汉为何在六十多岁还能破例攻读硕士学位一事，阮丹青注：我的朋友也质疑过黄宗汉怎么可以读硕士。黄对我说，这是因为他是全国劳模。国家给劳模们开了个会，问他们有什么要求（恐怕这些年真是委屈他们了）。黄就说，他唯一的要求是否可以破例，让他读硕士。

⑥ 王晓秋（1942— ），江苏海门人。北京大学历史系教授，主要从事中国近代史和中日关系史等方面的研究。

王晓秋接触就是因为湖广会馆的这些事，他们来找我，后来我们联系就很密切了。

定：知道您有钱？

黄：不是我有钱。他也是穷极生智嘛，有人说没钱的话，找找黄宗汉吧，他把湖广会馆修起来，帮着开个会看行不行呢。我一听，戊戌变法这事很重要哈，正好那天李志坚找我有事，我跟李志坚说：你批15万块钱给北大吧。李志坚就批了。其实书记、市长的手里都有点钱，大概他们一人有200万块钱可以批，当然也得有根据啊，最后也得去审计。李志坚的200万可能已经花光了，但何鲁丽的钱把得紧，她没花完，何鲁丽临走时候跟我说：我走了老黄，给你留下点钱哈，给我留了10万块钱。小钱我还有，这种零钱都是他们给我的。李志坚就把钱给了王晓秋，开了纪念戊戌变法100周年的大会。我也从会上抱了一大堆戊戌变法的书回来。

这些书我还真看了，戊戌变法时的这些中国知识分子为了改革，最后抛头颅，洒热血，谭嗣同殉难菜市口，这应该是宣南文化里最精彩的篇章。我就想张罗着修复这个，这要比修复安徽会馆还难，我也搞了一个逐步修复方案。我就是这么研究历史的，知道吗？我研究戊戌变法，涉及这些会馆，然后我提出逐步修复方案，这些后来都编辑成书了，现在出了会馆的三大本子，是我写的序。你看，印得挺讲究。

定：比北京会馆那两本书要弄得好多了。

黄：好多了。这是国家花钱啊，首都图书馆花钱，当然就弄得挺考究，但是为什么我意见挺大？就是关于宣南这个词的来历，现在有一种说法，说是因为明代的时候这儿叫宣南坊，清代也还有宣南坊，但是二者的地理位置不同，这一点在我原稿里交代得挺清楚，他们那位主编给混了，弄成一块了，这实在是！他们现在还不认账。

这书定价是700块钱一套，标价标得那么高，就是成心不想卖，是拿来送人的。哪天我给你寻觅一套去。后来中央电视台又拍了一个会馆，你没去看吧？这样的话，刘敬民提出宣南文化，因为有这个（近代史）东西提出，对北京历史的研究又找着一个切入点。

戊戌变法从开始发动，到最后六君子殉难，自始至终就在宣南这地方。我就又找戴逸。我说：请您再给写个碑，我把它戳到菜市口去。

定：您说想在菜市口立一块碑？

黄：在菜市口立块碑。现在我也说不太清楚为什么就有人反对。宣武区有那么几位领导就说别紧着强调菜市口是刑场，成天嚷嚷这个，那地方咱买卖都不好做了，外资就不愿意在这儿投了，说这地方晦气。

定：他们怎么还有这种想法？

黄：一点儿都不新鲜。你就知道这些干部的水平。

定：您去过法国，也去过美国，那里都有这种重要的纪念物，对不对？

黄：我说如果哪个商人有这样的忌讳，那你甭引他的资。宣武区的一个主要干部居然有这种想法跟看法，真是成问题。

定：刘敬民走了以后，是不是再换上的就没有他这样的人了？

黄：没有这样的了。宣武区的一个主要领导就是这样，他用的什么借口呢？就说现在要展宽马路，没法在这儿修纪念碑。但是他又不能够公开地反对我修，就说不行的话，就给它搁到报国寺去吧，所以现在这块纪念碑就搁到报国寺，说等到菜市口修好以后再把它挪出来。这现在呢，也没人再提这事了。报国寺还不愿意把这块碑挪走。其实要真搁到菜市口，它的规模什么的也都不行。

得，就说（纪念）1898年戊戌变法这档子事呢，我也是操持了一段。我研究戊戌变法和我修康（有为）梁（启超）谭（嗣同）故居，修纪念碑这些事是结合在一块的。我修安徽会馆也是和我研究洋务运动和戊戌维新这些历史联系到一块的。我把这些分散的知识最后逐步地系统化，就像我把会馆的修复也逐步系统化了一样。

从这开了头，刘敬民就觉得我和他这个宣南文化越离越近了，不光是民俗文化、平民文化这一块，士人文化这些东西我也跟他能说到一块去了。这是一方面。另外一方面，我接触的当代士人也越来越多了。过去我当厂长的时候也接触一些大知识分子，但都是跟改革有关的，像国家体改委的童大林啊，蒋一苇啊，都是经济学家。这一下有了孙中山的事，学术界的人就纷至沓来了。杨天石①也来了，他是专门研究这个的，还有原来我们人大历史系系主任王汝丰这些人，这一下我又跟历史学界有了接触。文艺界的人我认得的就更多了。

我结识这些人也不费多大劲儿，我干这些事的时候，很多人自己就找上门，来参观参观，认识认识，大家坐下说说，这就说到一块去了。包括我跟舒乙，他也是政协委员，到宣武区来视察，宣武区能拿出什么东西给人家看看呢？就看看大观园，还有湖广会馆。这人挺有意思，就跟我真交了朋友，以后挺支持我。我跟三教九流都是这么交的，我不像你们，你这专门做学问，就这么个做法。我接触三教九流都是在工作中，也没很有意识，但是最后就结识了，就成为挺好的朋友。

刘敬民为宣南文化下了很大功夫，后来又来了一位区长，仅干了一年，叫卢勇，是人大的一位经济学博士，他就想把刘敬民的想法具体实施了。他告诉我他要修20个会馆。我说：你修20个得多长时间啊？他说就一两年之内。我说你算账了没有，这得多少钱啊？"努力吧"，他说。我说：你想在五年里头修20个，一下子提这么高的要求，你还是留点余地吧，其实要做这事，我比你还有经验，我已经积累了这么多年了。

定：最后修了多少个？

黄：一个也没修。他就调到亦庄去了，亦庄经济开发区要用这个人，确实他也是个人才。

定：安徽会馆不是改建了？

黄：安徽会馆基本上没改建，现完全按文物原貌修复。安徽会馆现在就是一个文物，但是没开放，因为正门没修起来，还需要搬迁。

我这些事都是穿插着干的。我什么时候开始进驻安徽会馆的？拍

---

① 杨天石（1936— ），江苏人。中国社会科学院近代史研究所研究员，中国社会科学院研究生院教授。从事中国近代史、中华民国史和中国文化史的研究。

《天桥梦》的时候，建这天桥乐茶园，可是就这一个地方要不开。正好安徽会馆的那个工厂占着当仓库，里边没多少东西，我就跟工厂商量，你腾腾你这点东西，把这儿租给我，我做摄影棚。我张罗起这事，就占上了，占了以后我就不走了，然后我就向市长写报告，说要把这文物修复了等等。我拍《天桥梦》的时候要是不占这地方，可能这地方就让工厂干别的什么用了，他们想办技校么。

现在他们在南横街又修了一个中山会馆，也是借了孙中山的光，说是孙中山在那儿住过，但没有什么可靠的史料和依据。不过我也不去反对，因为一沾上孙中山就有人干呢，咱就先修了再说吧（笑）。而且说实在的，这个中山会馆里边的格局确实是非常好，所以我就不吭声了，我干吗非得说人家缺乏史料根据啊。我还想写孙中山之死，也没弄成。

4. 修复大栅栏

我很重视聚集在宣南的这些知识分子群体，但并不是说我不重视老北京的市井文化，那么市井文化最具有代表性的地方呢，一个是天桥，一个呢是大栅栏。在市井文化里头，这大栅栏算层次比较高的，应该说，最具代表性的，三教九流、五行八作、什样杂耍、百样吃食，都能集中起来反映的，就在大栅栏。

刘敬民之后的区委书记要弄大栅栏儿。我原来就知道老北京那顺口溜："头顶马聚源，身穿瑞蚨祥，脚踩内联陞，怀揣四大恒。"四大恒[1]不在大栅栏儿里头，但这些东西，包括瑞蚨祥、内联陞、马聚源这一个一个的店面，我都调查研究了。我对史学的介入是从很琐碎的一件一件

---

[1] 四大恒：是清末恒利、恒和、恒兴、恒源四大钱庄的统称。据《道咸以来朝野杂记》记载："四恒号皆设于东四牌楼左右，恒和号在牌楼北路西（今改为警察派出所）。恒兴号居其北，隆福寺胡同东口，恒利号在路东，恒源号在牌楼东路北。"由于资金殷厚，为了适应市场需要而发行了"银票"在市场上流通，解决了银两携带不便和安全问题，极大方便了消费。因此"四大恒"声誉大振，到了光绪初年发展到了顶峰。光绪二十六年（1900年）八国联军入侵北京大肆抢掠，"四大恒"遭受灭顶之灾。事后资产所剩无几，1909年清政府又借款300万银两，"四大恒"则于1910年前后关闭，北京的钱业也一蹶不振。

具体的事入手，最后慢慢系统化的。

大栅栏儿解放以后来回来去地整治，就没理出一个很系统很完整的思路。譬如说大栅栏儿名称的由来。那栅栏儿是什么年头立起来的？北大有个翁立教授写了篇文章，我觉得他写的有问题哈，他说明朝的时候有个小京官给皇上写了个报告，说这治安状况不是很好，因此呢，应该在大栅栏儿这儿立个大栅栏儿。我说明朝一个小军官就能给皇帝写报告，这可能吗？康有为还不是小军官呢，他上书自己还上不去呢，得经过大官吧，咱们现在给市委书记写个报告，你让他能看到都挺难的，对不对？

我对这事有怀疑。后来我就查《明实录》，专门有一本书，把《明实录》中所有涉及北京的史料都摘了下来，书名我现在记不清了，反正没这方面的事。后来我又看北京社科院编的《清实录中的北京史料汇编》，记着康熙九年（1670年），为加强治安管理，谕示外城也要像内城一样，在胡同口修栅栏，昼启夜闭，实行"宵禁"。因廊房四条集中了许多大商家，栅栏修得比别处高大，所以老百姓习惯称这条胡同为"大栅栏"，后来被官方确认。我说正儿八百见到史书那是康熙九年，这是第一。第二呢，我说那会儿要修铁栅栏儿，有那么多铁吗，那时候中国铁产量有多少还是个问题呢，能满世界建铁栅栏儿？还有一个，我说你瞧那造型，也不像中国传统的栅栏门的形式啊。我写了篇文章，但没有点翁立的名。

后来我看了《康熙南巡图》哈，那画着的那栅栏儿是木头的，不是铁的。我说要是铁的，八国联军那会儿放火烧，也把它烧化了，对不对？其实那会儿也不是八国联军烧的，实际上是义和团烧的是吧？我慢慢研究，弄清楚是义和团烧的，因为那个老德记卖洋药，要烧那个老德记，没掌握好这火候，结果把周边都给烧了。

定：烧了廊房头条、二条。

黄：全烧了。至少烧了两天多，这些你都熟悉，我不细说了哈。

我整治大栅栏儿的时候，栅栏儿已经荡然无存了，还得重新把栅栏弄起来啊。那会儿呢，管大栅栏儿的我们那商委主任，他是想弄个琉璃瓦的牌楼，王世仁是专门搞古建筑史的，他坚持恢复铁栅栏儿，要照原样做。我说这完全是西洋式的玩意儿，明朝是不可能做这个东西的。那会儿我还没闹明白这栅栏到底是被义和团烧的，还是被八国联军烧的，但甭管是谁烧的，那么大的火，也都得烧化了。不过这跟圆明园的那个栅栏儿好像有点像啊。王世仁就研究，重新又绘图，就做出来了。我说这回有了个铁栅栏儿的门脸，这条街要是交通能够通畅，也还有个逛头啊。

我就这样点点滴滴地积累。瑞蚨祥西鸿记①的门脸在"文革"的时候被拿白灰糊上了。有一天，大栅栏儿集团公司要整顿市容，想把这门脸洗刷洗刷，工人一上去，"咔喳"，哎，（白灰块）掉下来了，看见里边还有字。我直说：你小心点，慢慢抠哧啊，别把这字毁了。抠哧下来以后一看，上头写的是徐世昌的字，徐大总统，这可有意思啊。我就把王世仁找来，我说这门脸可金贵了，徐大总统写的，就是不知道是他在清朝的时候写的，还是当大总统的时候写的，没有日子，那也是文物，得把这门脸好好保护起来。我说看起来这残存文物还是有的，这门脸儿是真的，瑞蚨祥店面里的那老东西也都是真的。只是内联陞②，怎么让清华给设计成大洋楼了？这楼是没法再弄了，得让它有点文化啊，怎么办呢？就办个鞋文化展吧。

我就找内联陞的经理，我说：鞋的历史很古老，中国人穿布鞋有多少年了？他说，上海有一本小册子，上面写着说有两千多年了。我说：那本书你有吗？他说有啊，跟我们内联陞有什么关系啊？我说你继承的

---

① 瑞蚨祥西鸿记，位于前门外大栅栏街33号。瑞蚨祥于清光绪十九年（1893）在大栅栏设立门市，主要经营绸缎布匹，为北京绸布行中著名的"八大祥"之首。1900年大栅栏火灾，一年后瑞蚨祥复业，发展迅速，于1903年在本店以西又开设分号"鸿记"经营绸缎洋布和皮货茶叶等。1994年整个本店店堂被拆除，仅保留了南面门脸部分。

② 内联陞，位于前门大栅栏商业街34号，创办于清朝咸丰三年（1853年），创始人赵廷是天津武清县人，以制作朝靴起家，产品全部手工制作。店址最初在今东交民巷，后因战乱几次搬迁。赵廷之子赵云书子承父业，将内联陞搬到了廊房头条，打破前店后厂的传统，将鞋作坊设在了距离廊房头条不远的北火扇胡同。1956年，公私合营开始，内联陞又迁址到大栅栏街。其原址据说是同仁堂乐家老铺的所在地。

今天的大栅栏铁制门脸
（定宜庄摄）

是中国鞋文化的传统啊。他把那个小册子给我，书上说有记载从侯马出土的跪俑，那鞋底子上纳的针眼都有，一看就知道穿的是一双布鞋。我说这人家说布鞋在西周时候就有了，侯马出土的就有。我就又买了沈从文的《中国服饰史》，从里头找着了这张照片，我说行了，把老祖宗找着了。

　　内联陞老掌柜的后人有人写了（内联陞的历史），就这么一点点地，从两千多年一直说到清朝那点事。可他那个都是按照上边口径写的，太政治化了，我问他有点什么逸闻趣事没有，怎么就叫内联陞啊？我就把那说相声的孟凡贵找来，也算请他当顾问了吧，那会儿他没这么大名气，我请他当顾问挺抬举他的。我这也叫采访啊，但我不需要登门造访，我打电话把他叫来。我说：老孟啊你给我说说，内联陞在相声段子里有没有类似都一处那样的传说？他说有啊，过去有个段子说的就是内联陞。说乾隆皇帝过年的时候逛街，一看街上都悬灯结彩哈，乾隆皇帝非常高兴。那时候内联陞还是个小铺，看家家都挂着灯笼贴着对联，咱也得贴上啊，小铺掌柜的就贴了副对联：大锥子小锥子锥走了穷神恶鬼，粗麻绳细麻绳捆住了五路财神。说乾隆皇帝走到这小铺一看，哎哟，这个人写得真好，一看就知道他干什么的，挺对仗，赐他块匾吧，"内联陞"，跟大内联系在一起，你就步步高升了。这跟都一处一样是个传说，挺好玩儿的是吧。我说这玩意儿挺好，办展览会有头有尾了。

231

经理说怎么有头有尾了？我说头就是那侯马，是从咱们老祖宗说起，尾呢，楼上那层就搞个小门脸，写上那副对联，中间就摆你的鞋吧。内联陞保存了一份挺珍贵的资料，过去中央领导人都愿意穿布鞋，那么多中央领导人，谁来做鞋，他就挨个儿把尺码量好记下来，他有这档案，叫《履中备载》①。我问他《履中备载》上头都记载什么呢？他说细量脚三围。噢，我说脚还有三围哪！那你让老师傅给我量量这脚的三围，我看看怎么个量法。他就给我量了，说得了，给你做一双得了。

定：三围指的是？

黄：长、宽、高。细量脚面这三围，然后载入他的档案，您下次做鞋就甭再量了，除非您脚有变化。只要什么时候想要，您吆喝一声，就接着给您做，反正有尺寸在这儿。但是这跟做衣服的尺寸不太一样，叫作脚三围。他说我们给邓小平做了一双。邓小平原来做了一双布鞋，后来又做皮子的，有点像懒汉鞋那样的，邓小平说是要到香港去穿，把鞋做得了邓小平去世了，没能穿上这双鞋。我说这好啊，这是国宝。他说后来历史博物馆来要，他才知道这鞋本身的价值，就不给他（历史博物馆），说再给你们做一双可以，原来给他做的那双不能给。

定：留着了？

黄：就留着了。后来我帮助他们办了鞋文化展，内容大致就是这些个。我还给他们列了个提纲，现在档案里可能还有。你说这属于什么研究呢？反正有点像民俗研究哈。

定：社会生活史。

黄：我也不知道算什么研究哈，反正就是越弄啊，越觉得挺有意思。在大栅栏呢，也发生过重大的历史事件，就是火烧大栅栏，我说李翰祥

① 《履中备载》：内联陞的创业者看准了清朝官员这一群体的用鞋市场，根据他们派人前来定做朝靴提供的鞋的样式、尺寸、特别需要（如脚疾或其它与众不同之处）的资料，再将搜集到的有关身份、官职及其它背景材料，按系统等级入册，久而久之便形成了这本在京城名噪一时的《履中备载》。不仅加深了商家和用户的感情联络，也使一些小官吏找到了逢迎达官显贵的门路。内联陞的生意因此兴隆火爆起来，并在商家中的信誉大增，同时把能够在《履中备载》中有记录视为一种荣耀。

拍过一个《火烧圆明园》，咱们也应该拍个《火烧大栅栏》。得，拍《天桥梦》赚了点钱，就想着把这些事情拍成一部电视剧吧，就弄了这个，叫《大栅栏》。我说这个剧得忠实于历史，不能瞎编，这大栅栏儿不是八国联军烧的，是义和团烧的，这老德记，就卖点儿洋药，义和团就把它烧了，一烧，好，一大片，把大栅栏都给烧光了，这是一个很值得深思的历史教训。我就找了写《桑树坪纪事》的那个作家，北影的创作师，挺有名的，把我这些想法，我就跟他说了说，让他写剧本儿了。另外呢，那会儿的区委书记也想再整治整治大栅栏，让它振兴振兴。

我让作家这么写，作家说坏了，这能写吗？这太敏感了。哎，我说这是历史的真实，对不对？确实是义和团烧的，义和团这些壮士们面对帝国主义英勇不屈，是爱国的。但盲目排外，见了洋人就杀，见了洋买卖就烧，见了信教的就砍，这是胡来，跟后来红卫兵什么的都属于一套，对不对？结果费了好大劲写出来，等片子拍得以后啊，不知道哪位发话了，不让播。①

定： 又告到中央去了？

黄： 可不！（众笑）就有人主张不让放。好，左疏通，右疏通，最后让中央电视台在 12 点以后播（大笑）。

杨： 我说怎么没看过呢。

黄： 而且就播了一回就不让播了。咱们这媒体都很敏感，只要上边要对这部戏有意见，他就不写，也不说了，文艺版也不登这玩意儿。后来我找到北京市，那会儿龙新民是市委副书记，我就跟龙新民说，我说

①　义和团火烧德记洋货铺并殃及大栅栏一事，参见秋宗章《庚子拳祸与浙江三忠》（中）："东城已尽，渐至西城，地方官若步军统领衙门，五城御史司坊，视若无睹，廿日烧大栅栏德记洋货铺与屈臣氏大药房，禁止救火，曰'断不连烧民屋'。然竟不验，仍延烧观音寺，珠宝市，廊房头、二、三条，门框胡同，纸巷子，煤市街，西河沿，西月墙，以至西荷包巷；上扑正阳门中间之城楼，数百年精华，一朝而尽。已而城内自棋盘街、东交民巷近城南御河桥一带，直至台基厂、肃王府以东，直至（东）单牌楼三条胡同。其中民房、各国使馆、洋行、店户仅有存者。西城则西单牌楼路东之一带商户俱烬，京师市面菁华已竭，市物因之空虚，银钱因之滞塞，人心因之益加动摇。"（载《越风》半月刊，1935 年 11 月第三期，29 页）为祸远比通常想象的更烈。

我拍这个，我都跟你们说了，你们都同意了，最后中央电视台就在12点以后给我播了一回，这怎么算啊？你怎么着也得给我放了。最后还是放了，还算没弄到12点，就给放了一回。别的电视台一听这戏啊，人家谁都不买，赔了，把《天桥梦》赚的钱全赔进去了。反正中央台和北京台放了，我跟投资商也算有个交代。好在投资商态度也挺好，他说你这戏拍了如果还挣钱的话，钱我也不拿走，你接着拍吧。——这部戏就拍砸了。有关资料档案馆里还有哈。

《大栅栏》拍得挺漂亮。这制片人啊，他想让这片子好卖，想制造点儿轰动效应，就在写剧本的时候，把我们这哥儿几个都给装进去了，我说也可以，凑个热闹嘛，我们这一家子还没在一块儿演过戏。

杨：都是大名人。

黄：当然谁也不是主角儿，就是凑个热闹吧。我们兄弟姐妹四个人一块都上了，主要是给这部戏捧捧场。没想到我说要忠实历史，结果这部戏差点给毙了。就这么回事儿。

这些事啊，你看那近代史也涉及到义和团，对义和团我跟你们历史学家的学法不一样，我学着学着，就会找孟凡贵这些人来，对不对？我

拍摄《大栅栏》时的黄宗汉与黄宗英（黄宗汉提供）

那史不完全是政治史哈，有人说我是搞政治史的，我说我怎么又搞政治史了？我说的都是这七零八碎的事，我觉得有点意思。

定：您应该去做社会史。

黄：不知道。人大社会学系的社会学家沙莲香①找过我，她领了个课题，叫什么人文奥运，把我这大栅栏儿、天桥什么乱七八糟的、杂七杂八的东西都用上了，拍了照片以后编成一本书，把课题完成了。她说：你弄这大栅栏儿，让那些居民在哪儿住啊？我说：老居民要是都在这儿，人文气氛当然好，可是哪儿还有什么老居民啊？没有了。现在住着的小商小贩为多，尽是跟老北京毫无关系的人。后来她也鼓励我研究社会学，我想，这社会学的研究怎么才能跟我这实际工作结合呢？譬如你说得保留老居民，这事没法弄啊。当然我当面没跟她说，我觉着也不大能跟她说到一块儿，我能跟着她学学就挺好。

5. 进入学术研究

黄：我就这样跟宣南文化缠在一块了，给百科全书写词条啊，开纪念戊戌变法100周年的会议啊都找我是吧，等等。

定：也就是说您是从做具体工作，最后就进入了学术研究对吧？

黄：挤入吧。我说我是挤入，宗江说我是仕而优则学，我说做官再到做学问，这应该也有吧。

我给我的博士论文定题的时候就跟戴逸老师商量，我说我干脆就写宣南文化算了。但是写宣南文化耗费的精力太大了，那些士人几乎抽出哪一个都能写篇博士论文，这得有多少啊！后来戴逸老师给我出了个主意，他说你研究几个群体得了，一个是以顾亭林、阎若璩为代表的，还有戴震，这些人都是乾嘉学派的大师，这是一个。还有宣南诗坛的著名诗人王士禛、吴梅村，以至于宣南以后的诗社，这又是一个群体。加上

---

① 沙莲香（1936— ），女，大连市人。中国人民大学社会学系教授，博士生导师。主要研究方向：社会心理学、经济心理学、中国文化与中国人研究。撰写过《人文奥运与心态环境建设——赋人文奥运以人格意义》等文章。

戊戌维新的诸先驱。把这三个群体综合起来进行研究，你的回旋余地就大了，你要是啃一个人，可能比你综合写三个群体还要难。我写这些大群体，有些东西可能不大符合过去一般的写法，但可以写出稍微有些新意的东西来。我这样说你明白吗？比如要让我写孙中山的话，我就写孙中山1924年临死时候的政局，那政局是非常复杂的，对不对？另外孙中山就是过早地死了，孙中山如果多活几年，中国可能又是另外一种局面。还有，孙中山最终死于什么病，他的遗体怎么保存，五脏六腑最后是什么去向，这些又都涉及到冈村宁次、蒋介石、郑介民等等这些人，妈耶，追踪他的五脏六腑这些东西，跟追踪遗失的北京猿人头盖骨几乎是一样的，而且这个线索比那个还复杂。

定：那肯定。您不是有协和医院的档案吗？

黄：协和档案是有啊，它没解密，不让我公布，我怎么写啊？非常可惜。

定：您那博士论文最后怎么定的题啊？

黄：后来我就改成宣南文化的研究，变成宣南文化了。戴逸收我做关门弟子，他挺重视，我这博士论文做开题报告的时候，他请了一帮史学界的名人，李文海还是校长呢，我就在大观园宣读的开题报告。讲完以后李文海提出说，这个开题报告不错，完全可以申报国家课题。那宣武区的宣传部长和研究室主任都在场，说那咱们就申报国家课题吧。

定：国家课题才几个钱啊？

黄：钱没多少。48000块钱。但是区里要这荣誉，你明白吗？全国区县一级啊，还没有谁申报过这玩意儿呢。北京市社科办的李建平挺支持我，他说全国区县还没有申请的，那你来吧。我说国家课题是国家课题，我这博士论文是博士论文，要做国家课题，我可没这个本事，还是另外找人吧，后来他们又出了个主意，让岳升阳帮助我，我说那好，就让岳升阳做吧。岳升阳说如果以他的名义做，他得在北大申报，北大每年申报的国家课题太多了，他未必能报得上。他说不是全国区县还没有人申报国家课题么，你这个一报准能成。李建平说就你报吧，让岳升阳

236

帮你做。这么着，这国家课题在名义上主要是我，具体做是靠岳升阳，岳升阳大概还带着他的学生一块儿吧。正做着做着，我就得了癌症。这时候按我自己设想来搞的博士论文还没有完成，可是我和岳升阳一起搞的国家课题是有日子管着的，初稿已经完成了，得赶紧报，得结题啊。这就报了，最后经过评选，五位评委，四位打满分，一位有保留，保留的也不是否定整个课题，而是在如何为宣南文化定义的问题上有保留。都是不记名投票，我也不知道谁，但我能感觉到。

定：您的课题里认为是"缩影说"还是"精华说"？

黄：就是综合三说可以窥见宣南文化的全貌。最后我和岳升阳取得了共识，就是来一个综合三说。岳升阳帮助我做，主要是做源头，他是他们北大侯老的学生，他要做就得有这个。我吃的是宣武区的饭，不写点平民文化的东西他们就很难接受，因为他们现在突出的还是天桥大栅栏儿这些玩意儿哈，其实我更重视的是宣南士人文化那部分。最后呢，岳升阳这一稿出来了，其中当然也有我写的一部分。在这个过程里，我说这怎么弄呢，一块弄着呢，最后怎么劈出一个。他说你随便摘一点就够用了。我就告诉你，我那博士论文是个摘的东西，就是说宣南文化综合三说可以窥见宣南文化全貌，在百科全书里的那个定义是我的版权啊。但是后来他们又给我加的那几句，我挺不满意的，那没办法，人家编辑有权。

定：那编辑他不懂？

黄：说不懂嘛，他也懂一些。我就弄了这么个博士论文，这个博士论文我并不满意，但是答辩的时候也顺利通过了。我能通过估计有两个原因，一个呢，是我这么个大老头子，能下这么大功夫研究历史，感动了各位导师，另一个呢，我还做着化疗。我答辩通过了，但现在也不想出书，因为改起来涉及的范围太广了，你想想，我从国家课题里就摘出24万字，人大规定博士论文12万字，王汝丰看完以后给删了12万字，这文章就瞧着有些别扭，我曾经想改，后来我想这工作量太大，我还得跑图书馆，得翻资料，得向好多人请教，不弄了，拉倒了。你明白我的意思吗？

定：一般博士论文最后都出本书。

黄：应该是这样，后来我不想再费脑筋了。最后就是那三说往一块捏，就成了这么个玩意儿，这倒也说得过去，其实你把北京文化——皇家文化、士人文化和平民文化都一块儿倒腾出来，不管你从哪个角度，你都能够搞出一些有用的资料，而且能有一些比较新颖的观点，对北京史研究也会有一定价值。

定：您这个就挺有价值的。这套资料出全了吗？

黄：全了。你有兴趣，你先拿走。不过这套东西有一个问题，就是北京档案馆的王国华做了大量的工作，出过一本《北京会馆资料汇编》，那都是基础性的资料，他们用了，但是不提人家。最初做这个事情的是我们宣武区一个老同志，叫孙兴亚，那是个活地图。后来那个图书馆馆长不知道怎么三编两编，他就成了主编了，闹不清楚。他编书的时候就常常想给人家改几个字，又没闹明白，一改字，就改出硬伤来了。

定：宣南的这个东西是不是到此为止了，还是说还在往哪个方向发展？

黄：我现在想得很开。反正还有人接着干呢，比如我前面提到的我那秘书，他就在从社会学角度研究宣南文化。宣南文化就是个客观存在，它曾经在北京历史上作为一个文化现象，地域文化现象，客观存在过，这就很有研究价值，有很多东西值得吸取。你无论从哪个角度去研究，最后都会有收获。谁想把它彻底一笔抹掉，也抹不掉，可是要想把它大为振兴，大概也看不出什么眉目，那是需要一批知识精英来做的事情。

定：现在是不是已经没有前两年那么热了？

黄：当然没有那么热了。除非有人还在那儿折腾。当然现在也有人折腾，把宣南文化解释为民俗文化，什么东西都往民俗那边弄。他们就没有宣南文化这个概念。其实要我说就别用宣南文化这个词了，天桥文化就是天桥文化，吆喝天桥比说宣南人家还明白点呢。

定：要不就吆喝大栅栏儿。

黄：大栅栏儿就吆喝大栅栏儿，说大栅栏文化是商业文化、是民俗文化都可以，现在历史上一些真正好的东西保留的不多。

定：公私合营的时候就已经没有了，不用到后来。

黄：比如我强调了多少次，最后也没解决。比如胡同文化，这胡同文化那胡同文化，我说一个很有特色的胡同文化，钱市胡同①，一条小胡同，那是北京早期的金融市场，干吗的？换钱。就是把碎银子都集中到那儿化成银锭。这银子的含银量不同，所以就有不同的价格，那么这个碎银子换这个银锭，这价格是多少，这就跟现在美元和人民币兑换的比价差不多。这个地方的银锭最后都交给户部。在这儿值班的是什么人呢，是官方授权的几个大银号，在这儿轮流值班，就在这么一个很小的小胡同里头。

定：这个钱市胡同在哪儿？

黄：就在大栅栏儿入口那儿，廊房头条。

定：很少有人提到这个吧？

黄：是啊。这从金融史研究上太重要了，北京早期金融市场就是那么形成的。这是我和北京人民银行的一位老同志，他编他们的银行志，我不是要弄大栅栏儿吗，所以我就向他请教。请教以后，我说别光提瑞蚨祥、内联陞和马聚源了，那都是老商号。马聚源都没了，现在等于又重新把牌子挂出来；内联陞牌子还在，有些传统还保留一点，但也和原来的内联陞没什么关系了；瑞蚨祥就光是建筑物门脸还有点原来的样子。这些老字号都已经没有什么活力，当然不管怎么着也还应该保护

---

① 钱市胡同位于前门外珠宝市街中部偏南，东西长只有55米，平均宽70厘米，历史上直到现在一直最窄的地方只有40厘米，是北京最窄的胡同之一。胡同尽西头有一座大罩棚，是清代官办的银钱交易大厅，简称"钱市"，胡同名称由此而得。其实这交易大厅只是银两和制钱互相兑换的场所，但交易者并不携带实际的银两和制钱上市，只是账面交易，盈亏在兑率的差价。可以说钱市胡同是中国现存最早、也是最完整的金融交易所。

哈，但也就是很多很多老字号里头的一个而已。但这钱市胡同是唯一的，是唯一能反映当时金融市场形成的那么一个载体。一家一家的银号，那四大恒，一个恒就是一个银号么，这是个金融市场。

定：您是怎么了解的这些东西？

黄：我读书，我请教，我读金融史，我也到那儿去，对不对？我希望把它修复，让人家来参观，让全世界看看北京有这样的早期金融市场，太稀罕了。

定：现在恢复了吗？

黄：没有呢。有人写了，但是要恢复得有人张罗啊，就得像我修湖广会馆一样，得有人盯在那儿。如果我身体还好，还是市政府区政府的顾问哈，我就去修钱市胡同。我当修复办公室主任也好，什么主任也好，总得有这么个人盯着弄啊，得筹集资金，建一个相当于早期金融市场的小博物馆，把这唯一的得保护下来啊。丢个马聚源倒没什么了不起，还有盛锡福呢，对不对？

6. 总结与思考

黄：我搞天桥，搞湖广会馆，搞安徽会馆都遇到许多矛盾，也扯皮。但是在解决问题的层次上，只在北京市委，对那些书记市长常委们，在这个层次上，我尽管到不了平蹚那种程度，但基本上能够把他们理顺了。就是说啊，反正我都认得他们。不像政治局，根本我跟他们离说得上话还差得老远呢。北京市委常委这帮人没事，实在不行，我到市委、市政府食堂里找他们一块吃饭，反正你得给我解决问题，诸如此类啊，就相对比较容易解决。但是后来我一想，最好什么人我也不求，我后来为什么想读书了呢，读书就我自己一个人的事。如果我挤入学术界，我就可以比较自由地去思考，比较自由地写文章，我怎么想就怎么写，写了哪天挨了批，那不就是学术批判吗，又不是政治斗争，人家批得对，我就认账，批得不对我可以再反驳啊，这没什么，这活得多自在啊。

定：那您读书时候的感受跟实际干这些一样不一样？

黄：不一样。读书我是看别人的热闹，你明白吗？中国近代史上的这些斗争，我自己没参与是吧，这也很激烈，但是啊，中国近代史的这些政治斗争和当代中国这些政治斗争，我是最早结合到一起来谈论的。

我没去经商。我离休的时候李志坚劝过我，他说你干吗不自己办个公司啊？你挣了钱，想怎么花怎么花，何必到处求爷爷告奶奶，当然最后你要办的事我是支持的，但是你终究还是得找这个领导，找那个领导，你得到处磕头作揖的。我说我不乞讨也行啊，我要钱，你能给我吗？

你知道我这外号吗？叫"京都文丐"，是于是之给我的雅号。李其炎那会儿是市长（1987年任中共北京市市委副书记，1993年任北京市市长），就挺不高兴的，他说：老黄，你叫"京都文丐"，让我们市政府这脸往哪儿摆？那时候我为湖广会馆要钱，陈希同让李志坚问我要多少，我说我要500万，他说他最多能批200万，李志坚说，唉，你这人真能折腾，你为什么不自己办个公司啊！

我呢，我就是有个思想疙瘩，主要是解决不了这消灭剥削的问题，所以我认为我不能办私人企业，我要办私人企业，在那个年代我早发大财了，那个什么富豪榜早有我了，我有的是办法发财。我已经在中国的某些行业，你甭管是电视机制造啊，电视节目制作生产销售啊，这些方面我都能赚大钱，但是这些钱，因为我的思想没解开扣儿，就没想起赚。就是我对社会主义的定义管着我呢，消灭剥削，消灭贫困，走共同富裕的道路。我自己办个私营企业，我怎么能不剥削，不剥削怎么能赚钱呢？

定：这是您这一代人的顾虑，下一代人没有这个。

黄：没有这个。但是有定义管着我呢，要是把下一代人也管住了，现在中国社会这种经济繁荣的情况就不可能存在了是吧？所以我越来越觉得，我接受的邓小平的社会主义的定义可能是一个空想社会主义的定义。

定：可是您当年是把这作为一个理想的？

黄：是啊。是把《共产党宣言》作为理想的，现在看起来，越来越多的学者们说，这《共产党宣言》就是马克思和恩格斯的空想社会主义著作，是乌托邦。当然马克思和恩格斯自己后来纠正了，对不对，到恩格斯晚年他已经自己纠正了，他领导的第二国际是走上一条正确道路，这么说啊，咱们也没专门研究过这个事。欧洲的社会民主党，他们的社会主义建设，你说他是个什么主义来定位他这个社会，是社会主义呢，是资本主义呢？但是他的执政党，瑞典执政党人自己说他是社会主义，他那个社会主义，大家都想，那福利是比较均等的吧，差距确实不是那么大。那么这是不是个正确道路，这个道路能不能在中国实行啊？这么大的国家要走到那条道路，人家也走了好几十年呢，好几十年咱们这么多的人口能走得到吗？后来想了想，就不想它了，就是说也想发表点意见，写点文章，后来想想，我自己都没想明白，我还写什么文章啊，这就是我们这代人到最后的日子还有那么多苦恼，也算是一种苦恼吧。这苦恼什么？就是觉得老不明白，那么你明白了，你就想怎么着，也没想怎么着。

定：您这苦恼让年轻人一听觉得挺不可理解的。

黄：是啊。吃饱了，干吗一天老瞎琢磨这些事啊！现在挺好的，对不对，有吃有喝的，有病国家还管着，你还操什么心呢？下一代该怎么过就怎么过，你管得着吗？你管不了，你也管不着，说实在的。我们愿意建立一个什么样的社会制度，那是我们的事儿，你说半天也没用，你也说不出什么道道来。

定：我想再问您一个问题，这问题问得有点大啊，我听您说的时候，我有一个感觉，我觉得您有过各种各样的机会，可是您往往只能选一个。您回过头来想一想，您觉得最关键的几次是什么？您觉得您选的哪一条路是最值得的？我这问题问得怎么有点焦点访谈似的，不过我挺感兴趣，您想过这些问题没有？

黄：每个人到我这年龄总想回顾回顾自己的一生哈。

定：我再打断您一下，我不是说您这年龄，即使我这年龄，或者再年轻，比如说四十多岁的，都有可能会跟年轻人说，我这辈子有几个机会选择得不对，有的地方我是选择错了，人好像都是在不断地回顾，我不是因为您岁数大了才说应该总结，我没那意思。您 50 年代被划为右倾机会主义分子那算不算个大波折？

黄：也算不了。

定：如果那时候不被划，您就一直当宣传部（部）长上去？

黄：那我就挺大的官儿了。如果没有那些波折，以后我生活中又长于心计，那我可能就做了很大的官，但是可能到我临了（liǎo），我可能又是很大的后悔，因为我一直没怎么活明白，我就觉得。

我觉得我活得最明白的一段是我在电视机厂当厂长的时候，我的思路也特别清楚。我的奋斗目标（是）要当中国"电视大王"，我通过散件加工，引进技术，逐步实现国产化，最终打入国际市场，这是我的奋斗目标。我现在回过头来看，我也没错。

定：而且正是最应该明白的年龄？

黄：是啊。即便后来我被审查两年半，邓小平出来把我保下来，这件事情的句号画到这儿挺好。再往下干，我转入影视业，参与了中国电视制作行业的创业啊，修了什么大观园，天桥乐茶园，这些事我觉得挺好玩儿的，我觉得玩儿得挺潇洒。我没把它当作什么太大不了的事。

二、再谈宣南

[**定宜庄按**] 在我为黄宗汉所做的长达几十小时的口述中，感觉谈宣南文化，是他目前最觉得意而且迄今仍在进行而未中断之事，也可以说是最顺利的一件事，至少在宣武与西城合并之前，他并没有遭到此前所做诸事曾经遭到过的各种批评反对，反正在区领导的大力支持和学者的推动鼓励之下，似乎还没有人对此提出过质疑。尤其是在我对他进行访谈期间。他大概没有想到，对此提出质疑和批评的竟然是作为访谈者的我。

在上述访谈完成两年之后，我回过头来，就宣南文化被大力宣传的历史和政治背景以及"宣南文化"的提法等诸多问题，又与黄先生进行了两次专门的讨论。与此同时，我们在与李瀛等几位先生座谈的时候，也把这些问题向他们提出来。结果是，每访谈一次，我们思考的问题就会随之深入一步，直至切入主题，那就是宣武区从以发展工业为主到强调发展历史文化，这一转型的时间节点与过程。

这几次访谈是完全按照时间顺序编排的：

（一）2011 年 11 月 8 日访黄宗汉

（二）2011 年 12 月与李瀛、张宝泉等人的座谈

（三）2011 年 12 月 28 日，为黄宗汉做了有关宣南文化专题的第二次访谈

（四）2014 年 3 月 29 日，事隔两年多之后，在本书稿已经交付出版社之后，对黄宗汉做的又一次回访

这几次访谈围绕的都是一个中心，就是对所谓"宣南文化"的认识和评价，包括这个说法产生的背景。

（一）黄宗汉谈宣南文化之一

时间：**2011 年 11 月 8 日**
地点：北京市第一福利院
访谈者：定宜庄、杨原

[**访谈者按**] 在这次有针对性的访谈中，我们两个访谈者对黄宗汉先生明确说明了我们的观点。从我们一方来说，既然是以学者的身份进入这项工作，而他也是以对待一个学者的态度来协助我们进行了这项工作，那么，如果我们仅仅是以一个记录者的身份，将他所讲的内容如实记录下来，未必是一种负责任的态度，于是我们之间就有了如下一场谈话。对我们无疑属于"泼冷水"性质的毫不客气的提问，他的态度和答复都很耐人寻味，这场对话"迫使"他将宣南文化出台的过程做了远较此前口述更为详细具体的介绍，使我们对这一问题的了解深入一步。同时他在现场与访谈者的互动，包括有时的规避、有时将身份从学者转换为其他的方式，都是唯有以口述这样的现场才能够生动呈现的，其间包含了太多以其他方式无法呈现的信息，是做口述最有兴味的方面。

还要强调的是，这种提问方式无疑地有些"冒险"，因为不是所有被访者都有黄先生这样的雅量，能够经得起访谈者如此咄咄逼人的质疑。所以，如果要做这样的互动，非要有对被访者的为人相当深入的了解和把握，不可轻易尝试。

定：我今天呢，还是有几个问题想问您，不过对于这些问题，咱俩的意见恐怕就不一致了，就是这宣南文化。我这么说啊，我不想把宣南文化作为您传记里的一个重点。为什么呢？因为我不认为在从 50 年代到今天的这几十年间，宣武区最值得做的题目是"宣南文化"。这里咱们先说明白，第一，我不是否定您的工作，我要是根本看不上您做的那些事情，我要是对您做的那些事情不是这样赞赏，我不会费那么多时间、费那么大劲儿为您做这个口述，这点您应该明白，对吧？第二呢，这宣南文化是刘敬民在这儿当区长的时候提出来的，这个如果不是您讲，我也想不到，可是您一说我就明白了，为什么这个宣南文化能被炒得这么热，说到底还是长官意愿。这个也得分开说，首先刘敬民作为一个官员，他有这种责任心，有这种水平，又肯去做这件事，他把宣南文化抬得多高都不为过，因为他是管理这个地方的官员，他是在为这个地方做好事，是又敬业又有见识的表现。但是作为学者，这个问题就值得讨论了，我跟您的不同意见在于，对于宣南文化的提法，我有疑问，疑问在哪儿？第一个，在您提到的宣南文化的三说中，第一个源头说，我同意您的意见，因为那个董家林，不管它原来怎么样，它跟后来的北京……

黄：没有什么直接联系。要说一点儿联系也没有，也不是，燕国后来还把都城迁到这儿呢。

定：但是没有直接联系，没有延续性，对不对？

黄：对对对。

定：可是你做学问也好，做什么也好，你必须讲文化的延续性，真正发展成为一个都城，基点是金中都，所以我觉得侯先生的意见对。

黄：那这个咱们没争论。可是北京社科院曹子西他们跟侯先生，到现在还是争执不下的。说实在的，我知道有争论，但是两头我都不想得罪，他们跟我都挺好的，所以王立行说来个抹稀泥的办法，结果侯先生他留下遗憾了。我赞成侯先生的说法，我觉得北京通史这一派有点牵强。

定：那咱们不管，反正我给您做传，我就按您的意见写。现在的问题是您提到的三说，除了源头说，还有精华说和缩影说。我认为啊，首先，作为一个学术问题，对于作为一个整体的北京城，在某一个特定的历史阶段，它的精华是什么，你考察过？你凭什么把一个城市里的某一个地区单独提出来，说它就是精华呢？你是怎么定义这个精华二字的？又是怎么为它在整个城市中定位的？再有，你必须把这个地区放在特定的历史阶段里去衡量，它什么时候是这个城市的精华，清代是精华？民国是精华？还是现在是精华？

黄：我跟你说啊，我老师啊，就把它定位在清代，他是想突出宣南的士人文化。我们要研究北京历史文化的精华，就不能不研究北京的士人文化，所以历史学界很多人呼应宣南文化，这是要解决什么问题啊，就是怎么给北京史的研究定位。我是个抹稀泥的人啊，到现在，这宣南文化怎么去定义的都还有呢，精华说只是一种说法。我强调的是什么呢？是要把清代形成的宣南文化保护下来，因为那时候的士人文化，是最为典型的，反映中国历史变革的那个知识分子的群体，方方面面都在这儿得到反映了。所以我重视的是清代士人文化。可是现在这新的西城区，因为有刘敬民这么一说，说宣南文化是将皇家文化、士人文化、平民文化都涵盖了，那什么能赚钱啊？平民文化能赚钱，哎，他就强调这平民文化了，说大栅栏儿，天桥儿，要搞个天桥民俗演艺区——哦不对，是天桥文化演艺区，崇文区不是搞个天坛演艺区么，都上百亿的投入啊。

定：哦?! 真有钱。

黄：然后朝阳区把这热电厂，好大了，搞北京百老汇，也是上百亿，200亿投入，等于北京要搞三个大演艺区，西城一个，东城一个，朝阳一个，这都是最有钱的区啊，投入都上百亿了。

定：朝阳区是太有钱了。

黄：朝阳区当然有钱了，它又有地又有钱啊，这三个区都在搞文化。现在政府真有钱。而且对投资者也确实有吸引力，因为只要政府这财主牵了头儿——宣武区要是搞天桥演艺区，没人那么呼应它，可是西城区要牵头儿，这就有人呼应它了，为什么有人呼应它？它一年的地方财政收入200多个亿，宣武区才20多个亿。他们看重了北京将来发展成世界第一经济，旅游业肯定有很大发展，我想他们是这么想的，他们也没跟我聊啊，把天桥闹腾起来，肯定是能赚大钱的。现在中国这资金哪，民营企业要搞生产，这资金紧张得不得了，但是它又不愿意把钱投到生产里去，像这个，演艺圈儿里头这些事儿，他们觉得弄好了就能发大财，这确实也有可能，所以呢，现在一吆喝这个，上百亿的资金就来了。可是来了以后，都弄起来，是不是真的能赚那么多钱呢？我有点儿怀疑啊，我担心现在这个干法儿，很有点儿"文化大跃进"的味道，这最后弄完了以后，要是没那么多游客跟你起哄怎么办？（众笑）反正啊，中国游客能跟你玩得起的人并不多，就拿我来讲，我也算中等收入啊，就说我不生病，我也不肯花那冤枉钱，花一千多块钱去看赵本山？

定：我反正不去。

黄：是不是啊？看郭德纲？怎么他们就值那么多钱呢？我认为，第一我也花不起那钱，第二个我觉得不值，我花40块钱买电影票，肯定买得起对不对？但是我觉得它贵，中国的中等收入阶层，未必是文化的高消费……

定：有钱人，身家上亿的那些老板，他也不去这儿。

黄：他坐着飞机，上国外去了，看真的百老汇去了，我上你这儿干吗，非得在你这儿看？

杨：就是，有那真的，干吗看这个啊。

黄：哦，打断你了啊，所以我对这个宣南文化，反正啊，按刘敬民的概括，几乎是包罗万象的，你看北京文化不外乎就是皇家文化、士人文化、平民文化，你把这仨文化加在一块儿就是北京文化。他为什么想沾皇家文化的边儿呢？因为宣武区有个先农坛，但是我觉得牵强，我不赞成他这说法。

定：您不赞成？

黄：我不赞成，我认为它不具有皇家文化代表性。

定：您为什么认为它不具有皇家文化代表性？

黄：我就说啊，咱们讲文化的载体，您不就有一个先农坛吗？那故宫不在您这儿，对不对？但是有了这么一个宣南文化的提出，历史学家和这些热心保护北京历史文化遗产的热心人士，觉得就有一个官员可以依附了，他可以跟你一块儿吃喝啊，可以给你办点儿事儿啊。

定：您这就说到点儿上了！我想问的就是这问题，你可以跟着官员吃喝，你也可以借着这个机会做点你想做的事，可是我认为这种提法在学术上立不住。

黄：我跟你说，现在的学术不光是这个，整个学术研究陷入一种实用主义的陷阱。

定：黄先生特明白哈（笑）。

黄：能赚钱的学术现在就吃香，不赚钱的就靠边儿站了。

定：这回咱们这本书，我就不想赚钱。

黄：不赚钱，这书可能就是有价值的。

定：那咱们就好好做，包括咱俩的争论。那天咱们一块儿吃饭的时候我就说过，我不可能就是黄先生您的一个应声虫，您说什么我就写什么，我有些想法、提的有些问题会跟您、也跟别人不太一样，咱们现在这样的讨论就挺好。

黄：我为什么特别重视士人文化这块儿？你想想看，后来戴逸重点让我研究乾嘉学派诸大师、宣南诗社诸名士、戊戌变法诸先驱，他说研究整个宣南地区的士人文化，面太大了，他希望我用宣南文化作为博士论文选题的话，应该把这三个群体弄弄清楚，他认为应该把乾嘉学派的求实精神弄清楚。

定：这跟皇家文化是一个问题。皇家文化是一个整体，不能拿其中某一个，譬如天坛或者先农坛为代表。这几个学派也是这样，它作为一个群体，主要缘起和活动都不在北京，北京只不过是他们有时候寓居，有时候举行一些活动的地方。作为都城的北京给这个群体提供了什么样的舞台，给了它什么样的影响，它的活动、它的思想对北京又起到了什么样的作用，我想只有这样的题目是应该在宣南研究的，至于乾嘉学派本身的研究，与宣南未必直接相关，这就好像北京现在有使馆区，使馆区住着各国的洋人，你要研究这些洋人的历史和文化，还是得到他们本国，至于在这儿的那些人，我们能够讨论他们在北京的居住对这个城市产生了什么影响，但这跟研究洋人本身是两回事儿。

黄：不是啊，整个乾嘉学派都应该在宣南研究。比如顾炎武，他逗留在宣南，顾炎武祠最后建在宣南。还有阎若璩，他的《古文尚书疏证》是在宣南完成的定稿，这些应该说对北京文化挺有影响的。

定：肯定有。

黄：就是说北京文化应该继承什么东西啊？应该把这些人，这些来自全国的学者在北京逗留期间留下的文化痕迹，都保护起来。要保护它，你只有先了解它，才有可能保护它。

定：这是您的工作，您做的这些我都没意见，我就是说学者……

黄：我就是要把这个文化痕迹保护起来。我认为乾嘉学派，它只有经过一下北京，在全国各地的影响才能扩大，这就是专制文化的一个特点。更早的咱不说啊，说不清楚了，反正有清以来的这些学者，甭管他有多大学问，他得到北京来一趟，得到北京学术界的认同，然后他再回到家乡去……

定：那可不见得，清代学术史的发展不是这样的。

黄：我觉得这玩意儿有点像中国学者留洋，留洋以后再回来，好像就值钱多了。

定：不完全是，因为当时北京社会的主体是旗人社会，宣南并不是中心，所以学术中心也并不在这儿。①

---

① 关于宣南是不是清代学术中心的问题，说起来相当复杂，但有几点应该是可以明确的。首先，京师作为满洲贵族的政治、军事中心，汉族文人从各省进京的时间，据学者考证，当从康熙十二年（1673 年）荐举隐逸鸿儒开始，但当时被朝廷招来的多为二三流学子。乾嘉时期确实开始出现了士人来京访学的风潮，但来京访学的士子，尽管大多数居住于宣外的会馆，学术活动却并不仅仅限于宣南。其次也是最重要的，有清一代的学术，概言之有如下几个发展阶段：1. 清初以实学为主，代表人物为明末遗老，不与清廷合作。2. 清中期以考据为主，形成乾嘉学派。3. 晚清以今文经学为主，由学术到议政，以常州学派为中心，又有皖派支流、湘学、蜀学。后期出名的有龚自珍、魏源、康有为等等。其中黄宗汉一再提到的乾嘉学派，从学术上一般分为以惠栋为首的"吴派"和以戴震为首的"皖派"以及由清初黄宗羲开创的"浙东学派"，此后又有与"徽派""吴派"关系密切的"扬州学派"等小的学派分支。可知这些学派即使都以地域来标志其学派特征，这些地域也都不在当时的京师，而集中在江皖浙一带（可参见梁启超《清代学术变迁与政治的影响》，载《中国近三百年学术史》）。第三，即使到晚清时期，北京也仅仅因为是政治中心的缘故，而成为学人聚集的场所。但政治中心与学术中心是两个概念，一个在社会层面，一个在学术层面，不能等同而论。第四，民国时期的高校和文化活动中心，还是内城居多，宣南比外城其他地方是多一点，但也仅限于几所中学和学院。如果在清代宣南就已经成为学术中心的话，应该在学术上、文化上构成比较坚实的基础，并在民国甚至以后都延续下来，就像乾嘉学派在浙西和浙东那样，而宣南显然并不是这样。总之，从清代学术发展的情况看，得不出宣南是学术中心的结论。而将清代与民国混为一谈也是不对的。这里要特别感谢苏柏玉同学为我们提供的材料。

黄：那就说我们这家族，我们家族是清流派的领袖人物，对不对？但是我们这个家族的影响，是在北京大呢，还是在我们浙江大？

定：我不知道。

黄：我认为……

定：您别认为，记载你们家的史料太少了。

黄：不，这需要研究啊，我认为我们家族的主要影响在这儿，为什么呢？在我们老家啊，讲到文化影响，是孙诒让孙仲容，这是大家公认的，是我们家乡学者的代表，学术界可以在我们老家为他建文化馆。在我们老家，就认我们家是大官儿，但是不了解我们这个家族在文化上的贡献，我们家在北京的影响，至少在北大可以找到，我的伯祖是京师大学堂的总办之一，对不对啊，他写过中国教育史……

定：您说的这个啊，实际上这种影响，都是民国以后，不是清代。我可以给您打一个比方，一个城市就好像一个人，宣南只是他的一条手臂，而不是这个人的全身，你如果把这只手臂说成是这个人的精华、缩影，那你这个人呢？这人身上还有那么多东西呢！我这是从学术的角度讲。

黄：这没关系，学术本来就应该在争论中发展，我就是想把学术的内容，或者说学术的标签，贴在北京的文化建设上，为什么？现在如果不强调这个，最后就全丢失了，除了在你们的学术著作里头还能够看见。

定：您实际的意思说白了，您别不爱听，你们是在拿学术说事儿。

黄：但是学术需要有我们这些人。

定：太需要了，你们做的事情我太赞成了，我要是不赞成，我不会给您做这个口述，可是我要说清楚的问题，是说我对这样的学术研究有不同的意见，至少我不认为这就是定论。

黄：唉，这个我现在跟你说不太清，我现在对学术，包括对宣南文化研究，就是兼容并纳的想法，各种学说，各种思想，都应该让大家自由讨论，讨论得越热闹，咱们这文物保护工作就越好做。

定：我觉得把宣南文化当作北京文化的代表，这个有点儿……不是您的问题，跟您没关系。我跟您聊了这么半天，您应该明白我的意思了，我不把宣南文化这一块儿放在很重要的位置，我就是记录您的生活经历，通过您的生活经历讲宣武区，又通过宣武区讲当时的北京市，我是这么一个定位。

黄：这问题出在什么地方啊？就是北京文化缺少人去认真研究。刘敬民和我处在宣武区那儿，我们只能去吆喝宣南文化，如果我们吆喝说我们是研究北京文化的，这就麻烦了，你们想要干吗，你们有什么野心哪？

定：所以我说这几说，精华也好，缩影也好，如果是学者提出来，就不太合适，不过这其实不是您的问题，而且现在就是总把政治经济这些东西和学术连在一起……

黄：这是无可奈何的，因为在中国，政治和学术就是完全扭结在一起。

定：你们可以无可奈何，可是我不想无可奈何。

黄：你可以啊，你完全可以写啊，你有你的话语权，你完全可以另外加注，加评论啊。然后我跟你说，宣南文化使我有了一个跨入学术研究的机会。要没这题目啊，我也无法高攀戴逸、王汝丰。戴逸当年为什么支持我啊，戴逸对我这修复会馆的事儿特别有兴趣，他说你是个办实事的人。我是他的学生里头，最热心把史学研究和文物保护啊联系起来的人（笑）。

定：不是您最热心，是您最有这个能力。

黄：比如吴建雍①也想干这事儿，不过吴建雍干起来要比我困难一些，因为我是一个混迹官场的人，吴建雍跟官场算联系比较密切的一个人，但是和我这本来就混迹官场的人……

---

① 吴建雍，曾任北京市社会科学院历史所所长、研究员，国家清史编纂委员会委员，中国史学会理事，北京史学会常务理事，中国中外关系史研究会理事，北京历史研究会副会长。

定：毕竟还是两码事儿。

黄：对，如果我和某个官员有深交，我就能左右这个官员的行动，他没这能力，是吧？

定：您这话说得太对了。

黄：比如我修湖广会馆，我可以把陈希同找来，让他为我开个现场会，我有这能力，吴建雍他绝对做不到。

定：您这个特点在这篇口述里头反映得太充分了，这真的就是中国的现实，特别有意思。

黄：这是个挺大的矛盾，我挺厌倦这官场，但我又离不开它，是不是？这就是中国现实。鲁迅诞辰 130 周年了，这位伟大的文学先驱，把他完全当圣人可能高了，至少当作文学先驱应该承认吧。从周树人成为鲁迅，鲁迅作为作家的笔名，诞生地在哪儿啊，在绍兴会馆。那天绍兴的市委书记、市长来，也是咱人大的经济学博士，我说你现在做鲁迅故里的文章，可是鲁迅在绍兴的时候还不是鲁迅，他是周树人（笑），鲁迅第一次用这个笔名，是在绍兴会馆居住的时候，他写《狂人日记》，第一次用鲁迅这个笔名。鲁迅在北京一共住了十五年，有七年半住在绍兴会馆，不是宫门口这地方。后来是因为周作人的媳妇跟他发生矛盾，没法儿在一块儿过，等于买了现在鲁迅博物馆这地方儿，[①] 这具体地名儿叫老虎尾巴？

定：叫老虎尾巴呀。

黄：现在的正经地名叫什么？

定：正经地名叫什么我忘了，我就记得老虎尾巴，就是鲁迅博物馆那儿。

---

① 现在的鲁迅博物馆位于北京市西城区阜成门内大街宫门口二条 19 号，是以鲁迅故居（原为西三条 21 号）为基础扩建的。于 1956 年 10 月 19 日正式开馆。该故居是一座砖木结构的小型四合院，正房三间，中间为起居室，东屋为鲁迅母亲住室，西屋为鲁迅妻子朱安住室。起居室后接的一间，北京民间把这种凸出于屋子后面的建筑形象地称为"老虎尾巴"，是鲁迅的卧室兼工作室。南房三间为会客室和藏书室。

黄：这个鲁迅博物馆我不否认，你把鲁迅过去的房子买下来，作为鲁迅故居保护下来，作为博物馆，完全可以，但是鲁迅真正的诞生地是在绍兴会馆，应该把它保护起来。

定：鲁迅与北京的关系是不是研究得比较少啊？

黄：是，现在我就还要拾起这个来，我现在身体不是又好点儿了嘛。

定：又得意忘形（笑）……

黄：我没得意忘形，我找帮手嘛，正好我们老干部局给我分配了一名博士后，这博士后是中科院的心理学博士。我为什么愿意找他呢？他爸爸和他都崇拜鲁迅，所以他叫王一牛，就是要做一个孺子牛，而且他写过纪念鲁迅的文章，给我看了，哎，我说那行，你跟着我再吆喝这修复绍兴会馆。要想修复绍兴会馆，先得做什么？就是鲁迅与绍兴会馆的资料汇编，这不难，但是需要做大量工作，得有人跑图书馆，至少你先得把《绍兴会馆志》弄来吧，先把绍兴会馆是怎么回事倒腾清楚，是吧，绍兴会馆当年是俩会馆合到一块儿。

定：这是做学问的路子。

黄：我说，我每修一个会馆，我先搞志。湖广会馆，我先搞《湖广会馆志》，安徽会馆，我先搞《安徽会馆志》。我都搞出来了。

（二）李瀛等人谈宣武

时间：**2011 年 12 月 9 日**
地点：**中国社会科学院历史所社会史研究室**
访谈者：**定宜庄、杨原**

[**访谈者按**] 在我们与李瀛、张宝泉先生的两次座谈中，涉及到 20 世纪 80 年代以后宣武区发展的内容，都集中在第二次座谈中。其中李瀛作为当时宣武区的区委书记，在黄宗汉提出建大观园的设想时，曾给

予他切实有力的支持。对于宣武区的文化转型，也有着比黄宗汉更自觉的考虑，他对这一过程的叙述也更为清晰。至于张宝泉先生的谈话内容，虽然已经不仅限于宣南文化，而牵涉到对黄宗汉先生几十年工作和为人的看法，但他的具体和坦率，对于我们从另一个侧面、另一个角度了解黄先生个人和这篇口述，不仅仅有益，而且也是不可或缺的，这也正是我们为避免口述成为某个个人的"一言堂"以及由此生发出的各种弊病所做的一系列尝试之一。故不惮跑题之嫌，也列入这一节中。

至于我们对廖女士夫妇的访谈，虽然与对黄宗汉的第二次访谈在同一天，但由于内容不多，且与李瀛所谈内容很有关联，我们也将其放在这一节当中。

1. 李瀛、张宝泉说宣武

李：宣武区就这么块地方吧，原来工业基础比较好，工厂多一点，张旭那时候对工业比较有兴趣，想搞，后来很多干部也跟他这样干，干起来了。工业发展起来了。工业发展以后呢，意识到了，工业发展，污染了。那时我记得谁说，宣武区为什么癌症这么多，咱们搞工业搞多了，污染大。

定：宣武区是癌症多吗？

李：对，当时这么说的，没做调查。当时你看，王君，（区）人大常委会主任，癌症死了；蔡平，也是癌症死了；刘尚青，（区）宣传部（部）长，后来区委副书记，后来是（区）人大常委会主任。那时候大家议论，宣武区怎么这么多领导都癌症死啦，后来黄宗汉不也是癌症么，现在好几个也都是癌症，我净听这个消息，说什么人又癌症死了。为什么这样呢，与宣武区工业比较多，污染比较厉害有关系，所以大家悟到这个道理了。正好我当书记的时候，陈希同有这个意见，说你要发展公园，你要搞绿化，你要关心人民生命，悟出这个道理了。搞工业当然发展了就有成绩，解决失业问题啊，解决市场供应问题啊，这都有很大功劳吧。现在回顾那时候，就是十年以前，那污染多少，咱们资源毁

255

了多少，就这个，有这些经验教训，悟出这个道理来了。再加上上面有陈希同这么一个转变啦。

定：那您当区委书记的时候，您主要的工作是发展文化，发展公园了？

李：这些是重头。

定：工业就已经退而求其次了？

李：对了，慢慢地转了。

定：那么一大批工人怎么办呢？

李：也还有啊，那个时候宣武区的工业也还等于两个区、三个区的产值啊，也是还那么多。后来不是都交到市里了么，凡是大工厂，市里都给收了，就没有了。我还跟他们说呢，我说我们弄的厂子，多不容易弄起来的，你们都给收了。

张：叶琳同志的时候，搞了一个街道企业上交①，都交到市里，市里各个局，电子行业归到电子行业局，轻工业，有的归手工业局，有的归一轻局，区里就没了。

定：这好还是不好啊？

张：这事儿好不好，我还闹不清楚，反正交了。

定：你们当时愿意交还是不愿意交？

张：不愿意交也得执行。

定：我问您愿意不愿意。

李：当时是不愿意，不愿意交，但领导让你交，上边让你交，那只好交。

张：唉，不愿意也得交，但宣武区呢，留了个心眼儿，就把宣武机

---

① 街道企业上交的时间应该在七千人大会（1962年1月）以后，是为了贯彻1960年9月30日正式提出的"调整、巩固、充实、提高"八字方针而进行的"调整"政策。叶琳原是周恩来的秘书，1966年6月，刘少奇和邓小平组织工作组进驻大、中学校，叶琳此时为清华大学工作组的组长。该工作组被毛泽东撤销后，叶琳被安排到北京市委担任管工业的副书记。就此处张宝泉及黄宗汉所言，街道企业上交应该在1966年以后。

修厂留下了，这个本来也应该交的，这个区里就没交。

李：所以后来宣武区的工业还比较多，留一手（笑）。

定：现在呢？现在也还多？也比别的区多？

李：也还多，因为它的地理基础有关系。

张：交了就像割韭菜一样啊，割走了，等到后来安排知青，又搞了一批，现在的街道的工业、企业。那批企业的基础还是不错的，技术也不错。各行各业都有。

定：宣武区在整个北京市算是一个穷区，还是一个富区？

李：从财政收入上来说，朝阳，海淀，然后是东城、西城，再一个就宣武区。宣武、崇文，有几年收入比较多，只有几年。

张：现在西城比东城高。

李：对，西城，因为它有银行啊，总部在你这儿，你这儿税收就多，财政收入是按总部来收，总部在哪儿，它在哪个区收它的费用。总部在哪儿，哪儿收入就多。宣武区呢，下边的单位多，但总部少，所以它财政收入少。

定：你们说的这是改革开放以后了吧。

张：哎，就是去年。

定：原来大家印象里是南城很穷。

李：是，我先当过一段儿区长，后来当区委书记。当区长的时候啊，盖个厕所我都得请示，说我盖个厕所，你给我批点儿钱，多少钱，就这个。

定：我觉得特别有意思的，就是宣武区一直是比较穷，文化渊源也比较薄弱的一个区，结果后来宣南文化的动静闹得那么大。现在宣武一跟西城合并呢，宣南文化又代替了西城文化，所以现在西城跟宣武一合并，以后再大力发展宣南文化，这个误导就会越来越严重。

李：所以现在好多人不同意合并，合并把一些特点合没了。另外你一个区整那么大范围，你怎么接近群众？你区长得接近群众啊。

定：那为什么他们要合区啊？

李：嗨，违法。那天我提意见了，我这么大岁数我还怕啊？我也提这意见了。

定：您这么爱党也提意见了？

李：我说你们这违法啊，为什么？合并区，按宪法来说，应该是人大常委批啊，为什么国务院就批了呢？要真的是人大常委批，那我没说的，按法律来说，按宪法来说，是不是啊？你现在脑瓜儿一热，随意点头就行啊？

定：这么着就合并了？

李：啊，完了正式行了个文，是国务院的文啊，不是人大常委的文啊，我提的尖锐意见，我说这违法。

定：有人采纳吗？人家下次不找您了。

李：他现在要打击报复，我也不怕，我这么大年纪我怕什么打击报复啊，过去我都不怕，年轻时我都不怕，我现在更不怕了。这么合啊，我听到的好多都不同意。我干过区长，干过区委书记，共产党的区长啊，共产党的区长你不接近群众行吗？现在区委那院儿甭说老百姓了，一般人都进不去。我当书记的时候，有位办公室的干事，后来不是当区长了嘛，那天我到他的办公室去了，那家伙，阔着呢，比我们那时候高级多了，又有洗澡间，又有会客室，又有琴室，好几间。哎呀，我说，你这赶上饭店了，你这样老百姓还来不来？他说，老百姓不来。啊!？我说，你共产党的区长，老百姓不来？老百姓不来，你像话嘛你（笑）！他在食堂对我招待的，我说你看看你们食堂，那真是……我实话实说，我说我当区长的时候，我跟门口说：凡是找我的老百姓，直接来，直接到我办公室来，你们不能拦。现在友谊医院一个护士长，原来当护士的时候，他管我叫区长，他说，李区长，你当区长的时候，我直接到你办公室，你马上就把问题给我解决了，很快，多好啊。那时候我就说，共产党的区长，就是要好样的。党嘛，你是党的区长啊，你不是你个人哪。现在都不讲这个。

张：那时候，到市委、市政府都随便儿进。

定：那这个合区以后，底下折腾得厉害不厉害？

李：我还没听到同意合的，我没听到过。我听到的都是，哎哟，合什么区啊，把特点都合没了，宣武区的特点不就都没了么，西城的特点也没了，是不是？这么大，你怎么跑啊？你和市里不一样啊，市委下边还一层呢，你这个区你得直接接近群众啊，你不接近群众怎么行啊。

定：后来搞宣南文化，你们也知道吧？

李：这个呀，刘敬民立了一功，这个同志挺好的。我当书记的时候，他是副书记，后来我走了，到友协①了，他当区长，后来当书记了。这个人是这儿（指脑袋）有东西。刘敬民不错，宣南文化是他提出来的。这原来呢，宣武区有这么个基础，有这么个积淀，他这领导呢，又有这么个思想，他怎么想起来提这个了？他也是产生于这个基础之上啊，一看宣武区有这么多文化的东西。

定：他是分管文化的是吗？

李：我在那儿的时候，他是副书记，抓了一段儿文化教育。他脑子比较好，比较开阔，他和黄宗汉是一个类型的干部，都是比较有才。我认为他提出这个特别好，特别好，应该这样搞，所以黄宗汉搞的那一套，天桥梦吧，当时我在友协，他还拉着我，说你有钱，给我投一点，嘿嘿，我说我那钱可不能那么用啊。

定：哪儿有钱，他嗅觉灵敏着呢。

李：是啊。

定：刘敬民他们提出宣南文化的时候，您已经离开了？

李：离开很长时间了。

定：您在的那么长一段时间，你们就没想到这一步是吗？

李：没有，没有。那时候开始呢，张旭搞工业，后来呢，就搞环境，绿化呀，公园啊，大观园啊，这一摊儿。我在那儿的时候搞这些比较多。

---

① 友协，即中国人民对外友好协会，简称中国对外友协或全国友协。

定：宣南文化现在好像又没动静了。

李：合了以后，就归西城了。

定：可那不是一回事儿啊。

李：对啊，所以一合就完了，以后，这特点就没了，特点没了。

2. 张宝泉谈黄宗汉

张：我跟黄宗汉哪，是将近六十年的好朋友了，从 52 年到现在嘛，知人，知面，又知心，知心朋友。在我的印象当中，有三个方面啊，很佩服黄宗汉。一个就是他的学习精神，如饥似渴，孜孜不倦，特别是离休以后还上大学，读了硕士，还读博士，都闹病了，还论文答辩，这种精神很感人，我很钦佩。当然他这学习有他的客观条件，他认识人大校长，另外中组部又给他搭桥，这样子。人民大学的招生简章上并没有说六七十岁了还能读研究生，没有。所以老黄啊，有他自己的努力，加上客观上的条件，他当了博士，历史学，戴逸是他的导师。黄宗汉学这个历史啊，对他的工作有好处，学以致用，他后来干的这些事儿都跟这有关系，这是我第一条佩服他的地方。第二呢，老黄啊，他在工作当中有创造性，改革创新精神，这很令我钦佩的。不管在东风电视机厂也好，在宣武区盖大观园也好，修湖广会馆也好，天桥乐也好，所有这些事儿啊，没有创造性干不了，因为这些事儿啊，不是区委区政府、市委市政府列入计划，自上而下布置的，不是，都是他自己想搞，得到领导的支持，搞起来的。你像搞大观园，李瀛同志是区委书记，还有区长，他们都很支持，宣武区拿出一个苗圃盖大观园，就把这梦想啊，把大观园从书上搬到人世间来，这个，很多困难，没有点儿坚韧不拔的精神不行，他最后就搞成了。当然也不是他一个人的功劳，但他有这种精神。修湖广会馆当中啊，也是遇到很多难题。湖广会馆的大戏楼，是北京制本厂的车间，做学生课本、作业本的车间，一个车间要搬走谈何容易啊，而且那制本厂还不归宣武区，归一轻局，宣武区也决定不了一轻局啊。还有那个北京市工人俱乐部，在那儿也有一部分房子，修湖广会馆就要占用，北京市工人俱乐部又归市总工会，区里也管不了。还一个区安全局，安全局在那儿有个点儿，这点儿，安全局的点儿，别人不好动啊，怎么办哪？黄宗汉把陈希同搬来了，他在市委组织部干过呀，认识陈希同，陈希同对修大观园也很支持的，陈希同到那儿开现场会，就把这个市总工会、安全局的人，都叫去啦。陈希同就说啊，你们这儿能不能给腾出来啊？那市总工会的一看陈希同："没问题，没问题"，他就把房腾出来了，安全局也没问题了，上别处找点儿去。（众笑）所以，有人说他走上层路线，他这些事儿不搬陈希同行吗？区委解决不了啊，所以陈希同一去，把这问题都解决了。就是他这个人啊，认可一件事儿，能够在党内搞公关。党内是需要公关的，我过去不理解这个，共产党还公关？党内搞什么公关？看来需要，哎，黄宗汉他善于干这个事儿。

定：您这可真说到点儿上了。

张：因为他在市委组织部待过，市委、市政府那些领导他都认识，所以一找，就好办。我跟老黄说，这些事儿你能办，我就办不了，我不认识啊。

定：您不是也当了那么多年的领导吗？

张：那也不如他呀，他（去）那市委组织部吃饭，天天儿在一块儿。

定：他个性也善于和人交往。

张：我记得十六大报告有一个要求，要党员干部在工作中发挥积极性、主动性、创造性，这三性中，积极性、主动性，大多数党员干部都能做到，唯有创造性，真正有创造性的，不太多，黄宗汉有这个。

定：您这个优点说得特别到位。

张：他有创造性，他可贵的就是这个。他认可的事儿，他认为符合中央的精神啊，符合中央的路线啊，他就认真去干，这是一条儿，我很佩服的。还有一条儿，他对待疾病。他是癌症，他老伴儿也是癌症，老伴儿走了，女儿也是，这女儿跟他关系最好，女儿也走了，打击一个接一个。他是乐观主义，恢复到现在不错，很不简单，所以这对待疾病的乐观主义精神，也值得肯定，我也佩服。这三条儿我是很佩服他的。

在他干的那些事儿当中，我也支持他，东风电视机厂，改革开放初期，他干的这事儿别人没干过啊，有不同意见了，认识不一样。他就是跟日本三洋公司合作，开始呢是用散件，散件呢分 SKD、CKD，SKD 就是全套散件都从日本买进来，在我们这儿组装，组装了以后在市场上卖，CKD 呢，就是大部分的关键件都得引进来。开始是黑白生产线，后来在厂子里搞一条彩电生产线，一个日本人来指导，搞起来了。厂子里边有一些人啊，就反对，说这个不符合自力更生精神，毛主席提倡自力更生啊，你净搞这个引进，意见不一致。市电子仪表局怎么办呢，最后把那（东风电视机厂）党委书记调别处去了。

就把我调去了，我怎么调去了呢？黄宗汉他认识我啊，他就跟仪表局党委书记王×说，叫张宝泉来吧。

定：他说叫谁去谁就去啊？

张：光他说不行啊，还得仪表局任命啊，我那会儿在仪表局计划处，当副处长。王书记跟我谈，说：老黄希望你去，你去吧。我说去就去吧，我就到那儿当党委书记了。我去啊，我也没见过那检查组的人，一个没见过。大概老黄当了两年厂长吧，成立电视机公司，把他又调到电视机公司当副经理去了。我们那儿没厂长啦，把电子仪表局质量处的处长吴善续调去了，我又跟吴善续搭，又待了一段儿时间，这样。这个意见不一致，就是说他不符合自力更生精神，其实这个事儿现在很明白了，咱们这个工业啊，好些都走这条路。电脑，你要等集成电路都搞好了，得什么时候啊？到现在中国芯儿才陆续地投入生产，是不是啊？汽车，飞机，飞机发动机你不也得引进么，咱们自己的发动机不成啊，现在自己的发动机也成了。其实日本的现代化就走这条路，这并不是咱们创造，日本人就这么干的，咱们也应该这样干，这样快。要是不这么干呢，什么时候能成啊？

后来我由东风电视机厂又回宣武区了，回到宣武区，区委、区政府，后来又到区政协。黄宗汉那会儿也想回去，他就找李瀛同志，李瀛同志就问我，说老黄要回来了，到政协怎么样？我说好啊，来吧，欢迎。这样他就到区政协了。黄宗汉是第七届回来的，当副主席，我是常务副主席，我主持日常工作，因为我们的主席是区委副书记，他不到政协办公，他日常不来，开全委会啊，常委会啊，他来，大事儿经过他，日常工作主要是我在那儿主持。

定：黄宗汉就挂个虚职，没有实权，是吗？

张：不，连工资都到区政协那儿领。那时候大观园已经搞完了，他就弄这个湖广会馆。区政协常委会，为修这湖广会馆，特意通过一个政协建议案，因为孙中山那国民党的成立大会，就在那儿开的，所以黄宗汉就抓这个事儿。这些事儿，按政协的日常工作，列不上号儿，政协的日常工作，他管得也很少，所以政协一些干部对他也有意见，说他不务正业。（众笑）我就得做工作啊，我说黄宗汉干的这些事儿还是对的，好事儿，不是咱们政协所管的，也是咱们党的事儿，都是正业，没有不正的。别把咱们政协的业看得太窄，也都沾边儿。

定：您那时候真的这么认为？

张：啊。哈哈哈，在区政协对他也有争议，一是说他不务正业，还有就是走上层路线，哈哈。走上层路线，他那事儿遇见困难，不走上层路线，你那问题解决不了啊！你宣武区能叫人家市总工会把地儿腾出来？能叫一轻局把那制本厂搬走？这不行，都是难题啊，非得市里，陈希同一出面，一个现场会就把这些问题都解决了。

老黄他啊，不屑于干那些日常的琐琐碎碎的事儿，老想干大事儿，一鸣惊人。这样呢，认识有些超前，后边儿呢，跟不上，一跟不上，就有不同意见了。所以总的在政协这五年，我跟黄宗汉还是合作得很好。

定：您跟他在政协合作的五年，他有没有那个"黄大吹"的毛病，就是说他口述的好多事儿并不准确？

张：这个就不明显了，这都还是实实在在的。修湖广会馆啊，那好多困难哪，他一个一个都克服了，是走上层路线克服的，不单区里，区委、区政府支持他，市里也支持他。

定：您的意思是说他做的那些东西，有那些成绩，还是上边支持和大家一起帮助他的结果？

张：那当然了，他的创造发明，他的提议，但是最后没有上边的支持他干不了。

定：我还想具体地知道他那个大观园，您怎么看？

张：修大观园我是支持啊，我同意。

定：那个有人批评他吗？底下有意见没有？

张：那个也有意见，开区人民代表大会的时候，都有不同意见，后来让这个大观园的管理处主任，王××，专门在会上讲了一次，这才基本上同意。那儿原来是个苗圃，你把苗圃盖成大观园了，也有不同意见，但是区委书记、区长是支持的。

定：你们觉得他主要的缺点是什么。

张：缺点啊，要我看，他跑得太快，对下边的人怎么统一思想、统一认识。这个不够，当时有不同意见，主要还是认识问题。这改革开放他有个认识过程啊，老黄他接受得早，别人跟不上，这样有个做思想工作的问题，当然至于原来东风的党委书记，他个人不满意啊，那是另外一回事儿，从大多数同志来讲，主要还是认识问题，对这认识问题应该很好地沟通，做思想工作，做不通呢，还可以等待，像小平同志说，不争论，那不就是等待么？不争论，他照样儿干……

定：他不等？

张：唉，他等不及啊。（众大笑）

李：唉，属于认识，认识问题。

定：您觉得主要是认识问题？

张：哎，别的方面都没什么。廉洁奉公，他做得不错，尽管东风挣了好多钱，又盖了宿舍什么的，厂长、书记，我们都没得到什么，都让给群众。你像这个请客吃饭，请日本人，刚才饭桌上我说了，那标准太低啊，超过标准了怎么办？谁在那儿陪着，谁自己拿钱，从谁的工资里扣，当时就这样的。那时候啊，那党风啊，还真厉害，就这样。当时的彩电非常紧张，买不到，东风电视机厂的彩电是发票儿的，一个票儿，社会上就五百块，这种情况，黄宗汉他掌这个权啊，没有一点儿自私自利的事儿，这我可以证明。搞宿舍，盖成了以后，我们俩都让给别人了。

定：你们俩都没有分吧，那房子？

张：啊，自己盖的房子自己有权分配啊，我们都让给别人。

定：他家一直还都住在那儿，万明路那儿的老房子，现在他儿子住那儿，他自个儿住敬老院。

李：对，他儿子住那儿，我们原来都住那儿。

张：他上敬老院，就是他老伴儿去世以后，老伴儿去世以后，这做饭什么的怎么办呢，找个保姆，还不如上养老院呢。

3. 廖女士夫妇说宣南

时间：2011 年 12 月 28 日

地点：北京市第一福利院

访谈者：定宜庄、杨原

定：宣武区那时候是以工业为主的，后来怎么转化成文化上在北京最突出的区了？

章："那是在"文革"以后了，一步一步来的，有个过程吧。

定：我就想知道是怎么一个过程。

章：工业以前都很分散，小，零散，后来都逐步地组织起来，由小变中变大，一发展以后没有地方了，就往外迁，"文革"以后。怎么成为以文化为主的大区？我印象比较多的就是元大都遗址发现以后，不是在广外的滨河路那儿搞滨河公园么？后来又搞北京建城多少年，侯仁之教授那是历史专家了，再以后就是大观园，就重视历史文化的传承了。我那时候在区委统战部工作，我的印象好像是从搞元大都遗址，就引起了北京市的重视。

廖：那是八几年，黄宗汉就搞大观园了，有地儿啊，那地儿多好啊。

章：北京还是有地，大观园原来就是一个湿地吧，挺乱的，后来简单地整理整理，修了修，种点树，弄点花草，变成了一个公园，一般的公园。以后在那个地方，黄宗汉不是拍《红楼梦》么。

定：也就是说宣武区后来变成文化区，跟黄宗汉折腾的这些事还是很有关系的？

廖、章：那当然啦，总得有人发掘啊对不对？他不发掘谁知道啊？他擅长于这个东西。当然历史上有记载，记载归记载，还得发现，发现还得传承下来。另外区里也比较支持，李瀛同志知道这个事。

（三）黄宗汉谈宣南文化之二

时间：2011 年 12 月 28 日

地点：北京市第一福利院

访谈者：定宜庄、阮丹青、杨原

定：你们所有的人都以为我要宣传宣南文化。

黄：不，客观上会起这个作用。

定：根本就不是。

黄：我就看那个报纸，是不是你的话？关于宣南文化那部分。①

定：那是您说的，不是我说的。我再跟您解释一下，我做的不是宣南文化，我做的是宣武区的这几十年，因为我觉得这宣武区挺有意思的，我们以您讲的经历为主线，别人讲的都是围绕着您的。

---

① 这里所说的报纸，指的是 2011 年 12 月 8 日《北京日报》记者采访文章《口述史：让历史充满原生质感》。

杨：可是讲得像您这么精彩的太少了。

黄：宣南文化是个大口袋，很多东西都可以往里装。

定：我还有一个问题呢，宣武区在"文革"前是以工业为主的，它的产值占北京市工业总产值的三分之二，后来变成了宣南文化甚嚣尘上，这么热闹，这种变化来自于哪里？

黄：来自于刘敬民。刘敬民为什么要转向这个？刘敬民认识到宣武区弹丸之地，那会儿他来的时候才 19.6 平方公里，这么弹丸之地，人口居住密度在北京市居首位，刘敬民去的时候已经是 50 多万了吧。

定：它人口密度怎么那么高呢？

黄：就是大杂院儿啊。

阮：因为穷，有钱人一家就住那么大的地儿。

黄：穷，就都往大杂院儿里头扎堆儿呗。当时哪儿还能搞工业？搞什么业也搞不起来。宣武区要发展，它的资源在哪儿？刘敬民是个肯思考的人，他经过阅读大量资料，认为宣武区的优势就在它的文化上。他看过孙承泽的《春明梦余录》，在宣武区的干部里可能是唯一的。

定：我关心的是它从工业怎么转变成文化，这事特别有意思。我问了三个人，我说这宣武区是怎么从工业转型到宣南文化的，因为这种明显的转型，在北京那么多个区里可能是唯一的吧？西城区至今也不会说西城文化，东城也不会说，其实西城、东城的文化比起宣武区的文化，至少在清代，要重要得多。

就这个问题我问了三个人，第一个是李瀛，李瀛说是陈希同。他说陈希同认识到北京的工业造成的污染和后果，所以他迁走了大量的工厂，然后就决定打文化牌。

黄：这没错，陈希同有一个口号，叫"夺回古都风貌"，后来有人批判他。

定：这是李瀛的回答。另一个和你一个办公室的先生，他说这个转变的标志，就是黄宗汉搞这个北京的建城，一下子，因为不管有什么文化，如果没有人来注意，来挖掘，来发现的话，它也就等于不存在。他说一搞北京建城，又开多少人的会，所以上上下下里里外外全知道宣武区是北京文化的发源地。后来又搞大观园，他说这个转变的最主要的功劳属于黄宗汉。

阮：大观园也算文化？这是游乐场啊。是很好的、成功的商业炒作。

定：刚才呢我先不问您，我先不告诉您他们怎么说的，现在我告诉您他们怎么说的，他们一个把陈希同抬得很高，一个把您抬得很高，您呢又把刘敬民抬得很高，成了一个转圈儿抬，那到底这三个人谁在先谁在后谁功劳大，我想听听您的意见。

黄：要让我说，真正给宣武区做文化定位，向着文化方向转轨，首先应该归功于刘敬民。

我要重视文化，如果我不在那个位置上，我也振兴不了。说实在的，我跟你说啊，中国的经济按照刘敬民的说法，是权力经济，啊，现在是权力市场经济。咱们的文化，也是权力文化。为什么得归功于刘敬民？因为我从搞完大观园以后，我期望宣武区能够围绕着大观园，开发一个大观园文化旅游区，大观园作为大观园文化，开发挺成功的哈，我说大观园搞出来影响挺大，咱们就做文化得了。我当时没有从总体上了解宣武区的文化历史状况，我对这一个区，对全区，将来怎么发展，怎么去开发利用，我去思考，没有。当时每个区都要自己写，西城区就说将来要发展成一个金融区，我一再要求写成文化区，但是写不上去，认识上不统一，什么文化区啊是吧。可是刘敬民来了以后，他下功夫了，他做了这方面的思考，一个是他感受到宣武区弹丸之地啊，很难发展，做什么文章好啊，大观园成功了可是不能就啃一个大观园啊，宣武区历史上有什么文化积淀呢？他看《春明梦余录》，（问杨原）你看了吗？

杨：没看过。

黄：这是最基本的啊。我当时对北京的一些错误看法，刘敬民都能根据《春明梦余录》（的记载）给我挑出来。他就想能够提出一个什么题目，提出一个什么文化概念，把宣武区整个文化提纲挈领地提起来。

他发现明清以来的文人常常把这个地带称为宣南，那这些人跟宣南都有什么关系啊，他从《春明梦余录》里头找到了这些历史痕迹。过去我不知道，我也不知道安徽会馆的前身就是孙承泽那个大园子的一部分，后孙（公园）小学只是安徽会馆的东路而已。刘敬民就这么捋，捋来捋去他就稍微有点头绪了，这时候我正请王世仁帮助我做湖广会馆的修复方案，于是我就向刘敬民推荐，我说你对这些问题有兴趣，你可以跟王世仁交流交流，因为当时王世仁是北京文物局的古建研究所的所长。我认识王世仁，是因为王世仁的弟弟是帮我修大观园的，房修二公司的古建公司的副经理，叫王世强，他承包的公司啊。我修湖广会馆的时候，我俩就很熟了，我修湖广会馆，王世强挺支持，他说你有钱当然最好，没钱啊，我就先给你修了，算我的投资，行吗，有钱再还我。我说这文物怎么修啊，他说那你找我哥哥吧，我给你介绍我哥哥。

定：噢，是这么认识的。

黄：在那以前我就已经知道王世仁了，王世仁原来在你们社科院做美学研究，有很厚的一本论文集。王世强给我推荐，说你既然这么重视文物保护，你跟我哥哥认识认识吧，后来修天桥乐也是请他帮的忙。就这么样绕着弯儿的，王世仁就把列为文物保护单位的这些地方，给刘敬民做了详细介绍。然后又说了没有列入文物保护单位的，还有哪些有价值的地方。刘敬民就说：这些文物，都是应该好好保护的，但是要修复这些文物需要花很多钱，一下做不到，至少咱先把它测绘下来，咱们至少有这图，将来哪一天有条件的时候啊，咱把它重建。刘敬民那会儿也没想着说可以修复，只是想至少留下些资料，把这些东西都编辑成书。那谁去抓具体落实呢，就是袁满城，他不是学者，是做具体工作的，当时是常委宣传部长，现在是丰台区区委副书记。这人挺好，刘敬民就把这件事交代给他了，他就组织这事，来牵头编这本书。这落实得有一伙人啊，就由于泽祥，建委主任，这人是北工大学建筑的，组织了一帮人，测绘，庞大工程啊，把宣武区有历史文化价值的这些大院，会馆也好啊，杨椒山祠也好，全画了图，出了很厚很厚的一部大书，后来起了个名，是王世仁起的，就用苏东坡那句诗（"人生到处知何似，应似飞鸿踏雪泥"），就是《宣南鸿雪图志》，就是说把大雁的足印留在雪地上吧。这部书有很高的学术价值，但是并没有一下子在宣武区的干部里引起多大的轰动，因为它学术性太强啊。

真正一下子把这个宣南文化提起神来的，是那块纪念碑，这是后来了。这纪念碑是怎么出来的，就是我跟你说过的那个，侯仁之来讲北京城市发展史，我就去听去了，听完我就请侯仁之，那会儿在天桥乐茶园我还租有一个餐厅，叫天桥民俗菜，我请他吃。侯仁之讲啊，北京城市起源，都因为有莲花池水系，没有这个水系怎么建城啊，这是最关键的，不能在沙漠里头搞一个城市对不对？侯仁之就认为，这儿是北京建城之始，是根据《水经注》里写的，武王伐纣，下车伊始，封黄帝之后于蓟。① 董家林那儿就是燕，黄帝的俩儿子，一个封在董家林了，一个就封在广安门外这儿了。现在北京社科院以曹子西为代表的学者们认为北京建城之始在董家林。在天桥乐茶园吃饭的时候，我说侯老，今天我听您这一席谈，我才知道哈，北京建城是在我们广安门外开始的，在这之前我读过《北京通史》，那是说在董家林。侯仁之就给我讲，为什么应该是在这儿，不是在那儿，燕灭蓟，是吧，然后把都城迁到这儿来。侯老就问我：说宗汉你为什么不做三千零四十年的文章啊，我说：怎么做？侯老说：在广安门外立个纪念碑吧。我说：那具体选址应该在哪儿呢？他说：最合适的地方应该在白云观一带。可是要搁到白云观，那属西城区，我就无能为力了，我说：在广安门外滨河公园这儿能不能行啊？他说：哈哈哈，那也行。我说：咱们就这样吧，咱们就建个纪念碑，按您说的那个，选址，哪天您有工夫啊，广安门外，您去看看，您去看哪儿合适，咱们就在哪儿。哎，这就说定了，我说我还得把区长，那会儿刘敬民还是区长不是区委书记，我请他来，到您府上登门拜访，您最后拍这板。于是乎，刘敬民去拜访侯仁之，请他写这碑文，然后在

---

① 此语出自《礼记·乐记》："武王克殷反商，未及下车，而封黄帝之后于蓟。"

广安门外就建了这碑。建这碑啊，侯仁之写完以后，北京建城之始这么大事儿，我觉得应该向市委宣传部报告一下，王立行那会儿是部长。

定：这您说过。后来就抹稀泥，后来大家意见挺大。

黄：不是大家意见大，是侯老意见很大。但这碑一戳起来，宣武区干部里头反响挺大。因为刘敬民花这么大力量出那么一部巨著，一个是发给的人、看到的人很少，另外真正有耐心的看起来也费劲呢，那么厚，大十六开，净是图，谁也没有正经看。我是当作工作需要我才看，如果我没有工作上的需要，我不会下那么大功夫看的。可是弄个大纪念碑往那儿一戳，这影响就大了，宣武区很多干部就引以自豪，嘿，北京城是由我们这儿开始的！某某某（即我们采访的廖女士之夫——访谈者注）说，是黄宗汉戳起这纪念碑以后，才引起大家对文化的重视，这是符合实际的。这你就知道那块纪念碑在宣武区的干部里头，在民众里头有多大的影响了。他就这一句话就值了，就提神了，我自个儿不能这么讲啊（笑）。

定：值了。他还不光说了这一句话，他还讲到宣武区为什么工厂多，说是因为城里是居民区，没地儿。反正宣武区后来被宣传成为最有文化的地方，可是原来是最穷的地方。

黄：这是同时并存，没矛盾啊。

定：得有空地才能盖会馆啊，会馆得盖到最便宜的地方，盖到城里你盖得起么？

黄：这是一，当时清朝规定，满汉分居，（内城）旗民分治，不让汉人住。二，当时崇文区那地方，是商业地段，宣武这个地方呢，明代时候就有些（士人），像徐乾学他们就在这儿，就有些文化气息了。另外这是从外地进北京最方便的，从卢沟桥过来，交通最方便，地皮最便宜，又有一定的文化氛围，它挨着琉璃厂还近呢，这个能解释清楚了吧？

定：能解释清楚。

黄：这满汉分居政策是很重要的，你要让他到城里住，他就想办法往城里挤去了是不是？

定：所以我为什么不同意精华说呢？清代京城里的主要居民是旗人，你说宣南文化是精华，就等于完全排除了京城内的旗人文化。排除了当时作为主流的旗人文化，那你算什么精华呢？

黄：你说它是主流文化也行，说它是皇家文化也行。

定：中间是紫禁城，周围是八旗驻守，他们有一套其实是与汉族文化融合的文化。如果你说宣南那些士子也好，那些穷人也好，他们代表了北京文化的精华，那你怎么解释跟这些并不一样的内城的旗人文化呢？刘小萌写了一部《清代北京旗人社会》，详细讲了清代几百年的北京文化到底包括些什么，民国以后还有什么样的影响，但说了半天，也没有你们宣传的宣南文化影响大，人们只认官。

阮：因为没有一个黄宗汉啊，嘿嘿嘿。

黄：宣武区是在解放以后人口才逐渐增多起来了。再早这地方儿，是大粪厂子。我住的那地方，那枣林前街，那是义地，是这么个地方。所以在这个地方才能够盖房子啊。

这刘敬民吆喝他的宣南文化哈，一开始他也不见得就很明确，到底是给它一个什么定义。开始没定义，到后来怎么就出了定义了呢？到编《北京百科全书》，忘了是市里头的不知道哪位，说得给宣南文化加个词条，得定义一下什么是宣南文化，于是《北京百科全书》的主编就找我来了。我说：定义？那时候还没定这义呢，要是说要定义，按侯老说法，宣南是北京的城市之源，他那说法曹子西还不同意呢。他说：那要你说呢？我说：我对这问题没什么系统研究，侯老这么说了，我觉得有道理，那房山过去归河北省，离城市那么远，要和现代城市联系起来，只能是（广安门外）这个。

定：是是，我同意。

黄：我说我是赞成侯老这说法的，这叫源头说，于是就出来一条，宣南文化是北京历史文化的源头。侯仁之这说法，得到吴良镛的同意，没有权威的同意，仅一个区里头的领导说管什么用啊？得有权威的学者给它支撑着啊。所以后来别的区也不敢随便再提一个什么文化了。后来我说这还不算完，光是源头还不行，按我老师的说法，他认为宣南文化是北京历史文化的精华所在。

定：这是你们老师提出来的？

黄：哎，这是我们老师说的。

定：你们老师为什么认为它是精华？

黄：啊？后来啊，我要做博士论文选题，最初我是想做孙中山的，因为涉及档案解密问题没做成，他说那你就做宣南文化吧，他说宣南文化是值得一做的，它是北京历史文化的精华。但是你要真做这个题目，这题目太大了，他说你呀，选其中几个知识分子群体，来做你这篇论文。他说曾经在宣南居住的士人太多了，找出一个来都够一篇博士论文。我说做哪几个群体呢？一个是乾嘉学派诸大师，当时我正在抓顾亭林祠①的修复，报国寺已经修完了，这顾亭林祠，因为门口有街道的一个商店，一直拆迁不下来，顾亭林祠就没有能够对外开放，那时候我的想法，就是学术研究要跟我在宣武区的这些文化、文物保护两方面要结合，我不做纯学术研究。我想把顾亭林祠修复开放，而且我也读了《日知录》。（对杨:）读《日知录》了吗？

定：人家读了。

黄：（笑）读了还可以。这是一个情况，顾亭林祠的修复和乾嘉学派，我是这么联系起来的。当然也不是说一下子就想得很清楚了啊。那会儿北大呢，正好组织戊戌变法一百周年纪念，要开会钱不够，王晓秋

---

① 顾亭林祠，为纪念明清之际著名学者顾炎武而建造的祠堂。位于西城区广安门内大街路北报国寺西院，康熙时顾炎武曾在此居住。中国境内有多处顾亭林祠，北京报国寺的这个顾亭林祠是其中之一。

顾亭林，名炎武（1613—1682），江苏昆山人。少年时参加复社，清兵南下时，参加抗清斗争。顾亭林是清初大儒，著述甚多，其代表作品为《日知录》，他自言"平生之志与业皆在其中"。是一经年累月、积金琢玉撰成的大型学术札记，对后世影响巨大。

顾亭林祠是清道光二十三年（1843）由何绍基、张穆等人集资修建的。在鸦片战争时被八国联军轰毁，光绪三十年（1904年）由张之洞等以寺基改修昭忠祠。民国十年（1921年）王式通等重修。新中国成立后该寺曾被高熔金属材料厂占用。现为北京市文物保护单位。

找我，说你能不能找李志坚商量商量。

定：这些您都讲过了。

黄：是啊，戊戌变法怎么也提到我的日程上来了？是因为有这档子事儿。戴逸说，你不如先抓住这个戊戌变法一百周年，戊戌变法这个群体也要好好研究一下。这就是所谓戊戌维新诸先驱。他说这个呢，和你的工作也可以结合了，我要搞戊戌变法纪念碑，戴逸给我写了碑文，后来搁到报国寺了。宣南诗社诸名士，有一位上海的工程师，他们家里头传下来一本《陶然亭修禊图》，这个修禊图里就记了宣南诗社这些名士们，林则徐啊，黄爵滋啊他们一伙人，搞的就跟王羲之他们相类似的一种活动。我就抓住这本书出版了。这就归纳起来，他说如果你能在工作中兼顾，你就研究这亇群体吧。这样我的宣南文化研究的重点，就在研究它的士人文化，就是乾嘉学派诸大师，戊戌变法诸先驱，宣南诗社诸名士。戴逸说完了以后，最初并没有想就写到文字上，说这是北京历史文化精华所在。师生之间探讨宣南文化，可以有各式各样想法，后来戴

北京宣南文化博物馆（杨原摄）

逸给《安徽会馆志稿》作序的时候，是我让戴逸把这句话给我加上，他也没意见，就给我加上了。我借此就突出啦，突出这宣南文化是精华所在啦，刘敬民当然也挺高兴，刘敬民说：都有啦。我说：宣南文化里头还有什么大栅栏、天桥，这些玩意儿往哪儿搁啊？刘敬民说：咱们这儿什么都有，就是老北京文化的缩影吧，缩影说就是这么出来的。也不是有一个系统的文章来讲这个缩影说，后来这就变成缩影了。后来我跟《北京百科全书》的总编说：我们这有精华之说，有缩影之说，我怎么写啊？他说：你都给我写上得了。这就成了宣南文化三说。但不是我的原稿啊，编辑可能也做了些改动，对改动的地方我还不是太满意，你用的时候倒给我看一眼啊。后来都印成书了对不对？我跟我导师王汝丰说，我说：这三说怎么定义啊？王汝丰给我圆这场："综合三说，可以窥见宣南文化全貌。"这是王汝丰给我加的。我说，这行，这咱们解决问题了。这就成了宣南文化（的定义）。所以"宣南文化"就变成一个大口袋，北京历史文化什么东西都可以往里装。

（四） 黄宗汉谈 "夺回古都风貌"

时间：2014 年 3 月 29 日
地点：北京市第一福利院
访谈者：苏柏玉

苏：您能给讲讲"夺回古都风貌"当时是怎么回事么？

黄：那是陈希同的口号。陈希同是有很高文化素养的人，他是北大中文系的。在他执政期间，他就提出一个"夺回古都风貌"的口号。他为什么那么支持呢？（我在东风）电视机厂的时候呢，他对我也很支持，但那时候他不管工业，他是管干部的。后来他就当了市长，后来就当了市委书记，那么我干这些事，让他觉得，怎么跟他想到一块儿去了！

张百发当时是副市长，后来调到建工部当部长。北京市大大小小的官我认识太多了，我跟他一说，他就挺支持我的，就把杨乃济（推荐）给我了。那时候我在工委公司当副总经理，我就把他调工委公司，任我的专职工程师，不到其他机械部门去。他就给我设计大观园，大观园得建在宣武区啊，宣武区就聘他为大观园总设计师。

苏：爷爷，我看这个稿子（指本书初稿）里头，大观园建设是找的王世强？

黄：王世强是给我盖大观园的，他是北京古建公司管财务的副总经理。因为建大观园我们就熟了，我是他的大客户。王世仁是王世强他哥。后来我搞天桥乐的时候，我说要把《茶馆》再现，《茶馆》的总管是人艺的大美工师，王冲，就给我绘了图。那是布景。我要搞实景，那怎么办呢，建筑结构设计人艺干不了，王世强说：那好办，找我哥给你弄。

苏：啊，就是通过王世强认识的王世仁。

黄：对，后来王世仁还帮我做了湖广会馆的修复方案。破房子到手后你也不知道怎么个修法啊，残垣断壁的，油漆彩绘怎么回事，梁柱哪儿坏了、能不能换，挺复杂件事儿。他也是清华的，他和杨乃济这两人都是梁思成的高徒。

苏：我在档案里面看到1994年2月25日，有王世仁写给刘敬民的信，里面提到"夺回古都风貌"，我想问问：王世仁在"夺貌"里扮演什么角色？

黄：那会儿就是给我修复湖广会馆，设计修复安徽会馆，就围绕我那时候（搞的）宣南文化吧。那会儿他跟陈希同还说不上话哪，后来由于我搞这套，陈希同挺支持我啊，后来陈希同也就认识他了。现在他成了北京文物（这块儿），恢复古城风貌的重要专家了（笑）。

苏：爷爷您认识张开济么？

黄：认识啊，张开济太重要了。我为什么修复湖广会馆啊，因为我看了张开济的一篇文章，叫《旧瓶不妨装新酒》，他建议修复湖广会馆，我看这篇文章后受到启发。他是建筑学家，只能写文章，你要操作怎么操作啊，于是我就给市委写报告了。这报告里就包括修复湖广会馆。北京有四个古戏楼，其中有湖广会馆戏楼、安徽会馆戏楼、正乙祠戏楼，还有阳平会馆戏楼。那时候北京的文物局要修八小剧场，我给陈希同写报告，说：干吗还去新建什么八小剧场，现成的古剧场为什么不把它修喽？陈希同就批了，同意我的意见。不光他批，常委都画圈了，就这么着。

苏：这是几几年的事儿呢？

黄：这从档案上找去吧，记不清了，好办得很，宣武区档案馆里都有。

苏：我看到这个事的材料上的日期就稍晚了，1990 年张开济获得建筑设计大师，1987 年他提出一个口号，在文章里写道：我们要"维护古都风貌"。在这个口号提出的时候他跟陈希同有什么联系么？

黄：当然有联系啊，陈希同长期以来在北京，最初是刘仁的秘书，（北京市）真正掌权的就是刘仁，那秘书也很重要啊。改革开放后陈希同成主角啦，副书记、市长、市委书记，逐渐掌握领导权，都在陈希同手里。

苏：我看材料的时候，给我的感觉是，陈希同提出关于"古都风貌"的很多理论是张开济提出来，陈希同用了。

黄：（虽然）这口号啊，是陈希同提的；（但）保护北京历史文化名城啊，这是梁思成提出的。以后很多建筑学家们，都力主保护，这口号可能不完全一样，但意思都是一样的，要保护它。这个事情最后是毛主席决策严重失误；梁思成当时就是保护旧城另建新城。可是那会儿苏联专家建议利用原来的旧城建立中国的政治中心，这样花钱少，收效快。毛主席同意了，这就造成了北京的巨大破坏。后来陈希同跟我说，他说："宗汉，唉……（长叹）"他说：利用旧城建立政治中心，比另建新城多花了八倍的投资。他说，纯粹是干了件吃力不讨好的事儿，你建立那么多的中央办公机构、北京市办公机构，（原来的）地下管线一大套，都不行啊，这又得搬迁还得拆，全得折腾啊，后来一算总账还不如另建新城呢。

苏：我查"四部一会"① 是他（张开济）盖的。

黄：天安门那个历史博物馆是他盖的。

苏：那就是说他继承了梁思成的思想。

黄：没错。

苏：我看他个人履历，张开济是从上海那边过来的。他跟杨乃济和王世仁还不一样。

黄：他资格比他们老。张开济是大师级的，他们只能算是——现在算是著名学者、著名文物专家，杨乃济现在得算旅游专家了，他（是）旅游学院的研究室主任，现在已经退了。

苏：张开济和梁思成什么关系呢？

黄：都是清华的是不是？我搞不清楚。他们的思路是完全一样的，梁思成的主张在著名建筑学家里那是一致的，谁也不愿意毁以前北京的老城。北京老城是全世界独一无二的都城。

苏：那（陈希同）离职后，张开济就开批这个建筑风格了，撰文说"北京可以从小亭子里解放出来了"。他俩不是一伙儿的么？（笑）

黄：我跟你说，别用那些政治风波来解释历史文化继承的问题。陈希同要垮台了，那大家一定得呼应啊，这也是无奈之举。他要求屋顶上戴几个帽，这戴几个帽也不好看，可问题是不应该在古城（基础）上建那么多高楼大厦啊，戴帽不戴帽又怎么了。陈希同想弥补弥补，就在高楼上加几个小亭子。这个专家有意见，那有意见你们说盖什么样的好？这是学术性的问题啊，就是盖成他们这个，我就说人大会堂也好，历史博物馆也好，他有点中国建筑物的线条，但它们基本都是古希腊建

① 四部一会，指第一机械工业部、第二机械工业部、原重工业部和财政部以及原国家计划委员会。这是国内第一个根据统一规划、统一设计和统一建设的方式建造的大规模政府办公楼群。楼群由一幢主楼和东西两幢配楼组成，配楼各有三个重檐大屋顶，是传统与现代建筑相结合的典范。

筑那些啊，他们都学西方建筑出身的，把中西文化结合到一块儿，这种建筑设计也还看得过去，但这么大量的民居，你设计一个看看啊。吴良镛弄了一个菊儿胡同①，大家觉得还可以哈，是吧。这东西你不能光批陈希同啊，他无奈啊，戳了那么多高楼大厦他看着不顺眼，他要"夺回古都风貌"，他力保这些古建筑啊。

苏：我就想说这张开济"倒戈"得也太快了，一个多月（笑）。

黄：倒戈？嗨，这有什么新鲜的啊，人一垮马上批判就来啦。我跟你说，就包括那些大文人，特别是中国文人，随风转，人一倒霉批判就来了。

苏：我看张开济做"四部一会"的时候，毛泽东批他，他紧接着就在《人民日报》上做检讨了。

黄：那都得检讨，这就得历史地看待问题了。所有的人都得夹着尾巴做人。就说"大屋顶"，他是搞"大屋顶"，陈希同也是搞"大屋顶"，在楼顶上、高楼上搞大屋顶，比他那个高点就是。

苏：2004 年的时候，张开济接受了一个采访，说为当年没有保持"大屋顶"后悔了。这个访谈人问他，说作为一个建筑大师，对当前的建筑设计风格有没有什么想法，给青年学生一些指导。他就说："这个我不好说，不敢说。"（笑）

黄：他也指导不了，他儿子现在获奖啦，不是获中国的奖，是获世界建筑的大奖。他儿子就说，要把建筑和自然环境融合在一起。这个东西，和城市结合就太难了。因为城市已经成为了现在这个格局，你怎么跟它一块儿融合啊，又不能把现在房子都拆了（笑），拆不了怎么融合

---

① 菊儿胡同位于北京东城区南锣鼓巷一带，保存着较好的胡同风貌。1990 年在胡同危房改造工程中，由清华大学教授吴良镛设计，将原来的平房改成四个小楼，中间是院子，仍然留着四合院的建筑格局。同时在房屋建筑风格上融入了不少中式的元素。此设计获得了联合国的奖项，也有了一个名字叫"有机更新"，建筑学的教科书上多将此案例列为正面典型，当然，争议也一直存在，有人认为这是拆旧建新，和现在拆除胡同、四合院并无两样，也有人认为二层楼的四合院明显不伦不类，不中不西的，感觉别扭。但菊儿胡同的这种改造，毕竟是那个时代城市建设的一种有意义的探索。

啊？现在越弄越乱乎了，中央电视台"大裤衩子"，我也不是说"大裤衩"不可以盖啊，你最好别盖在这市中心区啊。包括这"大坟头"哈，你都可以盖，世界建筑大师都跑这儿标新立异来可以，最好跑郊区去找块地让大家去施展才华。

苏：问问爷爷：湖广会馆的信中，这时候爷爷也写到"夺回古都风貌"，当年大家都这么说哈？

黄：陈希同主政的时候当然都这么说，说是这么说，但真正重视保护古都风貌的官员有几人呢？保护古都风貌，是要付出巨大代价的。那些官员们为了急功近利啊，越快越好地破坏古都风貌，能拆就拆，赶紧盖高楼大厦，增加地方财政收入，区县局都这么干的。

苏：1995 年的 1 月份有一个"繁荣建筑创作，夺回古都风貌"的研讨会，在这会上，陈希同解释了一下自己的想法，他是个回应，说维护古都风貌已经不够了，所谓的"夺回"，一是停止破坏，二是新建筑要尽量体现民族传统和地方特色，三是希望具有民族特色的建筑越来越多。后来有人写了一篇非常有名的批判文章叫《夺式建筑可以休矣》，作者叫周庆琳。

黄：没听说过这人。

苏：这个人，据说也参加 1995 年这个会了，还有发言，当时意思就是反对夺式建筑，当时（"夺式建筑"）是不是还挺有争议的。

黄：当时对这个设计，陈希同没垮台以前也不尽赞同，不赞同的人他也没提出建筑设计，甚至理念要我说都没讲清楚，至于具体更说不清楚了。真正采取有效措施保护古都文化名城，陈希同想做，但实在是难度太大。现在也没见什么实效。刘敬民曾经管这个，北京奥运的时候他调过来管奥运会，他想解决北京建筑的这个色彩，红墙啊灰瓦呀，搞个灰色调，说一个城市怎么能没有个基调呢，过去北京胡同都是灰墙啊。红墙黄瓦绿瓦，这不是老百姓的，不是谁都能用啊，皇家建筑物才能有这个。广州他不论那个，黄瓦、琉璃瓦都敢弄哈，可北京当年不能弄，普通民宅那都是灰墙灰瓦，这样才突出故宫建筑的特点。刘敬民一度关心这个色彩，他一不管了就没人管了，爱什么颜色什么颜色。

苏：我昨天坐车从海淀往宣武区走，进了宣武区后，我就发现当年这种建筑（大屋顶）还挺多留下来的。

黄：西客站是个代表啊。

苏：宣武区是不是当年"夺回古都风貌"的一个重点？其他区好像没有这么明显的感觉。还是说有些地方都拆掉了呢？

黄：别的地方拆掉的更多一些。应该说，北京作为一个历史文化名城，皇家建筑在东西城，士人文化主要集中在南城啊，南城主要在宣武这块儿。崇文那块儿主要是商业区。所以说，如果还找回北京的历史文化风貌，当年在宣武区还能找到一点。现在已经破坏殆尽了，想往回拾，也很难。比如说大栅栏还算比较典型的地方，天桥已经没了，天桥当年要按我那意思说，还能保留一点，后来把天桥的历史全弄没了。后来怎么办呢，弄什么"天桥八怪"，见鬼，"天桥八怪"现在到处都是。大栅栏呢，还能（保持）一些，现在我的秘书，其中一个北大毕业，历史系的，在那儿鼓捣呢，谁知道鼓捣成什么样了（笑）。

苏：我昨天站在大观园前面一瞅，这个风水，说不出来，那个感觉，（拿出照片）觉得挺有意思的，有个楼特奇怪，一个个小尖包。

黄：当年陈希同想控制这大观园周边，不让搞这高层建筑，他希望形成一个文化旅游区。后来啊，甭管什么想法，谁投资，跟官员疏通好了，他就能盖起来，什么城市风貌他不管。老板他自己心中最佳风貌就行。

苏：反正我也不懂，我就是觉得这风水看着不是很好。

黄：不是风水问题，讲风貌更好啊，当然这城市风貌跟风水有关系。比如说啊，当年北京市迎接奥运会，投资修复北京的一些文物，盖世纪坛，花了7个亿，盖那玩意儿。原来说是要在那儿搞个世纪墙，记述一下新世纪到来，一堵墙有什么了不起的，当时我也同意，投票了，那地方空旷，对不对？后来就演化成……建个世纪坛，我就竭力反对，逢会必反，反对建世纪坛，那也没用。后来花了7个亿，不是今天的7

个亿，是当年的 7 个亿。这东西啊，挡着北京的风口哪。雾霾为什么到市中心更难扩散啊？得有风口啊，弄那么个玩意儿，把风口给堵了。破坏北京历史风貌，堵住了北京的风口，市中心区雾霾难散，我就认为跟它也有关系。古人讲风水未必全科学，但总得通风啊，风水不通，这个城市就死啦。

总　　结

定：我是这么觉得哈，您跟我做这个口述，做了好几十个小时了，到现在咱们又过了三年多了是吧，我觉得您还在不断地思考这些东西，您现在跟我讲的已经比当年要深刻……

黄：深刻一些啦！这两年我还在不断地看书啊，我还不断地思考啊。我就觉得要有这个反思，不做这个彻底的反思啊，我们的改革还会受到严重的挫折。

定：您后来的反思要比当年咱们做的时候……

黄：要深刻了，对。

2010 年春节黄宗江（左一）、黄宗汉（左三）与阮丹青（左二）、定宜庄在黄宗汉女儿黄江静家中的合影（黄江静摄）

参考书目

1. 主要参考文献（按出版时间先后排列）

张江裁著：《北平天桥志》，国立北平研究院总办事处出版课，1936。

张次溪，赵羡渔编：《天桥一览》，1936。

人民日报图书资料组辑：《学习联共（布）党史第 9 章至第 12 章参考文件》，北京市：人民出版社，1954。

中国人民大学工业经济系编著：《北京工业史料》，北京市：北京出版社，1960。

上海艺术研究所，中国戏剧家协会上海分会编：《中国戏曲曲艺词典》，上海市：上海辞书出版社，1981。

中国人民政治协商会议北京市委员会文史资料委员会编：《文史资料选编第 19 辑》，北京市：北京出版社，1984。

［清］于敏中等编纂：《日下旧闻考》，北京市：北京古籍出版社，1985。

［宋］叶隆礼撰；贾敬颜，林荣贵点校：《契丹国志》，上海市：上海古籍出版社，1985。

［清］周家楣，（清）缪荃孙等编纂：《光绪顺天府志》，北京市：北京古籍出版社，1987。

蒋寒中著：《天桥演义》，北京市：紫禁城出版社，1987。

云游客著：《江湖丛谈》，北京市：中国曲艺出版社，1988。

［清］孙承泽撰：《春明梦余录》，江苏广陵古籍刻印社，1990。

成善卿著：《天桥史话》，北京市：生活・读书・新知三联书店，1990。

马书田著：《华夏诸神》，北京市：北京燕山出版社，1990。

陈宗蕃编著：《燕都丛考》，北京市：北京古籍出版社，1991。

孙民选注，王弘力插图：《古代风俗诗画》，沈阳市：辽宁美术出版社，1992。

曹子西主编：《北京通史》，第1卷，北京市：中国书店，1994。

侯仁之著：《历史地理学四论》，北京市：中国科学技术出版社，1994。

杨东平著：《城市季风——北京和上海的文化精神》，北京市：东方出版社，1994。

北京市宣武区广安门外街道志编纂委员会编：《广安门外街道资料长编（上册）》，广安门外街道地方志办公室，1996。

北京市宣武区广内街道：《广内街志》，文源印刷厂，1996。

张还吾主编：《历代咏北京诗词选》，北京市：北京出版社，1996。

北京市对外文化交流协会，北京市宣武区《北京老天桥》画册编委会编：《北京老天桥》，北京市：北京出版社，1996。

吴建雍等著：《北京城市生活史》，北京市：开明出版社，1997。

甘海岚，张丽妩主编；吕智敏等撰著：《京味文学散论》，北京市：北京燕山出版社，1997。

朱祖希编著：《北京城——营国之最》，北京市：中国城市出版社，1997。

北京市宣武区白纸坊街道志编纂委员会编：《白纸坊街道志》，1998。

王世仁主编；北京市宣武区建设管理委员会，北京市古代建筑研究所编：《宣南鸿雪图志》，北京市：中国建筑工业出版社，1997。

黄宗江阮若珊著：《老伴集》，北京市：东方出版社，1999。

中共北京市委《刘仁传》编写组编：《刘仁传》，北京市：北京出版社，2000。

王同祯著：《老北京城》，北京市：北京燕山出版社，2000。

吴建雍，赫晓琳著：《宣南士乡》，北京市：北京出版社，2000。

黄宗江等著：《卖艺黄家》，北京市：生活·读书·新知三联书店，2000。

［明］刘侗，［明］于奕正著；孙小力校注：《帝京景物略》，上海市：上海古籍出版社，2001。

《当代中国的北京》编辑部编：《当代北京大事记（1949－2003年）》，北京市：当代中国出版社，2003。

白杰主编：《人文宣武现代青年》，北京市：中国青年出版社，2003。

林福临，王廷柱，邢丛罗主编；北京市宣武区地方志编纂委员会编：《北京市宣武区志》，北京市：北京出版社，2004。

黄宗江著：《读人笔记》，北京市：中国青年出版社，2004。

黄宗江，黄宗英，黄宗洛著：《卖艺人家——黄氏兄妹相册》，北京市：中信出版社，2005。

北京诗词学会，北京市宣武区档案馆编：《清代宣南诗词选》，北京市：北京出版社，2005。

北京市宣武区广安门外街道志编纂委员会编：《北京市宣武区广安门外街道志》，北京市：北京出版社，2006。

袁熹著：《北京近百年生活变迁（1840－1949）》，北京市：同心出版社，2007。

李金龙，孙兴亚主编；北京市宣武区图书馆等编：《北京会馆资料集成》，北京市：学苑出版社，2007。

周汝昌著：《曹雪芹新传》，济南市：山东画报出版社，2007。

李赐华主编：《瑞安人物录》，北京市：方志出版社，2008。

赵润田著：《寻找北京城》，北京市：清华大学出版社，2008。

刘小萌著：《清代北京旗人社会》，北京市：中国社会科学出版社，2008。

定宜庄著：《老北京人的口述历史（上、下）》，北京市：中国社会科学出版社，2009。

于力，倩娜著：《孙道临传》，上海市：上海人民出版社，2009。

金柏东主编：《黄绍箕往来函札》，杭州市：浙江摄影出版社，2012。

北京大学历史系编：《北京史》，北京市：北京出版社，2012。

张恨水著：《啼笑因缘》，北京市：国际文化出版公司，2013。

2. 黄宗汉著作（按发表时间先后排列）

黄宗汉：《三资企业、三来一补生产厂家的外贸特点及商检的对策》［J］. 中国商检，1992，（第7期）。

黄宗汉主编；北京市对外文化交流协会，北京市宣武区《天桥往事录》编辑委员会编：《天桥往事录》，北京市：北京出版社，1995。

黄宗汉、王灿炽编著：《孙中山与北京》，北京市：人民出版社，1996。

黄宗汉：《老北京天桥的平民文化》［J］. 北京社会科学，1996，（第3期）。

黄宗汉：《孙中山民初在北京的政治活动》及附论《湖广会馆及其修复利用》，中国人民大学硕士毕业论文，1996。

黄宗汉：《北京湖广会馆及其修复利用》［J］. 北京社会科学，1997，（第2期）。

黄宗汉：《湖广会馆——说不完的故事》［J］. 中国旅游，1998，（第2期）。

黄宗汉：《试论民初孙中山在北京的政治活动》［J］. 中国人民大学学报，1998，（第6期）。

黄宗汉：《北京民俗与中国文化》［J］. 北京社会科学，1999，（第

1 期）。

　　黄宗汉：《宣南文化研究"三说"》［J］．北京文史，2000，（第 1 期）。

　　黄宗汉：《一位巨人三次莅京》［J］．北京党史，2000，（第 2 期）。

　　黄宗汉：《孙承泽后孙公园与安徽会馆》［J］．北京文史，2000，（第 2 期）。

　　黄宗汉：《浮生三梦》［J］．红楼梦学刊，2002，（第 4 期）。

　　黄宗汉：《大栅栏：独具特色的老北京历史文化保护区》［J］．北京文史，2002，（第 1 期）。

　　黄宗汉：《清代京师宣南士人文化研究》，中国人民大学博士毕业论文，2004。

　　黄宗汉著：《寻思集》，北京市宣武区档案馆编，2005。

　　黄宗汉：《大栅栏——"宵禁"的代名词》［J］．中国地名，2005，（第 4 期）。

　　黄宗汉：《宣南文化是北京文化的源头、缩影、精华》［J］．都市周游，2007，（第 4 期）。

　　岳升阳，黄宗汉，魏泉著：《宣南清代京师士人聚居区研究》，北京市：北京燕山出版社，2012。

3．报纸期刊文章

　　路艳霞：《口述史：让历史充满原生质感》，《北京日报》，2011. 12. 08，第 17 版：文化周刊·视界。

　　赵勇：《未结硕果的思想之花：文化工业理论在中国的兴盛与衰落》［J］．文艺争鸣，2009，（第 11 期）。

附一 北京外城的行政区划沿革

1. 清朝

清朝时将外城分为五城：东城、南城、中城、北城、西城。

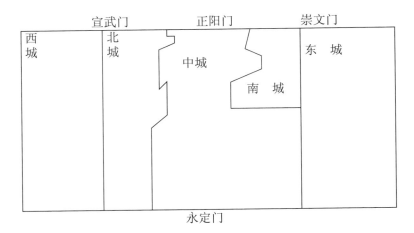

清朝外城区域划分示意图

东城在崇文区域内。东起东二环南路，北起崇文门东大街，南至南二环路，西至崇文门外大街（连接天坛东路）。

南城在崇文区域内。北起前三门大街（前门东大街），东与东城相连，西边不是直线，北端大约从前三门大街（前门东大街）的"全国青年联合会"开始，向南沿着北沟沿，到草厂头条南口顺北芦草园胡同向东南，经北桥湾街到珠市口东大街拐向西，至前门大街后向南，到天坛路向东拐，一直到崇文门外大街（天坛东路）。

中城的区域跨越崇文、宣武两区。北起前三门大街，南到南二环路，东边与南城、东城相接。西边也不是直线，北端从前三门大街（前门西大街）的老舍茶馆附近向南，到北火扇胡同向东，到廊房头条西口向南，到取灯胡同后向西，到炭儿胡同西口再向南，顺石头胡同到珠市口西大街向东，到板章路向南，一直到先农坛，顺先农坛西墙向南至南二环路。

北城在宣武区域内。北起前三门大街（宣武门东大街），东与中区相接，南至南二环路，西边顺着宣武门外大街向南，经菜市口大街到南二环路。

西城在宣武区域内。北起前三门大街（宣武门西大街），东与北城相接，南至南二环路，西到西二环南路。

2. 民国

民国将外城分为五个区：外一区、外二区、外三区、外四区、外五区。

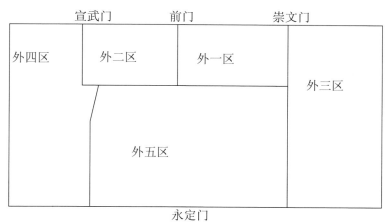

民国外城区域划分示意图

外一区在崇文区界内。西起前门大街，东到崇文门外大街；北起前三门大街（前门东大街、崇文门西大街），南至珠市口东大街。

外二区在宣武区内。东起前门大街，西至宣武门外大街，北起前三门大街（宣武门东大街、前门西大街），南至珠市口西大街。

外三区在崇文区内。北起前三门大街（崇文门东大街），东至东二环南路；南至南二环路，西边是崇文门外大街（连接天坛东路）。

外四区在宣武区内。北起前三门大街（宣武门西大街）。西至西二环南路，南到南二环路，东边顺着宣武门外大街向南至菜市口拐向东，顺着珠市口西大街到果子巷拐向南，再向西南，顺着陶然亭公园西侧到南二环路。

外五区的区域跨越崇文、宣武两区。北与外一区、外二区相接，东与外三区相接，西与外四区相接，南到南二环路。

3. 新中国成立初期至 20 世纪 50 年代

新中国成立初期，外城的区域划分与民国时基本相同，只是名称有所改变。

民国时期	新中国成立后（这里只注明与后来宣武区相关的部分）
外一区	第八区（外一区）
外二区	第九区：在宣武区内。东起前门大街，西至宣武门外大街，北起前三门大街（宣武门东大街、前门西大街），南至珠市口西大街。
外三区	第十区（外三区）
外四区	第十一区：在宣武区内。北起前三门大街（宣武门西大街）。西至西二环南路，南到南二环路，东边顺着宣武门外大街向南至菜市口拐向东，顺着珠市口西大街到果子巷拐向南，再向西南，顺着陶然亭公园西侧到南二环路。
外五区	第十二区：区域跨越崇文、宣武两区。北与外一区、外二区相接，东与外三区相接，西与外四区相接，南到南二环路。

1950 年 5 月，北京进行第一次城区区划调整。第八区、第九区合并改为第六区；第十一区改为第八区；第十二区改为第九区。

1952 年 9 月 1 日，北京市进行第二次城区区划调整。第六区区划不

变，定名为前门区；撤销第九区，其西半部并入第八区，定名为宣武区。

1958 年 6 月 1 日，北京市人民委员会决定撤销前门区建制，将前门大街（不含大街及西侧临街门店）以西部分 7 个街道办事处划入宣武区。

崇文区和宣武区的主要行政管理区域实际就是老北京的外城。以前门大街（直至永定门）为界，西边是宣武区的地界，东边是崇文区的地界。前门大街的整条马路归属崇文区管辖。就是说前门大街路西向东的门脸都归崇文区管，路西胡同里向南向北的门脸属宣武区管辖。

崇文区、宣武区除了将外城一分为二，作为自己的管辖范围，东边的崇文区还管辖着永定门外一部分地区和广渠门外的一部分地区。西边的宣武区也管辖着广安门外的一部分地区。

4. 宣武区并入西城区

据新华网 2010 年 7 月 1 日报道，国务院正式批复了北京市政府关于调整首都功能核心区行政区划的请示，同意撤销北京市东城区、崇文区，设立新的北京市东城区，以原东城区、崇文区的行政区域为东城区的行政区域，撤销北京市西城区、宣武区，设立新的北京市西城区，以原西城区、宣武区的行政区域为西城区的行政区域。

附二　中共宣武区委工作机构变迁一览表
（1950—1967）

部门名称	沿革变迁	备注
秘书室	1950 年 5 月设立	第六区、第八区、第九区分别设立
组织部	1950 年 5 月设立	
宣传部	1950 年 5 月设立	
办公室	1952 年 9 月由秘书室改设	前门区、宣武区分别设立
统战部	1952 年 9 月设立	
纪律检查委员会	1952 年 9 月设立，1955 年 9 月改称监察委员会	
财经部	1954 年 5 月设立	
财贸部	1956 年 9 月财经部分为财贸部、工业部	
工业部	1956 年 9 月财经部分为财贸部、工业部	
教育部	1956 年 9 月设立	
监察委员会	1955 年 9 月由纪律检查委员会改设	
党校	1958 年 6 月设立	
街道工作委员会	1958 年 7 月设立	
文化卫生部	1958 年 11 月设立，1964 年 10 月改为卫生体育部	
理论工作室	1960 年 4 月设立，1961 年 5 月撤销	
卫生体育部	1964 年 10 月由文化卫生部改设	

附三　略论北京天桥平民文化

1. 天桥平民文化的形成

天桥享誉海内外，被视为老北京平民社会的典型区域。正如著名学者齐如山先生在《天桥一览序》中所述："天桥者，因北平下级民众会合憩息之所也。入其中，而北平之社会风俗，一斑可见。"

据清《光绪顺天府志》记载："永定门大街，北接正阳门大街，井三。有桥曰天桥。"这座桥是为便利南北交通，在龙须沟上修筑的一座石桥，始建年月已不可考。又说这座桥是供天子到天坛、先农坛祭祀时使用的，故称之为天桥。后来为展宽道路，天桥多次改建，至 1984 年全部拆除，桥址不复存在，但是天桥作为一个地名一直保留了下来。天桥的地域范围大致是桥南东西两侧和天坛、先农坛北部一带。已故著名北京文史专家张次溪先生在《天桥一览》中说："现时天桥的范围很广泛，附近的处所，都可以划到这个区域里来，没有清楚及详确的划分。"也就是说历史上天桥一带是一个有自身特色的区域，但不是一个正式的行政区域范围。

天桥一带在元、明两代就是郊游踏青走马之地。据明《帝京景物略》记载："南抵天坛，一望空阔。端午日，走马于此。关西胡侍曰：'端午走马，金元藉柳遗意也。'藉柳，今名射柳。"直到清末，据目睹天桥历史变化的齐如山先生描述："兹就鄙人数十年前目所及见……当光绪十余年间，桥之南，因旷无屋舍，官道之旁，唯树木荷塘而已。即桥北大街两侧，亦仅有广大之空场各一，场北酒楼茶肆在焉。登楼南望，绿波涟漪，杂以芰荷芦苇，杨柳梢头，烟云笼罩，飞鸟起天。"

天桥真正形成为繁荣的平民市场当在民国初年，据张江裁著《天桥志》记载："民国元年，一月，香厂临时集会闭幕，香厂之商贩及诸卖艺者流，乃辗转据此为长久场地，而与先时之天桥，益有雅俗之别矣。其后修筑水心亭，小桥流水，渐臻逸趣。自电车公司采天桥为东西两路总站，交通即便，游人日繁。趋时者，复出资争购地皮，兴建房屋，空地之上，相继支搭棚帐，或划地为场，租与商贩艺人，设摊设场。于是天桥之界限，已扩至三四倍，西北抵新世界，东北抵金鱼池，西南至礼拜寺，东南则达天坛坛门矣。"天桥开始有戏园也在民国元年，当时有人在厂甸建大棚，演奏成班大戏，尔后迁至天桥，《天桥志》中说："此实天桥有戏园之始，而同时继起者，亦比比云。"天桥开始有商场出现，《天桥志》记为："至四年六月（按指民国）葳事，而瓮城内两荷包巷商民，则合议将所拆存之木砖瓦移天桥西，建立天桥市弄凡七，开设酒饭镶牙各馆、清唱茶社，暨各色商肆，以售百工焉，此又天桥渐成正式商场之始。"

到了20世纪20年代天桥进一步有了发展，最具有代表性的是新世界游艺场（也称新世界商场）和城南游艺场先后建成。北京《文史资料选编》第十九辑记述："香厂自开办新世界游艺场后，整个街道整顿呈繁华景象……城南游艺园和新世界两大综合游艺园相继开办后，由于经营得法，很受观众欢迎（这种别开生面的综合大型游艺场所，在20年代的北京是罕见的）。"至1936年云游客写《江湖丛谈》时，书中说："天桥市场地势宽阔，面积之大，在北平算是第一。""经十数年之久，便成今日平民模范之市场也。"天桥因市场的兴起而繁荣发展，它的兴起不仅是一个经济现象，也是一个文化现象，天桥的平民文化具有很强的生命力，虽历经沧桑，却持久不衰。在天桥市场的发展过程中逐渐形成自己独具特色的平民文化。

2. 天桥平民文化的特点

天桥平民文化之所以具有长久的魅力，盖源于有自己的特色，大致可归纳有以下三个特点：

（1）人民性。著名地理历史学家侯仁之教授说："天桥是北京最具有人民性的地方。"天桥市场是面向平民百姓的，为大众服务的，天桥卖的东西，是老百姓所需要的，买得起的，天桥的文化娱乐活动是老百姓所喜闻乐见的，这就是天桥的生命力所在。据1945年《中华周报》2卷10期记载："天桥东边在每天早晨，真够热闹，有粮食摊，有干果摊，还有菜蔬摊、烟卷摊，简短截说，开门七件事，天桥东边的摊子上，样样都有，只要有钱，什么都不愁买不到。据说，天桥东边无形地已成为北京市场有力者的一环，百货杂陈，贩者云集。北京市一般生活必需品物价的伸缩，至少有百分之五十，系在这群买卖人的两条腿上。他们如果集团地休息几天，北京市的物价马上便有影响。"天桥是广大人民群众所需要的，因此即便在北京商业萧条时期，仍能生存发展，据1930年2月《北平日报》一则题为《目前百商凋敝，独天桥商业发达》的文章中说："近两年平市繁荣顿减，惟天桥依然繁荣异常，各地商业不振，惟天桥商业发达……天桥无物无之。目下购物者多奔天桥，闻该处大布摊每日所收之款，竟有超过著名大布店者，今日鞋摊亦较鞋铺发达，谓该处为平市繁荣中心，谁曰不宜。"作者分析天桥，所以能够维持繁荣，除商品价格远较他处低廉外，并"有几层原因：①天桥地基宽大，容纳工商、游艺极多。②游人无需花钱购票，是以上下阶级俱全。③具有平民公园性质，买卖物品及闲游均可"。这就是说天桥这个大市场不仅是个商业中心，也是平民文化娱乐的中心，文化、商业紧密结合。

天桥的平民文化来自人民生活中，又回到人民生活中去。它反映了人民群众的喜怒哀乐和他们的企求与愿望。《天桥史话》作者成善卿先生认为："明清时的天桥所以日趋繁华，与它附近古庙的佛事活动或其他集会亦有一定关系。"据他统计天桥附近有灵佑宫、精忠庙等共十三处之多。灯会是重要的节日民俗活动，清人查慎行《凤城新年词》中写道："才了歌场便买灯，三条五剧一层层。东华旧市名空在，灵佑宫前另结棚。"又《上元杂咏》诗中："灵佑宫前市，鳌山万树花。千金争索价，卖入五侯家。"对灵佑宫灯市作了生动的描述。天桥附近有座江南城隍庙，马书田著《华夏诸神》①记述城隍爷一年三次出巡："队伍浩浩荡荡，长达数里。最前列为八面虎头牌，鸣锣开路。隔十余步为青龙白虎等二十八面大旗。再后为六十四执事仪仗，所执兵器有刀、枪、斧、戟等。接着是四郊农民的五十面大鼓的鼓队及诸百姓献给城隍的万民伞、万民旗等。之后为民间走会各种杂耍，如耍中幡、杠箱、五虎棍、高跷、秧歌、耍坛子、耍狮子、跑旱船等等。"最初，祭神的表演，像耍钢叉开路等，是不准用来卖艺的，后来渐被突破，有些人为了糊口，祭神之后，就利用天桥的空场"撂地"表演挣钱了。天桥的城隍庙的修建，缘起于众百姓崇拜文天祥一身正气，宁死不屈，恭奉为神明。明代的开国皇帝朱元璋为了笼络人心，封文天祥为城隍，位居百官之首。揭去城隍崇拜的封建迷信外衣，我们可以看到民间对城隍的神崇拜，实质上是对人的崇拜，老百姓把文天祥视为正义的化身，向他倾诉心中的不平，希望他能主持社会公正，审判处置那些为非作歹的坏人。天桥的精忠庙是梨园行会所在地，戏曲艺人在这里聚会，与官场及各界人士交往。梨园行最讲义气，中国报界先驱邵飘萍因揭露北洋军阀的反动统治，被张作霖枪杀于天桥，民间艺人韩世昌（以后成为昆曲艺术大师）竟敢于为之收尸隆重礼葬。"大兵黄"是天桥最受老百姓欢迎的一位艺人，他天天站在桥头撂场叫骂，激烈抨击当时官场的腐败和社会丑恶现象，嬉笑挖苦，淋漓尽致，大快人心，被誉为天桥八怪之一。凡此种种都可以透视出天桥文化的人民性，可以清楚地从中看到劳动人民爱憎分明，正义凛然的精神世界，同时也曲折地反映了劳动人民的心愿

---

① 马书田：《华夏诸神》，北京燕山出版社 1999 年版。

和企盼。

（2）综合密集多样。天桥市场方圆约二十余亩，其商家、游艺场所和摊点综合多样、高度密集，是一个不容忽视的特点。据 1930 年《北平日报》的一项社会调查称："近由该管外五区详查，即天桥西隅已有商店二百余家，并有浮摊四百三十余家，每日以天桥求生活者，当在数千人之上，天桥地方又岂可轻视哉。据对天桥商摊统计，布业七十九家，饭业三十七家，估衣八十三家，戏园大小九家，坤书馆七家，木器店二十一家，杂货店二十四家，煤商九家，茶馆三十家，镶牙馆八家，卜相棚十九家，席箔店三家，洋货店七家，酒店三家，纸烟铺四家，钟表店三家，茶叶店一家，以上皆为纳月捐领商照之正式商店；其余各项货摊二百九十一家，食品摊四十九家，游艺杂技摊六十二家，卦摊、药摊等三十七家云。"从这个调查中可以看到逛一趟天桥是很过瘾的，在这个商场里集娱乐、饮食、购物为一体，洋洋大观无所不包，有人说到了天桥可以看到三教九流，五行八作，什样杂耍，品尝百样吃食，从估衣到古董什么都可以买到，同类商品在几家商店同时陈列，供顾客挑选自己最称心如意的，就是看戏也是几家戏园子在打擂台，可以随心所欲地挑着看。天桥市场的综合密集多样的特点，给顾客和观众有更大的选择余地，适应了多层次多元化的社会消费需求。

（3）开放竞争。天桥这块宝地，是个开放的大市场，谁有本事，谁就可以到这里来挖掘财宝。天桥容纳了来自全国各地的商人和艺人，北方几乎所有曲艺品种都在天桥落了户，不仅如此，日本的马戏团、俄国的大力士也到天桥来表演，天桥还在东西方文化撞击中，建成北京第一个大规模的室内游艺场——新世界游艺场。据 1991 年日本东京大学博士论文《北京近代建筑历史源流》记载，新世界游艺场这座大型建筑是 1917 年由英商通河洋行 L. Meyarva 设计，"园内各种游戏参酌东、西各国之法，精益求精"。这座大型游艺场，高七层，建筑面积约两万余平方米。在这里除了中国传统的节目表演外，还放映电影，演出果戈理的《钦差大臣》等文明戏。当时只有北京饭店和新世界游艺场是北京城建筑高度达到七层的大型西式建筑，这是天桥文化发展到鼎盛时期一个重要标志，东西方文化在这里进行交流融合。

在天桥这个开放的大市场充满竞争活力，这是生存的竞争，顾客要看出个门道，吃出个味道，才肯掏钱。天桥的小吃，据调查有 115 种之多，做得好的店家都可以其姓氏作店名享誉乡里。1927 年《晨报》发表的《天桥之一瞥》中写道："天桥生意中有三王，即豆汁王、烤肉王和王八茶馆，皆为数十年来著名之人物。按烤肉一物，北京售者甚多，惟天桥地方独有其一，且其烤肉所用之铁篦子，实在与众不同。每至秋日往该处就食者，真是趋之若鹜。"这里说得清楚，"与众不同"就是有特色，顾客就会"趋之若鹜"。天桥的王八茶馆，掌柜的姓王，排行老八，故得名。《天桥之一瞥》中还写道："北平这个地方，评书茶馆共有七八十家，王八茶馆，屋内宽阔，有三百多书座，为书馆之冠；说书先生挣钱最多的，亦属该馆第一。王八茶馆虽能挣钱，艺术要求高超，第一路角色能上的住一转儿（每两个月为一转儿，过期改换新角），第三、四路角色皆畏而不往，第二路角色亦常有磕出去做不到一转的。"这里也说得清楚，在天桥卖艺本事不行就得走人。正是这样激烈的文化市场竞争，培育造就了一大批身怀绝技的艺术人才，天桥出了一拨又一拨的"八怪"，这不是什么官方评奖的命名，而是社会公认的美誉，这使天桥的平民文化展现了一幅绚丽多彩的画面。

当然，天桥有好的、光明的一面，还有坏的、阴暗的一面。正如1959 年 9 月老舍先生在《文汇报》发表的《天桥》一文所写的那样："事实上，在解放前，天桥是北京最混乱与黑暗的地方……那里的恶霸与流氓看见一个游人的服装不顺眼，就会过去打他一顿。那里打伤或打死一两个人，根本不算什么新鲜事。"东霸天、西霸天、南霸天和林家五虎把天桥搞得几乎像座人间地狱，笔者曾经接触过这些被判处死刑的恶霸的审讯记录，他们真是罪大恶极、罄竹难书。身处重重压迫的天桥平民百姓，为了自己的生存斗争，养成了重义气、讲互助、敢于反抗的精神。天桥的平民文化，生长在这么一种环境氛围之中，在这块污浊的土地上，却能化腐朽为神奇，有如美丽的荷花，出于污泥浊水，一朝开放，更加显得可贵。

3. 天桥平民文化的发展

将近一个世纪以来，天桥平民文化适应着时代的变化，不断地向前发展，始终保持着它的生命力，天桥曾三次遭回禄之祸，每次大火之后，很快又得复生，真是野火烧不尽，春风吹又生。依托于平民大市场的天桥平民文化，是老北京的传统文化的重要组成部分，其中有精华，也有糟粕，经历了去糟粕取精华的过程，天桥平民文化逐步在北京文化中构筑了自己的形象和地位。

（1）天桥文化艺术的升华。在天桥激烈的市场竞争的环境下，成长了一批有艺术才华的民间艺人，在一些有识之士和文艺团体的扶植、帮助下，他们成为在北京乃至在国外驰名的大师、艺术家。同时天桥平民社会包罗万象，充满各种复杂矛盾，也成为一些作家、艺术家汲取创作灵感的源泉。出人才、出作品这些都是天桥平民文化的升华。天桥的这些民间艺人，当年撂地卖艺时多数文化不高，经过他们自身的刻苦努力，并与文化人结合，相互汲取营养，其中不乏有大成就者：如语言艺术大师侯宝林幼时在天桥从云里飞、朱阔泉学艺，"经长期艺术实践，形成轻俏简捷、潇洒俊逸、庄谐并重、华而且实的艺术风格"（见《中国戏曲曲艺词典》），被誉为相声界一代宗师，历年创作整理出许多曲目，如《改行》《戏剧杂谈》《夜行记》等深为脍炙人口，成为相声艺术的经典之作，其理论著作有《谈相声的形式、结构、语言》、《相声溯源》等。北京大学聘侯先生为客座教授，在中文系授课。曲艺家魏喜奎幼年随家人在天桥卖艺，勤奋好学，"长期坚持奉调大鼓的革新，形成唱腔圆润内敛，唱法有纵有收，变化自如，表达情感酣畅淋漓的艺术风格"（见《中国戏曲曲艺词典》），由于她在曲艺表演艺术上的高度造诣，从而成为北京曲剧的主要创始人之一，曾发表不少关于曲艺表演艺术方面的文章。评剧艺术家新凤霞年轻时即在天桥万盛轩、天乐戏院演唱，生性聪慧，"创造了独具一格的演唱风格，尤以流利的花腔——'疙瘩腔'著称"（见《中国戏曲曲艺词典》），是评剧"新派"的创始人，由其主演的《刘巧儿》《花为媒》已拍成电影，著作有《新凤霞回忆录》等，晚年努力总结艺术经验，传授后人，并在绘画艺术方面做出成绩。

追溯作家与天桥的历史渊源，甚至可以和曹雪芹联系上。据著名红学家周汝昌先生在《曹雪芹新传》中描述：曹氏家族获罪被雍正皇帝抄家之后，住到蒜市口一个小四合院，曹家老辈家仆领着曹雪芹"出了家门如果一直往西……就是地名天桥的所在。这地方极好玩，江湖卖艺的，耍刀枪的，卖药的，弹唱的，算卦的（占卜看相的），卖民间饮食特产的……闹闹攘攘，一片下层社会市民娱乐游玩气氛，令人眼花缭乱。内城的高贵八旗人，是到不了、也不许到这种'野地方'来的。雪芹初来时，大开眼界，也引起了不少思绪。他感叹穷苦人为谋生路而必须承担的牺牲与苦难。也感到人的类别复杂万分：高的下的，好的坏的，美的丑的，善的恶的……丛丛杂杂地交织在一起。有些人与景象，看上去甚至是很可怕的——又与很可悯的交织在一起"。有关曹雪芹的史料极为稀缺，以上虽是周先生的分析推理，但应该说是合乎逻辑的，艺术创作来源于生活，不然《红楼梦》这部巨著涉及下层社会的大量内容，又何来之有呢？

在当代作家中直接取材于天桥，进行创作取得很大成功的是通俗小说家张恨水。他的成名代表作《啼笑因缘》，背景写的就是发生在天桥的故事，照现在说法可称为纪实文学之作，要了解20世纪早期老北京生活的一个侧面，就还得看看《啼笑因缘》这本书，所以这本书今天再版印几十万册还有销路。

从历史变革的高度去写天桥则是老舍先生。方从海外归来的老舍先生为新中国发生的巨大变化受到鼓舞，他抓住了人民政府组织力量疏浚天桥龙须沟这条臭水沟，改善老百姓的居住环境这个生动的故事，以他的传神之笔描述了苦难深重的天桥平民大众，如何获得了新生，讴歌了一个新的时代的诞生。这部巨作一经在话剧舞台上演（后来又拍成电影），引起了强烈的反响，极大地推动了当时的社会改革。为此北京市人民代表会议授予老舍先生"人民艺术家"的光荣称号。老舍先生生前十分重视天桥，说它是"藏龙卧虎"的地方，新凤霞在《新观察》杂志发表的一篇文章中记述，老舍先生曾自称是东北贩药材商人，住到天桥的小店中体验生活，老舍先生还为天桥的鸿兴楼写过一段相声，赞扬这家饭馆卫生搞得好。据说老舍先生生前还计划写三本书：《自传》《八大胡同》和《天桥》。1965年老舍先生曾找天桥所在地北京宣武区主管街道、财贸工作的干部座谈，对天桥进行社会调查，并且告诉他们正在着手写一部小说《天桥》。甚为遗憾的是在那史无前例的"文化大革命"中，老舍先生告别了这个世界。他的有关天桥的笔记手稿在动乱抄家中已经散失，无从查找。不然的话他会像曹雪芹留下一部举世无双的《红楼梦》一样，留给我们一部文学巨著《天桥》。

今天，天桥再度成为文艺创作的热门题材，记者白夜出版了他的采访集《天桥》、作家蒋寒冰出版了《天桥演义》、市对外文化交流协会组织编印了《北京老天桥》画册和天桥史料集《天桥往事录》、北京天梦影视文化公司拍摄了三十集电视连续剧《天桥梦》。天桥的五光十色的社会生活为作家、艺术家提供了创作的丰富源泉，而作家、艺术家也以其作品为人民提供了美好的精神食粮。这种交流使天桥平民文化逐渐发展成为一种特定的区域文化——京味文化中的"一味"。作家、艺术家在以天桥为主题的创作活动中经历了一个入俗——脱俗——还俗的反复循环，这就是雅文化与俗文化的结合升华。雅源于俗，因此艺术家必须入俗，从平民文化、俗文化中汲取创作的营养，"但对世俗生活及其情调绝非不分良莠的兼收并蓄，而是经过高度的筛选提炼"（吕智敏《化俗为雅的艺术》），这可以说是脱俗，化俗为雅。所谓雅，也不是一味高雅，孤芳自赏，"雅人"创作，目的是给"俗人"看的，因此雅作必须还俗，回到自己的读者、观众中去，做到雅俗共赏。如此不断地循环反复升华，促使天桥平民文化登上一个一个更高的阶梯。

（2）天桥文化产业区的崛起。1991 年 4 月根据北京市人民代表大会代表们的提议，北京市人民政府，将老天桥的核心带，即在今北京市宣武区天桥办事处管辖的 1.6 平方公里的范围内，开辟天桥文化产业区，通过全面制定规划，分期组织实施。天桥文化产业区的建设，对于北京的旧城改造、文化改革和文化产业开发都有重要的意义。正如北京市宣传文化部门的主要负责人李志坚为《天桥往事录》一书所作的序言中指出的："如何在现代化建设中保持我们民族传统和地区特色，始终是城市的建设者和管理者关心的一个问题，从长远看，它还关系到如何保持我们民族的凝聚力和城市的发展方向及功能特点。所幸的是，社会各界有许多有识之士正深入地研究和探索这个文化和社会发展的战略性问题。天桥地区的文化产业开发，为我们提供了这方面的有益启示。"天桥正按着总体规划逐步进行改造建设，天桥商场经过扩建成为具有相当规模的综合性商场，而且又是北京市第一家国有股份制企业，生机勃勃，老天桥的天乐戏院经过翻建命名为天桥乐茶园，上演天桥民俗节目《逛天桥》，成为北京市上座率最高、收入最多的剧场。清末民初的著名诗人易顺鼎的名句："酒旗戏鼓天桥市，多少游人不忆家"，如今又高高悬挂在天桥乐茶园的舞台上。当历史跨入 21 世纪的时候，一个继承优秀民族文化传统的天桥，将以崭新的面貌出现在世人面前。在改革开放年代崛起的天桥文化产业区将再度成为面向大众活跃的平民市场、民间艺术的摇篮和沟通东西文化的桥梁。天桥未来不是梦，老百姓喜爱的天桥又回来了。

黄宗汉

1996 年 4 月 5 日

附四　关于修复利用西城区会馆文物建筑的初步设想

　　明清时期的会馆大部分都集中于原宣武辖区，以数百计。这些会馆是北京历史文化的重要载体，其中列为各级文物保护单位的二十余处。二十多年来从中央到地方许多领导和各界知名人士均曾设想对这些会馆进行修复并合理加以利用，但是由于难度太大，收效甚微，仅有湖广会馆和作为市级文物保护单位的安徽会馆（以前只保护会馆中路戏楼，现升格为国家文物保护单位，全面保护原址）得到修复。我曾主持这两座会馆的修复工作，深知此中难处，如今虽已至垂暮之年，仍不自量力，再提出一些设想，试图突破瓶颈，使那些与重大历史事件和重要历史人物活动相关的会馆逐步得以修复，则此生幸甚。兹简述浅见如下，供区领导决策参考。

　　北京明清时期会馆的大量出现是应当时的科举考试以及商业发展需要兴起的，其资金来源于会馆所属当地官绅和商人共同集资，产权性质属公共财产，并由集资人公推当地有声望人士主管，若干年后再行推举他人轮替。解放后国务院决定各地在北京的会馆交由北京市管理，其产权或归属房管部门，或属文物部门及其他占用单位，至今大部分会馆已沦为难堪入目的大杂院。过去这些会馆所在的辖区原宣武区政府曾欲进行修复保护，但苦于无法筹集包括修复会馆和改善周边环境的巨额资金，这一良好愿望，只能基本落空。而会馆原来所属的省市地方政府则不少有投资修复历史上归属于它们的会馆的意愿，但碍于不能明确其修复后享有产权，只能作罢。而吸引商界投资，则主要受制于文物保护的严格规定，无法满足他们出于经营需要对文物建筑进行改造的要求，因此也未取得进展。我在组织修复湖广会馆的过程中，做过这方面尝试，湖广会馆就其地理位置和开展经营的条件，在诸多会馆中可算是极好的，曾与海外投资者反复协商，终未能达成协议。那么究竟能否找到解决修复利用会馆难题的办法呢？我以为不妨从逐步明确产权关系入手，适当采取灵活措施，也许是条出路。具体有两点不成熟的想法：

首先，由西城区主动与会馆历史上所属省市政府商洽，形成原则上的共识，即承认现存明清时期各省市在北京西城区的会馆是历史上的公共财产，在定为不同等级的文物保护单位后，应适当调整其产权关系，以利更好地促进文化遗产的保护工作。为此，西城区可报北京市政府转呈国务院主管部门申请准许将会馆产权重新划归会馆历史上所属省市政府。同时亦须明确会馆作为首都的历史文化遗产，对其修复方案及日后管理应接受会馆所在地北京市西城区文物主管部门的监督，从而保证文物建筑的完好和合理利用。鉴于国务院修订以往的决定需要有一段较长的过程，是否可提请北京市政府批准西城区政府采取一些过渡措施，例如：先由西城区政府与会馆属地政府主管部门签订合作修复利用会馆的协议，规定修复会馆和改善周边环境的费用，暂由双方共同承担，待会馆产权明确划归所属省市后，再由该省市以支付文物保护基金名义，分期偿还北京市政府或西城区政府。文物建筑修复费用由双方专家组成的委员会一起核定。

第二，文物建筑修复后，由所属省市派出专人管理，并制定详细管理规则，其中必须规定拨出一定的建筑面积用于展示陈列发生在该会馆的重大历史事件和历史人物活动等方面的内容。修复后的会馆应接受北京市和西城区文物保护部门依法进行监督。

我认为这些设想的实施有利于调动合作双方的积极性，会馆原来所属的地方政府将之视为在京展示自身历史文化的一个重要窗口，有助推进在首都的经济文化交流。过去我在策划绍兴会馆修复工作中，得到浙江省和绍兴市领导很大支持，当时习近平同志主持浙江省工作，他亲自作了批示，绍兴市委书记、市长多次到会馆现场考察，并责成该市规划、建设、文化部门相关人员来京到绍兴会馆现场勘察，研究修复方案，准备提交绍兴市人代会讨论批准项目拨款。这时绍兴正以"鲁迅故里"作为自己的地方名片树立形象，而"鲁迅"这一周树人的笔名就是他在绍兴会馆居住进行文学创作时首次使用的，他在这里住了七年半之久，完成《狂人日记》《孔乙己》等名作。应该说绍兴市对修复绍兴会馆的热度是相当高的，可惜当年宣武区配合不够得力，项目终致流产。今天原西城、宣武两区合并，成立了新西城区政府，大量历史文物的修复利用仍是一大难题，希望区领导集思广益，以改革的精神，大胆探索，狠抓落实，使这些历史瑰宝得以重放光彩。谨此建言。

离休干部　黄宗汉上

2011 年 6 月

附　记

　　黄宗汉同志因病情发展严重，已无法细读文稿进行核对，如有差错，敬请原谅。

黄宗汉

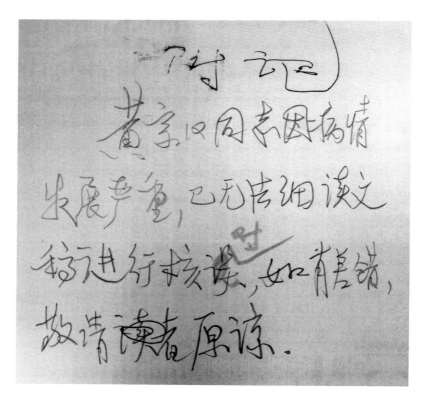

黄宗汉手迹原件

索　引

F

G

关停并转/108，113，116

国际饭店会议/84，110，111，112，113，114，120，124，125，126，127，128，129，130，131，132，133

H

黄述西/4

华兴染织厂/26，27

贺翼张/16，17，18，35，49，50，51，56，58，122，123，124

侯仁之/9，72，86，120，213，215，217，218，265，270，271，272，284，295

汇文（中学）/9，39，40，41，43，46，49，53

湖广会馆/83，118，127，220，221，222，223，224，225，227，240，241，253，254，260，263，269，276，277，280，286，303，304

J

街道工业/65，77，80，81，82，84，105，108，113，114，116

京师大学堂/82，83，251

"京都文丐"/190，203，241

江南城隍庙/205，206，296

江西会馆/61，83

L

李志坚/176，177，193，195，202，220，225，241，274，302

刘敬民/192，194，211，212，213，217，219，221，222，223，225，226，227，228，246，247，248，252，259，267，268，269，270，271，272，275，276，280

刘仁/12，15，44，45，49，57，77，79，101，113，114，116，130，131，132，134，136，138，163，277，285

T

W

X

宣武钢厂（宣武钢铁厂）/72，74，78，85，92，93，94，97，104，106，124，215

Y

严重右倾/34，70，136

燕京大学/5，9，28，39

杨乃济/164，165，276，278

"一化三改"/38，60，62，63，64

鱼藻池/70，71

Z

张开济/276，277，278，279

郑天翔/76，86，96，110，116，120，136，137，138

张旭/56，57，59，79，84，101，102，103，105，110，111，112，113，114，115，117，118，119，120，124，125，126，127，128，129，131，132，133，134，163，255，259

总路线/60，64，132